项目课程教材

外贸单证业务

胡越明　编著

浙江工商大学出版社

图书在版编目（CIP）数据

外贸单证业务 / 胡越明编著. —杭州：浙江工商
大学出版社，2010.6
ISBN 978-7-81140-150-9

Ⅰ.①外… Ⅱ.①胡… Ⅲ.①进出口贸易—原始
凭证—基本知识 Ⅳ.①F740.44

中国版本图书馆 CIP 数据核字（2010）第 111593 号

外贸单证业务

胡越明　编著

责任编辑	陈维君
责任校对	张振华
封面设计	刘　韵
责任印刷	汪　俊
出版发行	浙江工商大学出版社
	（杭州市教工路 198 号　邮政编码 310012）
	（E-mail：zjgsupress@163.com）
	（网址：http://www.zjgsupress.com）
	电话：0571 - 88904980,88831806（传真）
排　　版	杭州中大图文设计有限公司
印　　刷	杭州余杭大华印刷厂
开　　本	787mm×1092mm　1/16
印　　张	15.25
字　　数	293 千
版 印 次	2010 年 6 月第 1 版　2012 年 2 月第 2 次印刷
书　　号	ISBN 978-7-81140-150-9
定　　价	28.00 元

版权所有　翻印必究　印装差错　负责调换

浙江工商大学出版社营销部邮购电话　0571 - 88804227

编 写 说 明

外贸单证业务直接对应外贸公司单证员工作岗位,是培养外贸公司业务员和跟单员必需的技能课程。该课程的主要功能是使学生能承担外贸企业单证员所从事的工作内容:能在不同时段与业务关系方进行沟通协调,顺利获得制单所需的数据;熟练完成外贸业务进程中不同时段各种单据的制作,理解制作的技巧及不同时段单据制作的差异性;了解各类单据移交所规定的时间,及时正确递交各时段的单据,指引业务关系方(部门)工作的顺利开展;培养严谨、忠诚、负责的职业操守,提高语言表达能力、沟通协调能力和现代化办公设备的运用能力。

该课程的前置课程包括:国际商务知识、国际贸易实务、外贸英语函电等岗位基础课程。同步或后续课程包括:外贸客户开发与管理、外贸洽谈与签约、外贸订单管理、进出口货物托运与通关等岗位核心技术课程。

本书编写历时 2 年,编写思路体现为以下几点:

1. 充分体现外贸单证员岗位工作的任务引领、工作过程导向的设计思想;

2. 将外贸单证业务工作,按照工作过程或工作内容的逻辑顺序分解成典型的工作项目,按完成工作项目的需要和现行岗位操作规程,结合外贸单证员资格考试标准组织教材内容,将相关的国际惯例知识和业务理论分解到相应的操作中;

3. 以完成任务的典型活动项目来驱动,通过实际案例、情景模拟和课后拓展作业等多种手段,学生可以通过上述各种教学活动获得职业认知和职业技能;

4. 体现先进性、通用性、实用性,将单证员业务领域最新操作规范和行业动态及时纳入教材,内容包括外贸公司单证员岗位的主要业务,如何贴近国际商务行业发展的实际需要等;

5. 活动设计内容具体,尽可能与外贸公司业务活动相同,在实训室环境下具有可操作性。

本书的内容体系分为 9 个项目,每个项目下有若干模块,每个模块有较为固定的结构。其中:"任务引言"并非必要内容,仅仅只是为了增加本课程的人文精神和哲学深度;"本模块教学目标"给出了最基本的教学要求,供任课教师参考,但并不局限于此;"情景案例"给出了典型业务举例,但实际业务情形千变万化,同样并不局限于此;"任务说明"给出了根据情景设定的工作和学习任务,以及可能的解答;"链接:相关基础知识"给出了完成本任务可能需要的基础知识;"思考和练习"给出了更多的工作任务,学习者在反复操作的过程中,可达到技能的强化和加深。

本书专门针对外贸单证学习者和教师设计,可作为大中专院校国际贸易、国际经济、国际商务专业的教材,也可供外贸行业单证岗位培训教材,以及有志从事外贸单证工作的人士自学之用。

　　本书的编写，得到了浙江工商职业技术学院各位同仁、多家外贸公司领导和有关专家的热心帮助，他们提出了许多宝贵意见，提供了大量外贸单证材料，特此表示衷心的感谢。在编写过程中，我们参阅和引用了国内外有关论著的资料和观点，部分参考资料来源于网络，书中未一一列出，在此一并向有关作者致谢。

　　由于编者的学识水平和能力有限，书中的谬误及疏漏之处在所难免，敬请广大读者批评指正。

胡越明

2010 年 1 月

目　　录

项目一　阅读合同以及预审、理解信用证 ………………………………… 1

模块 1　翻译并解释合同 ……………………………………………………… 1

模块 2　填写信用证开证申请书 …………………………………………… 13

模块 3　翻译并解释信用证 ………………………………………………… 24

模块 4　写作改证函 ………………………………………………………… 36

项目二　取得通关单 ……………………………………………………… 44

模块 1　制作发票 …………………………………………………………… 44

模块 2　制作装箱单 ………………………………………………………… 49

模块 3　办理报检 …………………………………………………………… 54

项目三　配船订舱 ………………………………………………………… 63

模块 1　托运办理和跟踪 …………………………………………………… 63

项目四　提交报关单据 …………………………………………………… 70

模块 1　出口报关单据操作 ………………………………………………… 70

模块 2　进口报关单据操作 ………………………………………………… 79

项目五　办理产地证 ……………………………………………………… 90

模块 1　办理一般原产地证 ………………………………………………… 90

模块 2　办理普惠制产地证 ………………………………………………… 96

项目六　办理保险 ………………………………………………………… 101

模块 1　保险单据操作 ……………………………………………………… 101

项目七　确认提单 ………………………………………………………… 109

模块 1　确认提单 …………………………………………………………… 109

项目八　完成结汇单据 …………………………………………………… 116

模块 1　制作装船通知和受益人证明 ……………………………………… 116

模块 2 制作汇票 …………………………………………………… 134

模块 3 进出口许可证操作 ………………………………………… 138

模块 4 电汇方式下全套单据制作 ………………………………… 145

模块 5 托收方式下全套单据制作 ………………………………… 153

模块 6 信用证方式下全套单据制作 ……………………………… 161

模块 7 信用证案例分析 …………………………………………… 178

项目九 与银行、外管、税务等部门的沟通 ……………………… 190

模块 1 审单、交单和不符点单据操作 …………………………… 190

模块 2 贸易融资操作 ……………………………………………… 217

模块 3 核销、退税、归档操作 …………………………………… 232

项目一：阅读合同以及预审、理解信用证

模块 1　翻译并解释合同

　　人们结成友谊的原因很多，有出于自然的，也有出于契约的，有出于自身利益的，也有出于共同志趣的。

——杰·泰勒

● 本模块教学目标

最终目标：理解合同条款与结算方式

促成目标：熟悉外贸合同的条款构成

　　　　　熟悉翻译、审核合同的基本技巧

　　　　　熟悉不同结算方式的流程和风险特点

● 情景案例

机构：

外贸企业：OCEAN PLASTIC & CHEMICAL PRODUCTS CO., LTD

　　　　　宁波欧胜塑化有限公司

人物：

小余：宁波欧胜塑化有限公司单证员

张经理：宁波欧胜塑化有限公司业务经理

背景资料：

1. 2008 年 3 月 27 日，宁波欧胜塑化有限公司外贸业务部张经理以业务员的身份与荷兰的 TONNY PRODUCTS PLC 公司签订一份 2 040 套运动套装（jogging suit）的出口合同，合同号为 OPCP08008。

2. 单证员小余在办公室接到外贸业务部张经理的电话："小余，出货明细单的邮件明后天就会发过来，我先把合同副本传真给你。"小余马上接收传真，下面是合同的具体内容。

外贸合同

SALES CONTRACT

(1) THE SELLERS: S/C NO. OPCP08008

OCEAN PLASTIC & CHEMICAL PRODUCTS CO., LTD   DATE: MAR. 27TH, 2008

(2) ADDRESS: 1101—1105 SHANGDONG NATIONALS,

♯1926 CANGHAI RD., NINGBO, 315040, CHINA

TEL: 0574-XXXXXXX   FAX: 0574-XXXXXXX

E-MAIL: Christina@163.com

(3) THE BUYERS: TONNY PRODUCTS PLC

(4) ADDRESS: BERSTOFSGADE 48, ROTTERDAM, THE NETHERLANDS

TEL: +(31)74 12 37 08   FAX: +(31)74 12 37 09

E-MAIL: chila@tvl.com.ntl

THE SELLERS AGREE TO SELL AND THE BUYERS AGREE TO BUY THE UNDERMENTIONED GOODS ACCORDING TO THE TERMS AND CONDITIONS AS STIPULATED BELOW.

NAME OF COMMODITY & SPECIFICATION	QUANTITY	UNIT PRICE	TOTAL VALUE
JOGGING SUIT			CFRC3% AMSTERDAM
Art. No. KB5200	840 sets	EUR 15.20	EUR 12 768.00
Art. No. KP6300	600 sets	EUR 12.50	EUR 7 500.00
Art. No. KY5200	600 sets	EUR 10.60	EUR 6 360.00
TOTAL:	2 040 sets		EUR 26 628.00

(5) PACKING:

PACKED IN CARTONS OF 12 SETS.

(6) SHIPPING MARKS:

TONNY/XD06008/AMSTERDAM/NO. 1—UP.

(7) PORT OF SHIPMENT:

ANY CHINESE PORT.

(8) PORT OF DESTINATION:

AMSTERDAM.

(9) TIME OF SHIPMENT:

NOT LATER THAN MAY 31ST, 2008.

(10) TERMS OF PAYMENT:

30% T/T IN ADVANCE, THE OTHERS 70% T/T AFTER SHIPMENT.

(11) FORCE MAJEURE：

The Sellers shall not be held responsible if they, owing to Force Majeure causes, fail to make delivery with-in the time stipulated in the contract or can't deliver the goods. However, in such a case the Sellers shall inform the Buyers immediately by cable. The Sellers shall send to the Buyers by registered letter at the request of the Buyers a certificate attesting the existence of such a cause or causes issued by China Council for the Promotion of International Trade by a competent Authority.

(12) DISCREPANCY AND CLAIM：

In case discrepancy on the quality of the goods is found by the Buyers after arrival of the goods at the port of destination, claim may be lodged within 30 days after arrival of the goods at the port of destination. While for quantity discrepancy, claim may be lodged within 15 days after arrival of the goods at the port of destination, being supported by Inspection Certificate issued by a reputable public surveyor agreed upon by both party. The Sellers shall, then consider the claim in the light of actual circumstances. For the losses due to natural cause or causes falling within the responsibilities of the Ship-owners or the Underwriters. The sellers shall not consider any claim for compensation. In case the Letter of Credit does not reach the Sellers within the time stipulated in the Contract, or under FOB price terms Buyers do not send vessel to appointed ports or the Letter of Credit opened by the Buyers does not correspond to the Contract terms and the Buyers fail to amend thereafter its terms by telegraph within the time limit after receipt of notification by the Sellers, the Sellers shall have right to cancel the contract or to delay the delivery of the goods and shall have also the right to lodge claims for compensation of losses.

(13) ARBITRATION：

All disputes in connection with the contract or the execution thereof, shall be settled articable by negotiation. In case no settlement can be reached, the case under dispute may then be submitted to the "China International Economic and Trade Arbitration Commission" for arbitration. The arbitration shall take place in China and shall be executed in accordance with the provisional rules of Procedure of the said Commission and the decision made by the Commission shall be accepted as final and binding upon both parties for setting the disputes. The fees, for arbitration shall be borne by the losing party unless otherwise awarded.

THE SELLERS：
OCEAN PLASTIC & CHEMICAL
PRODUCTS CO., LTD
   STIVEN

THE BUYERS：
TONNY PRODUCTS PLC
ROTTERDAM THE NETHERLAND

● 任务

1. 看懂并翻译以上的合同。
2. 思考这个合同的条款是否合适。

参考译文

售 货 合 同

(1) 卖方：宁波欧胜塑化有限公司　　　　　　　合同编号 OPCP08008
(2) 地址：中国宁波沧海路 1926 号　　　　　　合同日期 2008 年 3 月 27 日
　　电话：0574-××××××××　　　　　　　传真：0574-××××××××
　　E-mail：christina@163.com.
(3) 买方：TONNY PRODUCTS PLC
(4) 地址：BERSTOFSGADE 48，ROTTERDAM，THE NETHERLANDS
　　电话：＋(31)74 12 37 08　　　　　　　　传真：＋(31)74 12 37 09
　　E-mail：china@tvl.com.ntl

买卖双方同意按下列条件购进、售出下列商品：

商品名称及规格	数 量	单 价	总 值
JOGGING SUIT（运动套装）			CFRC3% AMSTERDAM
Art. No. KB5200	840 套	EUR 15.20	EUR 12 768.00
Art. No. KP6300	600 套	EUR 12.50	EUR 7 500.00
Art. No. KY5200	600 套	EUR 10.60	EUR 6 360.00
TOTAL：	2 040 套		EUR 26 628.00

(5) 包装：12 包/纸箱。
(6) 唛头：TONNY/XD06008/AMSTERDAM/NO. 1－UP。
(7) 装船港口：任何中国港口。
(8) 目的港口：阿姆斯特丹。
(9) 装船期限：不迟于 2008 年 5 月 31 日。
(10) 付款条件：30% 电汇方式预付，剩余 70% 装运后电汇支付。
(11) 不可抗力：因人力不可抗拒事故，使卖方不能在合同规定期限内交货或不能交货，卖方不负责任，但是卖方必须立即以电报通知买方。如果买方提出要求，卖方应以挂号函向买方提供由中国国际贸易促进会或有关机构出具的证明，证明事故的存在。
(12) 异议索赔：品质异议须于货到目的口岸之日起 30 天内提出，数量异议须于货到目的口岸之日起 15 天内提出，买方须同时提供双方同意的公证行的检验证明。卖方将根据具体情况解决异议。由自然原因或船方、保险商责任造成的损失，卖方将不予考虑任何索赔。

信用证未在合同指定日期内到达卖方，或 FOB 条款下，买方未按时派船到指定港口，或信用证与合同条款不符，买方未在接到卖方通知所规定的期限内电改有关条款时，卖方有权撤销合同或延迟交货，并有权提出索赔。

（13）仲裁：凡因执行本合同所发生的或与合同有关的一切争议，双方应友好协商解决。如果协商不能解决，应提交中国国际经济贸易仲裁委员会，根据该委员会的有关仲裁程序暂行规定在中国进行仲裁的，仲裁裁决是终局的，对双方都有约束力。仲裁费用除另有裁决外由败诉一方承担。

● 链接：相关基础知识

一、国际货物销售合同的条款构成

国际货物销售合同，是地处不同国家的当事人双方买卖一定货物达成的协议，是当事人各自履行约定义务的依据，也是一旦发生违约行为时，进行补救、处理争议的依据。为此，一份有效的国际货物销售合同，必须具备必要的内容，否则就会使当事人在履行义务、进行违约补救或处理争议时产生困难。一般说来，国际货物销售合同应包括以下 7 个方面的基本内容：

1. 品质条款（Quality Clause）；
2. 数量条款（Quantity Clause）；
3. 包装条款（Packing Clause）；
4. 价格条款（Price Clause）；
5. 支付条款（Terms of Payment）；
6. 违约条款（Breach Clause）；
7. 不可抗力条款（Force Majeure Clause）。

二、贸易术语的国际惯例

国际贸易术语又称价格术语。

有关贸易术语的国际惯例，主要有 3 种。

1. 1932 年《华沙—牛津规则》由国际法协会制定，共 21 条，主要说明 CIF 买卖合同性质，具体规定了买卖双方所承担的费用、风险和责任。

2.《1941 美国对外贸易定义修正本》由美国 9 大商业团体制定，对以下 6 种术语作了解释：

（1）SX（point of origin）——产地交货价；

（2）FOB——运输工具上交货价，FOB 又分为 6 种，其中第五种为装运港船上交货——FOB vessel（named port of shipment）；

（3）FAS——船边交货价；

（4）C&F——成本加运费（目的港）价；

（5）CIF——成本加保险费、运费（目的港）价；

（6）EX DOCK——目的港码头交货价。

该惯例在美洲国家影响较大。在与采用该惯例的国家贸易时，要特别注意其与其他惯例的差别,双方应在合同中明确规定贸易术语所依据的惯例。

3.《国际贸易术语解释通则》由国际商会制订,目前通用的是 INCOTERMS 2000,称为《2000 年国际贸易术语解释通则》(1999 年 7 月国际商会第六次修订,2000 年 1 月 1 日生效)。

该通则共包含 4 组 13 种贸易术语,见下表:

组别	术语缩写	术语英文名称	术语中文名称
E组 发货	EXW	EX Works	工厂交货(指定地点)
F组 主要运费未付	FCA	Free Carrier	交至承运人(指定地点)
	FAS	Free Along Side	船边交货(指定装运港)
	FOB	Free On Board	船上交货(指定装运港)
C组 主要运费已付	CFR	Cost and Freight	成本加运费(指定目的港)
	CIF	Cost,Insurance and Freight	成本、保险加运费付至(指定目的港)
	CPT	Carriage Paid to	运费付至(指定目的港)
	CIP	Carriage and Insurance Paid to	运费、保险费付至(指定目的地)
D组 货到	DAF	Delivered at Frontier	边境交货(指定地点)
	DES	Delivered EX Ship	目的港船上交货(指定目的港)
	DEQ	Delivered EX Quay	目的港码头交货(指定目的港)
	DDU	Delivered Duty Unpaid	未完税交货(指定目的地)
	DDP	Delivered Duty Paid	完税后交货(指定目的地)

三、三种主要结算方式的操作流程

(一)汇款(又称汇付)

1. 汇款的概念。

国际汇款有动态和静态两种含义。国际汇款的静态含义是指外汇,它是一国以外币表示的、用于国际结算的支付手段的总称。国际汇款的动态含义,即通过银行的汇兑来实现国与国之间债权债务的清偿和国际资金的转移。通常所指的汇款都是指它的动态含义,因此,国际汇款又被称作国际汇兑。

2. 基本当事人。

(1)汇款人;

(2)收款人或受益人;

(3)汇出行;

(4)汇入行或解付行。

3. 汇款种类。

(1)电汇。

电汇汇款:(T/T),是汇款人委托银行以电报、电传、环球银行间金融电讯网络方式,指示出口地某银行作为汇入行,解付一定金额给收款人的汇款方式。

工具:电报(Cable)、电传(Telex)、SWIFT、CHIPS 等。一般采用密押证实。

(2)信汇。

信汇汇款(M/T)，是汇出行应汇款人申请，将信汇委托书或支付委托书邮寄给汇入行，授权其解付一定金额给收款人的一种汇款方式。

工具：邮寄支付凭证。一般采用签字证实。

(3)票汇。

票汇汇款(D/D)，是汇出行应汇款人申请，代汇款人开立以其分行或代理行为解付行的银行即期汇票，支付一定金额给收款人的汇款方式。

工具：银行即期汇票。一般采用签字证实。

4. 汇款的解付与偿付。

(1)汇款的解付。

汇款的解付是汇入行向收款人付款的行为。

为了保证付款的正确，解付行往往都很慎重，特别是当汇出行的汇出汇款还未到达汇入行的账户，此时解付行就是垫付了货款，因而更加慎重。

为了正确验定每笔汇款的真实性，解付行根据每种汇款的特点，采取不同的查验方法。

(2)汇款的偿付。

俗称拨头寸。是指汇出行在办理汇出汇款业务时，应及时将汇款金额拨交给其委托解付汇款的汇入行的行为。

5. 汇款在国际贸易中的运用。

(1)预付货款。

预付货款是进口商(付款人)在出口商(收款人)将货物或货运单据交付以前将货款的全部或者一部分通过银行付给出口商，出口商收到货款后，再根据约定发运货物的一种结算方式。

(2)货到付款。

货到付款与预付货款相反，它是进口商在收到货物以后，立即或一定时期以后再付款给出口商的一种结算方式，也被称为延期付款或赊销。

包括售定和寄售两种。

售定是进出口商达成协议，规定出口商先发货，再由进口商按合同规定的货物售价和付款时间进行汇款的一种结算方式，即"先出后结"。

寄售是指出口方将货物运往国外，委托国外商人按照事先商定的条件在当地市场上代为销售，待货物售出以后，国外商人将扣除佣金和有关费用的货款再汇给出口商的结算方法。

(3)凭单付汇。

凭单付汇是进口商通过银行将款项汇给出口商所在地银行(汇入行)，并指示该行凭出口商提供的某些商业单据或某种装运证明即可付款给出口商的一种支付方式。

因为汇款是可以撤销的，在汇款尚未被支取之前，汇款人随时可以通知汇款行将汇款退回，所以出口商在收到银行的汇款通知后，应尽快发货，尽快交单，尽快收汇。

（二）托收

1. 定义及当事人。

托收(Collection)是出口方委托本地银行根据其要求通过进口地银行向进口方提示单据，收取货款的结算方式。

托收当事人：

(1)委托方(Principal)；

(2)托收行(Remitting Bank)；

(3)代收行(Collecting Bank)；

(4)付款人(Payer 或 Drawee)。

另外，提示行(Presenting Bank)是向付款人提示单据的代收银行。

再者，如果发生拒付的情况，委托人就可能需要有一个代理人为其办理在货物运出目的港时所有有关货物存仓、保险、重新议价、转售或运回等事宜。这个代理人必须由委托人在委托书中写明，称作"需要时的代理"(a representative to act as case-of-need)。

2. 托收种类及交单条件。

(1)跟单托收(Documentary Collection)。

跟单托收是指附有商业单据的托收。卖方开具托收汇票，连同商业单据(主要指货物装运单据)一起委托给托收行。跟单托收也包括不使用汇票的情况。

托收按不同的交单条件可分为：即期付款交单(D/P at sight)、远期付款交单(D/P at...days after sight)、承兑交单(D/A at...days after sight)等。

a. 即期付款交单。

即期付款交单是指代收行凭进口商的即期付款而交单。

b. 远期付款交单。

远期付款交单是指代收行凭进口商的远期付款而交单。

远期付款交单条件下，如果付款期限较长，在货物到达港口后，进口商可凭信托收据先借出单据去处理货物，待汇票到期时再付款。这被称为凭信托收据借单(Document against Trust Receipt，D/P. T/R)。注意：假如托收指示中允许凭信托收据借单，则由此产生的风险由委托人自负；假如托收指示中未提到允许凭信托收据借单，由代收行自行决定借出单据，则由此而产生的一切风险由代收行承担。

c. 承兑交单。

承兑交单是指代收行凭进口商承兑而交出商业单据。

(2)光票托收(Clean collection)。

光票托收是指出口商仅开具汇票而不附商业单据(主要指货运单据)的托收。光票托收并不一定不附带任何单据，有时也附有一些非货运单据，如发票、垫款清单等，这种情况仍被视为光票托收。

(3)直接托收(Direct Collection)。

银行办理的托收也包括卖方/委托人使用自己银行的托收格式，以此作为向买方银行寄单的托收指示，同时向自己的银行提交一份副本。

(三)信用证

1. 信用证的概念。

信用证(Letter of Credit，简写为 L/C)是银行应买方要求和指示向卖方开立的、在一定期限内凭规定的单据，即期或在一个可以确定的将来日期，兑付一定金额的书面承诺。

2. 信用证业务中存在的契约。

(1)在开证申请人(进口商)和信用证受益人(出口商)之间存在一份贸易合同，这份贸易合同带来了对支付信用的需要。

(2)在开证申请人和开证银行之间存在一份开证申请书,这份开证申请书保证了信用证下收进的单据和付出的款项将由开证申请人赎还。

(3)开证银行与信用证受益人之间则由信用证锁定。信用证保证了信用证受益人交到银行的符合规定的单据将必定得到支付。

3. 信用证的当事人。

(1)开证申请人。

在国际贸易中,信用证的开证申请人是进口商或买方。有时开证申请人也称开证人,他还是运输单据的收货人。

进口商根据贸易合同的规定到其有业务往来的银行申请开立信用证。

(2)开证行。

接受开证申请人委托开立信用证的银行即是开证行。开证行也被称作开证人、授予人。

开证行是以自己的名义对信用证下的义务负责的。虽然开证行同时受到开证申请书和信用证本身两个契约约束,但是根据 UCP 500 第三条规定,开证行依信用证所承担的付款、承兑汇票或议付或履行信用证项下的其他义务的责任,不受开证行与申请人或申请人与受益人之间产生纠纷的约束。

开证行在验单付款之后无权向受益人或其他前手追索。

(3)受益人。

国际贸易中,信用证的受益人是出口商或卖方。受益人同时还是信用证汇票的出票人、货物运输单据的托运人。

受益人与开证申请人之间存在一份贸易合同,而与开证行之间存在一份信用证。受益人有权依照信用证条款和条件提交汇票及/或单据要求取得信用证的款项。受益人交单后,如遇开证行倒闭,信用证无法兑现,则受益人有权向进口商提出付款要求,进口商仍应负责付款。这时,受益人应将符合原信用证要求的单据通过银行寄交进口商进行托收索款。如果开证行并未倒闭,却无理拒收,受益人或议付行可以诉讼,也有权向进口商提出付款要求。

(4)通知行。

通知行是开证行在出口国的代理人。

通知行的责任是及时通知或转递信用证,证明信用证的真实性并及时澄清疑点。

如通知行不能确定信用证的表面真实性,即无法核对信用证的签署或密押,则应毫不延误地告知从其收到指示的银行,说明其不能确定信用证的真实性。如通知行仍决定通知该信用证,则必须告知受益人它不能核对信用证的真实性。

通知行对信用证内容不承担责任。

(5)保兑行。

保兑行是应开证行的要求在不可撤销信用证上加具保兑的银行。

通常由通知行做保兑行。但是,保兑行有权做出是否加保的选择。

保兑行承担与开证行相同的责任。保兑行一旦对该信用证加具了保兑,就对信用证负独立的确定的付款责任。

如遇开证行无法履行付款时,保兑行履行验单付款的责任。保兑行付款后只能向开证行索偿,因为它是为开证行加保兑的。

保兑行付款后无权向受益人或其他前手追索票款。

(6)付款行。

付款行是开证行的付款代理人。

开证行在信用证中指定另一家银行为信用证项下汇票上的付款人,这家银行就是付款行。它可以是通知行或其他银行。

如果开证行资信不佳,付款行有权拒绝代为付款。但是,付款行一旦付款,即不得向受益人追索,而只能向开证行索偿。

(7)承兑行。

远期信用证如要求受益人出具远期汇票的,会指定一家银行作为受票行,由它对远期汇票做出承兑,这就是承兑行。

如果承兑行不是开证行,承兑后又最后不能履行付款,开证行应负最后付款的责任。若单证相符,而承兑行不承兑汇票,开证行可指示受益人另开具以开证行为受票人的远期汇票,由开证行承兑并到期付款。承兑行付款后向开证行要求偿付。

(8)议付行。

议付是信用证的一种使用方法。它是指由一家信用证允许的银行买入该信用证项下的汇票和单据,向受益人提供资金融通,又被称作"买单"或"押汇"。买入单据的银行就是议付银行。具体做法是,议付行审单相符后买入单据垫付货款,即按票面金额扣除从议付日到汇票到期之日的利息,将净款付给出口商。

在信用证业务中,议付行是接受开证行在信用证中的邀请并且信任信用证中的付款担保,凭出口商提交的包括有代表货权的提单在内的全套出口单证的抵押,而买下单据的。议付行议付后,向开证行寄单索偿。如果开证行发现单据有不符信用证要求的情况存在,拒绝偿付,则议付行有向受益人或其他前手进行追索的权利。

(9)偿付行。

偿付行是开证行指定的对议付行或付款行、承兑行进行偿付的代理人。为了方便结算,开证行有时委托另一家有账户关系的银行代其向议付行、付款行或承兑行偿付,偿付行只有在开证行存有足够的款项并受到开证行的偿付指示时才付款。偿付行偿付后再向开证行索偿。

偿付行的费用以及利息损失一般由开证行承担。

偿付行不受单和审单,因此如事后开证行发现单证不符,只能向索偿行追索而不能向偿付行追索。如果偿付行没有对索偿行履行付款义务,开证行有责任付款。

● 思考与练习

任务:请根据下列合同范本,就某一种具体产品模拟制订一份外贸出口合同。要求成交方式为 CIF,运输方式为海运,支付方式为远期信用证,客户所在国家为美国以外的发达国家。

外贸合同范本

外贸合同 Contract

编号：No. ：

日期：Date ：

签约地点：Signed at：

卖方：Sellers：

地址：Address：　　　　　　　　邮政编码：Postal Code：

电话：Tel：　　　　　　　　　　传真：Fax：

买方：Buyers：

地址：Address：　　　　　　　　邮政编码：Postal Code：

电话：Tel：　　　　　　　　　　传真：Fax：

买卖双方同意按下列条款由卖方出售，买方购进下列货物：

The sellers agrees to sell and the buyer agrees to buy the undermentioned goods on the terms and conditions stated below.

1. 货号：Article No.

2. 品名及规格：Description & Specification：

3. 数量：Quantity：

4. 单价：Unit Price：

5. 总值：

数量及总值均有____％的增减，由卖方决定。

Total Amount：

With ____％ more or less both in amount and quantity allowed at the sellers option.

6. 生产国和制造厂家：Country of Origin and Manufacturer：

7. 包装：Packing：

8. 唛头：Shipping Marks：

9. 装运期限：Time of Shipment：

10. 装运口岸：Port of Loading：

11. 目的口岸：Port of Destination：

12. 保险：由卖方按发票全额110％投保至____为止的____险。

Insurance：To be effected by buyers for 110％ of full invoice value covering ____ up to ____ only.

13. 付款条件：

买方须于____年____月____日将保兑的，不可撤销的，可转让可分割的即期信用证开到卖方。信用证议付有效期延至上列装运期后15天在中国到期，该信用证中必须注明允许分运及转运。

Payment：

By confirmed, irrevocable, transferable and divisible L/C to be available by sight draft to reach the sellers before __/__/____ and to remain valid for ingotiation in China

11

until 15 days after the aforesaid time of shipment. The L/C must specify that transhipment and partial shipments are allowed.

14. 单据：Documents：

15. 装运条件：Terms of Shipment：

16. 品质与数量、重量的异义与索赔：Quality/Quantity Discrepancy and Claim：

17. 人力不可抗拒因素：

由于水灾、火灾、地震、干旱、战争或协议一方无法预见、控制、避免和克服的其他事件导致不能或暂时不能全部或部分履行本协议,该方不负责任。但是,受不可抗力事件影响的一方须尽快将发生的事件通知另一方,并在不可抗力事件发生15天内将有关机构出具的不可抗力事件的证明寄交对方。

Force Majeure：

Either party shall not be held responsible for failure or delay to perform all or any part of this agreement due to flood, fire, earthquake, draught, war or any other events which could not be predicted, controlled, avoided or overcome by the relative party. However, the party affected by the event of Force Majeure shall inform the other party of its occurrence in writing as soon as possible and thereafter send a certificate of the event issued by the relevant authorities to the other party within 15 days after its occurrence.

18. 仲裁：

在履行协议过程中,如产生争议,双方应友好协商解决。若通过友好协商未能达成协议,则提交中国国际贸易促进委员会对外贸易仲裁委员会,根据该会仲裁程序暂行规定进行仲裁。该委员会决定是终局的,对双方均有约束力。仲裁费用,除另有规定外,由败诉一方负担。

Arbitration：

All disputes arising from the execution of this agreement shall be settled through friendly consultations. In case no settlement can be reached, the case in dispute shall then be submitted to the Foreign Trad Arbitration Commission of the China Council for the Promotion of International Trade for Arbitration in accordance with its Provisional Rules of Procedure. The decesion made by this commission shall be regarded as final and binding upon both parties. Arbitration fees shall be borne by the losing party, unless otherwise awarded.

19. 备注：Remark：

卖方：Sellers：　　　　　　　　　　　　买方：Buyers：

签字：Signature：　　　　　　　　　　　签字：Signature：

模块2 填写信用证开证申请书

人而无信，不知其可也。   ——孔子

● 本模块教学目标

最终目标：能熟练填写开证申请书

促成目标：熟悉开证申请书的一般格式

　　　　　能根据合同和其他信息，在开证申请书上找到相应空格

　　　　　能进行规范化的填写

● 情景案例

机构：

外贸企业：Ningbo Hongji Foreign Trade Development Co., Ltd.

　　　　　宁波宏基对外贸易发展有限公司

银行：ICBC NINGBO BR. 中国工商银行宁波分行

人物：

小沈：宁波宏基对外贸易发展有限公司单证员

王经理：宁波宏基对外贸易发展有限公司业务经理

小周：中国工商银行宁波分行单证中心进口业务部职员

背景资料：

1. 2008 年 10 月 11 日，宁波宏基对外贸易发展有限公司外贸业务部王经理与新加坡的 General Trading Company 公司签订一份 300 吨聚乙烯的进口合同，合同号为 GTC/PE5765。

2. 2008 年 10 月 12 日单证员小沈在办公室接到王经理的电话："小沈，进口合同副本现在传真给你，你马上联系工商银行的小周，这星期之内把信用证开出去。"

3. 小沈立刻接收传真，填写开证申请书，并随后联系小周。下面是合同的内容和一份空白开证申请书。

形式发票/合同

Sales Confirmation
销售确认书

号码：GTC/PE5765

日期、地点：2008 年 10 月 11 日于新加坡

卖方 Seller：新加坡通用贸易公司

(General Trading Company，Singapore)

买方 Buyer：宁波宏基对外贸易发展有限公司

(Ningbo Hongji Foreign Trade Development Co.，Ltd.)

商品名称 Commodity：聚乙烯(Polyethylene)

规格 Specification/数量 Quantity/单价 Unit Price：

①高密度聚乙烯 high density polyethylene (HDPE)，200 Mt，USD631/Mt CIF NINGBO

②低密度聚乙烯 low density polyethylene (LDPE)，100 Mt，USD579/Mt CIF NINGBO

总值 Value：USD 184 100.00

SAY U. S. DOLLARS ONE HUNDRED EIGHTY FOUR THOUSAND ONE HUNDRED ONLY

装运期：

2008 年 12 月 31 日前自新加坡至中国港口，允许分装运和转船。

付款条件：

凭不可撤销即期信用证付款，于装运期前一个月开到卖方，并于上述装运期后十五天内在新加坡议付有效。

保险：

由卖方按发票金额的 110% 投保一切险和战争险。

The Buyer：

宁波宏基对外贸易发展有限公司

× × ×

———————————————

Authorized Signature

The Seller：

新加坡通用贸易公司

× × ×

———————————————

Authorized Signature

开证申请书

不可撤销跟单信用证申请书
APPLICATION FOR IRREVOCABLE DOCUMENTARY CREDIT

TO: INDUSTRIAL AND COMMERCIAL BANK OF CHINA _____ BRANCH   Date

Please establish by □ SWIFT   □ brief cable   □ airmail   an Irrevocable Credit as follows:

Advising Bank: (to be left for bank to fill in)	(20) Irrevocable Documentary Credit No. (31D) Expiry Date and place
(50) Applicant: (Full name & detailed address)	(59) Beneficiary: (Full name & detailed address)

(32B) Currency code, Amount (In words and figures)
(39A) Quantity and Credit amount tolerance _____ %

(41A) Credit Available With   □ any bank   □ Issuing Bank   □ other (pl. Indicate)
　　　By □ Negotiation   □ Acceptance   □ Sight Payment   □ Deferred payment at _____

(42C) Draft at _____ for _____ % of invoice value

(42A) Draw on _____

(43P) Partial shipment □ allowed □ not allowed	(43T) Transshipment □ allowed □ not allowed
(44A) Loading on board from	(44B) For transportation to

(44C) Latest shipment date

(45A) Description of goods

Price term:
Packing:

(46A) Documents required：（marked with ×）

( ) Signed Commercial Invoice in _____ indicating L/C No. and Contract No.

( ) _____ set of clean on board ocean Bills of Lading made out to order and blank endorsed marked "freight _____"

☐ notifying   ☐ Applicant

( ) Air Waybills showing "freight ☐ to collect ☐ prepaid" indicating freight amount and consigned to ☐ Applicant ☐ Issuing Bank

( ) Forwarding agent's Cargo Receipt

( ) Insurance Policy/Certificate in _____ for ____ % of the invoice value showing claims payable in China in currency of the draft. blank endorsed，covering(☐ Ocean Marine Transportation ☐ Air Transportation ☐ Over Land Transportation) All Risks, War Risks, including _____ as per _____ _____ Clause.

( ) Packing List/Weight Memo in _____ indicating quantity/gross and net weights of each package and packing conditions as called for by the L/C.

( ) Certificate of Quantity/Weight in _____ .

( ) Certificate of Quality in _____ issued by ☐ Beneficiary ☐ public recognized surveyor ☐ manufacter.

( ) Beneficiary's certified copy of fax/telex dispatched to the accountees within ____ hours after shipment advising ☐ name of vessel ☐ B/L No. ☐ Flight No. ☐ Wagon No. ☐ Shipping date ☐ contract No. ☐ L/C No., Commodity, quantity, weight and value of shipment.

(47A) Additional conditions：（marked with ×）

( ) Documents issued earlier than L/C issuing date are not acceptable.

( ) All documents to be forwarded in one cover, unless otherwise stated.

( ) The remaining _____ % of invoice value.

( ) Third party as shipper ☐ is ☐ is not acceptable.

(71B) All banking charges and interest if any outside opening bank are for account of ☐ beneficiary ☐ other (pl. Indicate)

---

(48) Documents to be presented within ____ days after the date of issuance of the transport document(s) but within the validity of the credit

● 任务

1. 看懂以上的合同和开证申请书。
2. 根据合同填写开证申请书。
3. 思考开证申请书与合同的关系。

● 链接 1：相关基础知识

一、申请开立信用证的具体手续

1. 递交有关合同的副本及附件。

进口商在向银行申请开证时，要向银行递交进口合同的副本以及所需附件，如进口许可证、进口配额证、某些部门审批文件等。

2. 填写开证申请书。

进口商根据银行规定的统一开证申请书格式，填写一式三份，一份留业务部门，一份留财务部门，一份交银行。填写开证申请书，必须按合同条款的具体规定，写明信用证的各项要求，内容要明确、完整，无词意不清的记载。

3. 缴纳保证金。

按照国际贸易的习惯做法，进口商向银行开立信用证，应向银行缴付一定比例的保证金，其金额一般为信用证金额的百分之几到百分之几十，一般根据进口商的资信情况而定。在我国的进口业务中，开证行根据不同企业和交易情况，要求开证申请人缴付一定比例的人民币保证金，然后银行才开证。

二、开证注意事项

1. 信用证的内容应是完整的、自足的。

信用证内容应严格以合同为依据，对于应在信用证中明确的合同中的贸易条件，必须具体列明，不能使用"按××号合同规定"等类似的表达方式。因为信用证是一个自足文件，有其自身的完整性和独立性，不应参照或依附于其他契约文件。

2. 信用证的条件必须单据化。

UCP 500 规定：如信用证载有某些条件，但并未规定需提交与之相符的单据，银行将视这些条件为未予规定而不予置理。因而，进口方在申请开证时，应将合同的有关规定转化成单据，而不能照搬照抄。比如，合同中规定货物按不同规格包装，则信用证中应要求受益人提交装箱；合同以 CFR 条件成交，信用证应要求受益人提交的清单已装船提单上应注明运费已付等。

3. 按时开证。

如合同规定开证日期，进口方应在规定期限内开立信用证；如合同只规定了装运期的起止日期，则应让受益人在装运期开始前收到信用证；如合同只规定最迟装运日期，则应在合理时间内开证，以使卖方有足够时间备妥货物并予出运。时间通常掌握在交货期前一个月至一个半月左右。

4. 关于装船前检验证明。

由于信用证是单据业务，银行不过问货物质量，因而可在信用证中要求对方提供双方认可的检验机构出立的装船前检验证明，并明确规定货物的数量和规格。如果受益人所交检验证明的结果和证内规定不符，银行即可拒付。

5. 关于保护性规定。

UCP 500 中若干规定，均以"除非信用证另有规定"为前提。比如，"除非信用证另有规定，银行将接受下列单据而不论其名称如何"等等。如果进口方认为 UPC 500 的某些规定将给自己增加风险，则可利用"另有规定"这一前提，在信用证中列入相应的保护性条件，比如，按 UCP 500 规定，"禁止转运"对集装箱运输无约束力，若买方仍要求禁止转运，则可在信用证中加列"即使货装集装箱，本证严禁转运"等。

6. 关于保兑和可转让信用证。

我国银行原则上不开立保兑信用证，对可转让信用证也持谨慎态度。对此，进口商在签订合同时应予注意，以免开证时处于被动。

三、开证行可能面对的信用证欺诈

（一）开证申请人欺诈开证行

开证申请人为了套取银行资金，通过与受益人签订不存在的买卖合同（受益人并不知情），开立无贸易背景的远期信用证。当信用证受益人提交单据后，开证申请人只要交纳少量的保证金或者出具信托收据（T/R TRUSTRE CEIPT）做担保就可以取得货物的物权凭证，随后在到期付款日故意制造破产的假象，甚至在拿到货物变卖后，就卷款而逃，欺诈了开证行，这时开证行已经丧失货物的所有权，并且将承担到期向持票人垫付货款的责任。

（二）受益人欺诈开证行

1. 受益人不履行交货义务，通过伪造信用证项下所要求的全套单据来骗取贷款。

指受益人在货物根本不存在的情况下，通过欺诈手段与进口商订立货物买卖合同，让后者通过开证行开出以其自己为受益人的不可撤销信用证，并伪造与信用证表面所要求完全相符的单据使银行无条件付款或承兑，从而诈取开证行资金，这种情况往往也不能获得开证申请人的赎单。

2. 受益人在单据中做欺骗性陈述。

卖方往往通过倒签、预借、保函清洁提单的方式在没有装货，或没有及时装货，或所交付货物表面不符合信用证的规定而篡改提单的内容。同时受益人还可能以另外一种货物或残、次货物代替信用证所要求的货物而伪造单据的信用证欺诈。此种欺诈方式，单据是真的，货物也存在，但装运期不符合规定，或装运的货物不是信用证所要求的货物，而是残、次品或废物。

3. 受益人伪造、变造信用证的信用证欺诈。

伪造信用证是指行为人未经国家有关部门的批准，采用描绘、复制、印刷等方式仿照信用证的格式、制造假信用证的行为或以其编造、冒用某银行的名义开出的假信用证。变造信用证是指行为在真实、合法的银行信用证结算凭证的基础上或以真实的银行信用证结算凭证为基本材料，通过剪接、挖补、涂改等手段改变银行信用证结算凭证的内容和主要条款使其成为虚假的信用证的行为。由于受益人所提交的伪造的单据表面上都符合信用证要求的条款，开证行必须付款，不仅如此，银行的资产和信誉也受到了极大的危害。

（三）开证申请人和受益人共同欺诈开证行

此种欺诈表现为开证申请人与受益人相互勾结，编造虚假或根本不存在的买卖方关系,由所谓的买方申请开立远期信用证,所谓的卖方向开证行提交伪造的单据骗取开证行的贷款。我国大陆的开证行在开展信用证业务时,往往将受益人提交的单据直接交给开证申请人审单,询问开证申请人是否存在不符点以及是否接受单据或对外付款,这样受益人提交的伪造的单据很容易就被开证行接受。当开证行对汇票承兑后,卖方就把汇票贴现出去,随后双方消失或宣布破产。而开证行还需要对该信用证项下的善意持票人承担付款责任,且大多数国家规定只要开证行对汇票进行了承兑,即使发现卖方所提交的单据是伪造的,也不能动用例外原则进行止付。

（四）利用信用证打包放款欺诈开证行

打包放款(Packing Loan)又称信用证抵押贷款,是指出口商收到境外开来的信用证后,在采购这笔与信用证有关的出口商品或生产出口商品时,资金出现短缺,用该信用证作为抵押,向银行申请本、外币流动资金贷款,用于出口货物进行加工、包装及运输过程出现的资金缺口,出口方银行给其发放贷款的融资行为。如果在无贸易背景且开证保证金较低的情况下,开立的信用证被用来进行打包放款,则打包放款银行所抵押的不过是废纸一张。当贷款银行到期收不回资金,就会回头来找开证行,追究开证行没有尽到审单和调查买卖双方资信情况的责任,迫使开证行对自己开出的信用证承担偿还责任。

● 链接 2：相关理论知识

一、信用证的特点和流程

（一）信用证特点

1. 信用证是一项独立文件。

2. 信用证结算方式仅以单据为处理对象。

3. 开证行负第一性的付款责任。

（二）信用证流程

1. 买卖双方在贸易合同中规定使用跟单信用证支付。

2. 买方通知当地银行（开证行）开立以卖方为受益人的信用证。

3. 开证行请求另一银行通知或保兑信用证。

4. 通知行通知卖方,信用证已开立。

5. 卖方收到信用证,并确保其能履行信用证规定的条件后,即装运货物。

6. 卖方将单据向指定银行提交。该银行可能是开证行,或是信用证内指定的付款、承兑或议付银行。

7. 该银行按照信用证审核单据。如单据符合信用证规定,银行将按信用证规定进行支付、承兑或议付。

8. 开证行以外的银行将单据寄送开证行。

9. 开证行审核单据无误后,以事先约定的形式,对已按照信用证付款、承兑或议付的银行偿付。

10. 开证行在买方付款后交单,然后买方凭单取货。

二、进口开证申请书的填制

1. DATE（申请开证日期）。在申请书右上角填写实际申请日期。

2. TO（致）。银行印制的申请书上事先都会印就开证银行的名称、地址，银行的 SWIFT CODE，TELEX NO. 等也可同时显示。

3. PLEASE ISSUE ON OUR BEHALF AND/OR FOR OUR ACCOUNT THE FOLLOWING IRREVOABLE LETTER OF CREDIT（请开列以下不可撤销信用证）。如果信用证是保兑或可转让的，应在此加注有关字样。开证方式多为电开（BY TELEX），也可以是信开、快递或简电开立。

4. L/C NUMBER（信用证号码）。此栏由银行填写。

5. APPLICANT（申请人）。填写申请人的全称及详细地址，有的要求注明联系电话、传真号码等。

6. BENEFICIARY（受益人）。填写受益人的全称及详细地址。

7. ADVISING BANK（通知行）。由开证行填写。

8. AMOUNT（信用证金额）。分别用数字和文字两种形式表示，并且表明币制。如果允许有一定比率的上下浮动，要在信用证中明确表示出来。

9. EXPIRY DATE AND PLACE（到期日期和地点），填写信用证的有效期及到期地点。

10. PARTIAL SHIPMENT（分批装运），TRANSHIPMENT（转运）。根据合同的实际规定打"×"进行选择。

11. LOADING IN CHARGE，FOR TRANSPORT TO，LATEST DATE OF SHIPMENT（装运地/港，目的地/港的名称，最迟装运日期）。按实际填写，如允许有转运地/港，也应清楚标明。

12. CREDIT AVAILABLE WITH/BY（付款方式）。在所提供的即期、承兑、议付和延期付款四种信用证有效兑付方式中选择与合同要求一致的类型。

13. BENEFICIARY'S DRAFT（汇票要求）。金额应根据合同规定填写为：发票金额的一定百分比；发票金额的 100%（全部货款都用信用证支付）；如部分信用证，部分托收时按信用证下的金额比例填写。付款期限可根据实际填写即期或远期，如属后者必须填写具体的天数。信用证条件下的付款人通常是开证行，也可能是开证行指定的另外一家银行。

14. DOCUMENTS REQUIRED（单据条款）。各银行提供的申请书中已印就的单据条款通常为十几条，从上至下一般为发票、运输单据（提单、空运单、铁路运输单据及运输备忘录等）、保险单、装箱单、质量证书、装运通知和受益人证明等，最后一条是 OTHER DOCUMENTS，IF ANY（其他单据），如要求提交超过上述所列范围的单据就可以在此栏填写，比如有的合同要求 CERTIFICATE OF NO SOLID WOOD PACKING MATERIAL（无实木包装材料证明）、CERTIFICATE OF FREE SALE（自由销售证明书）、CERTIFICATE OF CONFORMITY（合格证明书）等。申请人填制这部分内容时应依据合同规定，不能随意增加或减少。选中某单据后对该单据的具体要求（如一式几份、要否签字、正副本的份数、单据中应标明的内容等）也应如实填写，如申请书印制好的要求不完整应在其后予以补足。

15. COVERING/EVIDENCING SHIPMENT OF（商品描述）。所有内容（品名、规格、

包装、单价、唛头）都必须与合同内容相一致，价格条款里附带"AS PER INCOTERMS 2000"、数量条款中规定"MORE OR LESS"或"ABOUT"、使用某种特定包装物等特殊要求必须清楚列明。

16. ADDITIONAL INSTRUCTIONS（附加指示）。该栏通常体现为以下一些印就的条款：

＋ALL DOCUMENTS MUST INDICATE CONTRACT NUMBER（所有单据加列合同号码）。

＋ALL BANKING CHARGES OUTSIDE THE OPENING BANK ARE FOR BENEFICIARY'S ACCOUNT（所有开证行以外的银行费用由受益人承担）。

＋BOTH QUANTITY AND AMOUNT FOR EACH ITEM ％ MORE OR LESS ALLOWED（每项数量与金额允许 ％增减）。

＋THIRD PARTY AS SHIPPER IS NOT ACCEPTABLE（第三方作为托运人是不能接受的）。

＋DOCUMENTS MUST BE PRESNTED WITHIN ××× DAYS AFTER THE DATE OF ISSUANCE OF THE TRANSPORT DOCUMENTS BUT WITHIN THE VALIDITY OF THIS CREDIT（单据必须在提单日后×××天送达银行并且不超过信用证有效期）。

＋SHORT FORM/BLANK BACK/CLAUSED/CHARTER PARTY B/L IS UNACCEPTABLE（银行不接受略式/不清洁/租船提单）。

＋ALL DOCMENTS TO BE FORWARDED IN ONE COVER，UNLESS OTHERWISE STATED ABOVE（除非有相关规定，所有单据应一次提交）。

＋PREPAID FREIGHT DRAWN IN EXCESS OF L/C AMOUNT IS ACCEPTABLE AGAINST PRESENTATION OF ORIGINAL CHARGES VOUCHER ISSUED BY SHIPPING CO. /AIR LINE OR ITS AGENT（银行接受凭船公司/航空公司或其代理人签发的正本运费收据索要超过信用证金额的预付运费）。

＋DOCUMENT ISSUED PRIOR TO THE DATE OF ISSUANCE OF CREDIT NOT ACCEPTABLE（不接受早于开证日出具的单据）。

如需要已印就的上述条款，可在条款前打"×"，对合同涉及但未印就的条款还可以做补充填写。

17. NAME，SIGNATURE OF AUTHORISED PERSON，TEL NO.，FAX，ACCOUNT NO.（授权人名称、签字、电话、传真、账号等内容）。

● 思考与练习

任务：请根据下列合同填写开证申请书。

Purchase Contract

S/C No.：RT05342

DATE：MAR. 20TH, 2008

SIGNED AT：BARCELONA

SELLERS：

MAMUT ENTERPRISESAV

TARRAGONA75－3ER, BARCELONA, SPAIN

BUYERS：

NINGBO HAIWEN IMP&EXP. CORP., LTD

9FL, NO. 428, ZHONGSHAN EAST ROAD, NINGBO

Dear Sirs,

We hereby confirm having sold to you the following goods on terms and conditions as specified below：

DESCRIPTIONS	QUANTITY	U/PRICE	AMOUNT
HAND TOOLS		CIF NINGBO	
(1) 9 pc Extra Long Hex Key Set	1 200 SET	USD 1. 76	USD 2 112. 00
(2) 8 pc Double Offset Ring Spanner	1 200 SET	USD 3. 10	USD 3 720. 00
(3) 12 pc Double Offset Ring Spanner	800 SET	USD 7. 50	USD 6 000. 00
(4) 12 pc Combination Spanner	1 200 SET	USD 3. 55	USD 4 260. 00
(5) 10 pc Combination Spanner	1 000 SET	USD 5. 80	USD 5 800. 00
	5 400 SET		USD 21 892. 00

PACKING：8 pc Double Offset Ring Spanner

packed in 1 plastic carton of 16 sets each；

9 pc Extra Long Hex Key Set, 12 pc Combination Spanner, 10 pc Combination Spanner

packed in 1 plastic carton of 10 sets each；

12 pc Double Offset Ring Spanner

packed in 1 plastic carton of 8 sets each；

Packed in three 40′ container.

Delivery from　BARCELONA, SPAIN　　　　to　　　NINGBO, CHINA

Shipping marks：　　HAIWEN

NINGBO

C/No. 1－UP

Time of shipment：latest date of shipment　May. 10th, 2008

Partial shipment：not allowed

Transshipment：allowed

Terms of payment：by 100% confirmed irrevocable letter of credit to be available at 30 days after sight draft to be opened by the sellers.

L/C must mention this contract number. L/C advised by Bank of China Barcelona Branch. All banking charges outside China (the mainland of China) are for account of Seller.

Arbitration：all dispute arising from the execution of or in connection with this contract shall be settled amicable by negotiation. In case of settlement can be reached though negotiation the shall then be submitted to China International Economic & Trade Arbitration Commission. In Shanghai (or in Beijing) for arbitration in act with its sure of procedures. The arbitral award is final and binding upon both parties for setting the Dispute. The fee, for Arbitration shall be borne by losing party unless otherwise awarded.

THE BUYER：

NINGBO HAIWEN IMP&EXP. CORP. , LTD

THE SELLER：

MAMUT ENTERPRISESAV

_____

_____

模块 3　翻译并解释信用证

> 失掉信用的人,在这个世界上是已经死了。　　　　　——赫伯脱

● 本模块教学目标

最终目标:理解信用证条款

促成目标:熟悉信用证的条款构成

　　　　　掌握翻译、审核信用证的基本技巧

● 情景案例

机构:

外贸企业:OCEAN PLASTIC & CHEMICAL PRODUCTS CO., LTD

　　　　宁波欧胜塑化有限公司

银行:SHANGHAI PUDONG DEVELOPMENT BANK 上海浦东发展银行

人物:

小余:宁波欧胜塑化有限公司单证员

张经理:宁波欧胜塑化有限公司业务经理

小黄:上海浦东发展银行宁波分行国际业务部职员

背景资料:

1. 2008 年 11 月 6 日,宁波欧胜塑化有限公司外贸业务部张经理与阿拉伯联合酋长国的 ABC TRADING CO., LLC 公司签订一份 36 800 PCS 唇膏(LIP BALM)的出口合同,合同号为 081106。

2. 2008 年 12 月 9 日单证员小余在办公室接到上海浦东发展银行宁波分行小黄打来的电话:"小余,你们有一票信用证开到了,赶紧来拿。""好的。我需要交什么费用吗?""如果在我行议付,就可以免去通知费。不过,正本信用证必须留在我行,你可以拿副本去备货。""谢谢!"

3. 拿回信用证副本以后,小余向外贸业务部张经理索取相应的外贸合同,具体了解这笔交易的成交细节。下面是合同和信用证的内容。

形式发票/合同

OCEAN PLASTIC & CHEMICAL PRODUCTS CO., LTD
PROFORMA INVOICE(R)

Cont. No.：081106

P. I. No.：081106

Date：Nov. 6th，2008

Signed at：NingBo

The Buyer：ABC TRADING CO.，LLC

Add：Rm1105，Building＃2，ShangDong

Nation，＃1926 CangHai rd.

NingBo，315040，China

Fax：86-574-87665377

P. O. BOX 13087 DUBAI, UAE

This contract is made by and between the Buyer and Seller according to the terms and condition stipulated below：

1. Commidity and Specification	2. Qty.		3. U-price	4. Amount
				CIF JEBEL ALI, UAE
Lip balm	36 800	pcs	US $ 0.30	US $ 11 040.00

1—500pcs display stand(32pcs/display stand) of lip balm and each display stand include in equal qty of flavours-Blueberry, Vanilla, Mint and Cinnamon.

2—Following qty will be in lose packaging in 64pcs/box, each box should be one type of flavour.

 Blueberry：100 box

 Vanilla： 75 box

 Mint： 75 box

 Cinnamon：75 box

5. More or Less：With 0 ％ More or Less Both in Amount & Qty. Allowed At The Seller's Opition.

6. Time of shipment：Will confirm later.

7. Loading port & Destination：From Ningbo Port by Sea.

8. Insurance：To Be Effected By The Seller.

9. Terms of Payment：by 100％ irrevocable letter of credit to be available with drafts at sight to be opened by the seller.

10. Special Clause

THE SELLER

Manager(or Representative)

THE BUYER

Manager(or Representative)

信用证

From

HSBC BANK, DUBAI, UAE

To

SHANGHAI PUDONG DEVELOPMENT BANK

15F, DONGYIN MANSION, NO. 689 BEIJING DONG ROAD, SHANGHAI, 200001, CHINA

MT700 ·················· ISSUE OF A DOCUMENTARY CREDIT ··················

Sequence Of Total	27 :	1/1
Form Of Documentary Credit	40A:	IRREVOCABLE
Documentary Credit Number	20 :	HSBC657708467464
Date Of Issue	31C:	081208
Date And Place Of Expiry	31D:	Date 090105 Place CHINA
Applicant	50 :	ABC TRADING CO. , LLC
		P. O. BOX 13087 DUBAI, UAE
Beneficiary	59 :	OCEAN PLASTIC & CHEMICAL PRODUCTS CO. , LTD
		1101—1105 SHANGDONG NATIONALS, # 1926
		CANGHAI RD. , NINGBO, 315040, CHINA
Currency Code, Amount	32B:	Currency USD Amount 11 040. 00
Available With ... By...	41D:	ANY BANK
		BY NEGOTIATION
Drafts At...	42C:	SIGHT
Drawee	42D:	HSBC BANK, DUBAI, UAE
Partial Shipment	43P:	NOT ALLOWED
Transshipment	43T:	NOT ALLOWED
Loading/Dispatch/Taking In Charge/Fm	44A:	NINGBO, CHINA
For Transportation To...	44B:	JEBEL ALI, UAE
Latest Date Of Shipment	44C:	081231
Description Of Goods/Services	45A:	
36 800 PCS OF LIP BALM,		
USD0. 30/PC CIF JEBEL ALI, UAE		
Documents Required:	46A:	

+SIGNED COMMERCIAL INVOICE IN TRIPLICATE

+FULL SET OF CLEAN ON BOARD OCEAN BILLS OF LADING CONSIGNED TO THE ORDER OF ABC TRADING CO., LLC P.O. BOX 13087 DUBAI, UAE MARKED FREIGHT PREPAID NOTIFYING APPLICANT

+PACKING LIST IN TRIPLICATE

+INSURANCE POLICY/CERTIFICATE BLANK ENDORSED COVERING ALL RISKS FOR 10 PER CENT ABOVE THE CIF VALUE

+CERTIFICATE OF CHINA ORIGIN ISSUED BY A RELEVANT AUTHORITY

Additional Conditions	47A:	

+DRAFTS ARE TO BE MARKED AS DRAWN UNDER THIS DOCUMENTARY CREDIT

+T/T REIMBURSEMENT IS NOT ALLOWED

+A USD50.00 （OR EQUIVALENT） FEE SHOULD BE DEDUCTED FROM THE REIMBURSEMENT CLAIM FOR EACH PRESENTATION OF DISCREPANT DOCUMENTS UNDER THIS DOCUMENTARY CREDIT NOTWITHSTANDING ANY INSTRUCTIONS TO THE CONTRARY, THIS CHARGE SHALL BE FOR THE ACCOUNT OF THE BENEFICIARY.

Details of Charges	71B:	ALL BANKING CHARGES OUTSIDE ISSUING BANK ARE FOR BENEFICIARY'S ACCOUNT.
Presentation Period	48:	DOCUMENTS MUST BE PRESENTED FOR NEGOTIATION WITHIN 5 DAYS AFTER BILL OF LADING DATE, BUT WITHIN THE VALIDITY OF THIS CREDIT.
Confirmation	49:	WITHOUT
Instructions	78:	

+WE UNDERTAKE TO HONOUR ALL DRAFTS DRAWN IN STRICT COMPLIANCE WITH THE TERMS OF THIS CREDIT.

+PLEASE FORWARD TO US THE ORIGINAL SET OF DOCUMENTS BY REGISTERED AIRMAIL AND THE DUPLICATES BY SUBSEQUENT AIRMAIL.

Sender to Receiver Info	72:	THIS LC IS SUBJECT TO UCP 1993 ICC PUB. NO. 600. THIS IS OPERATIVE INSTRUCMENT AND NO MAIL CONFIRMATION WILL FOLLOW.
Trailer		Order is ＜MAC：＞＜PAC：＞＜ENC：＞＜CHK：＞＜TNG：＞＜PDE：＞
		MAC：BA00E6EA
		CHK：9E5503EE1810

● 任务

1. 看懂以上的合同和信用证。
2. 思考这个信用证的条款是否合适。
3. 思考信用证与合同的关系。

● 链接 1：相关实践知识

一、信用证的阅读技巧

阅读信用证可以使用结构分析法，把信用证主要内容分为七大部分。

1. 当事人：申请人、受益人、开证行、通知行等。

2 个企业，如：

APPLICANT

    50： HOPE TRADING EST.,

        P. O. BOX 0000 DAMMAN 31491,SAUDI ARABIA

        TEL：88888888

BENEFICIARY

    59： XYZ CORPORATION

        NO. 233, TAIPING ROAD, QINGDAO, CHINA

        TEL：+865320000000

2 个银行，如：

开证行通常出现在信用证的开头，名称里有"bank"字样。

通知行有可能出现在开头，也有可能出现在结尾。

    ADVISE THROUGH BANK

    57A： BANK OF CHINA, SHANDONG BR.

2. 日期：开证日、有效期、最迟装运期、交单期限。如：

DATE OF ISSUE   31C：041119

DATE AND PLACE OF EXPIRY   31D：050115 CHINA

LATEST DATE OF SHIPMENT   44C：041231

PERIOD FOR PRESENTATIONS   48：DOCUMENTS MUST BE PRESENTED FOR NEGOTIATION WITHIN 21 DAYS AFTER BILL OF LADING DATE, BUT WITHIN THE VALIDITY OF THIS CREDIT.

3. 汇票条款：金额、议付方式、付款人、付款期限。如：

CURRENCY CODE, AMOUNT   32B： USD46 693.68

AVAILABLE WITH …BY…   41D： ANY BANK IN CHINA

                        BY NEGOTIATION

DRAFTS AT…   42C： AT SIGHT FOR 100 PCT OF THE INVOICE VALUE

DRAWEE   42D： BSFRSARIAEST

                        BANQUE SAUDI FRANSI

4. 装运条款：装运港、目的港、分批、转运。如：

PARTIAL SHIPMENT   43P： NOT ALLOWED

TRANSHIPMENT   43T： ALLOWED

LOADING/DISPATCH/TAKING IN CHARGE/FM

                    44A： ANY CHINESE PORT

FOR TRANSPORTATION TO…   44B： DAMMAN PORT, SAUDI ARABIA

5. 货物描述。如：

DESCRIPTION OF GOODS/SERVICES   45A：

    FROZEN CHICKEN BREAST MEAT, A GRADE,

    PACKING：1kg×12/CARTON,

UNIT PRICE：USD1 945.57/MT

QUANTITY：2 000CARTONS/24MTS

6. 单据条款。如：

发票例句

MANUALLY SIGNED COMMERCIAL INVOICE IN 5 COPIES, THE ORIGINAL MUST BE CERTIFIED BY CHAMBER OF COMMERCE AND LEGALIZED BY SAUDI CONSULATE/EMBASSY IN CHINA. THE COMMERCIAL INVOICE MUST SHOW THAT：

—THE GOODS ARE LESS THAN 30 DAYS OLD AT THE TIME OF LOADING

—NAME OF THE COUTRY OF ORIGIN TO BE SHOWED CLEARLY ON EACH POLYBAG AND ON EACH OUTER MASTER CARTON

—FOB VALUE, FREIGHT CHARGES SEPARATELY AND TOATL C AND F VALUE

提单例句

FULL SET (INCLUDING 2 NON-NEGOTIABLE COPIES) OF CLEAN OCEAN BILLS OF LADING EVIDENCING GOODS ENROUTE MARKED FREIGHT PREPAID ISSUED OR ENDORSED TO OUR ORDER. THE B/L SHOULD INDICATE APPLICANT'S NAME, TEL NO. AND BANQUE SAUDI FRANSI, EASTERN REGIONAL MANAGEMENT, SAUDI ARABIA, TEL：(03) 8871111, FAX (03) 8821855 AS NOTIFY PARTY.

THE BILL OF LADING MUST SHOW THE FOLLOWING：

(A) THE NAME, FULL ADDRESS AND TELEPHONE NUMBER OF SHIPPING AGENT AT THE PORT OF DISCHARGE.

(B) THE AGE OF THE VESSEL AND ITS YEAR OF BUILT.

(C) THE SEAL NUMBER(S) OF THE FCL REEFER CONTAINER(S).

装箱单和质量证例句

PACKING LIST IN 3 COPIES

CERTIFICATE OF QUALITY ISSUED BY CIQ, STATING THAT THE GOODS ARE UP TO EU STANDARDS

产地证例句

CERTIFICATE OF ORIGIN FORM A ISSUED BY CIQ.

CERTIFICATE OF ORIGIN ISSUED BY CHAMBER OF COMMERCE IN THE NAME OF APPLICANT IN ONE ORIGINAL PLUS TWO DUPLICATES, THE RIGINAL MUST BE CERTIFIED BY CHAMBER OF OMMERCE AND LEGALIZED BY SAUDI ONSULATE/EMBASSY IN CHINA STATING THE COUNTRY OF ORIGIN, NAME AND FULL ADDRESS OF THE MANUFACTURER/ PRODUCER AND SHIPPER, CONFIRMING THAT THE GOODS RELEVANT TO THIS L/C ARE OF CHINESE ORIGIN.

装船通知和非木质包装证明例句

ONE COPY OF FAX SENT TO THE APPLICANT ADVISING SHIPMENT IN DETAILS WITHIN 5 WORKING DAYS OF SHIPMENT IS MADE. A TRANSMISION REPORT IS ALSO REQUIRED.

DECALARATION OF NON-WOOD PACKING, OR CERTIFICATE OF HEAT TREATMENT ISSUED BY GOVERNMENT AUTHORITY IF WOOD PACKING INCLUDED.

7. 附加条款。如：

QUANTITY 5 PCT MORE OR LESS ARE ALLOWED INSURANCE COVERED BY THE APPLICANT.

ALL DOCUMENTS REQUIRED MUST BEAR THE NUMBER OF THIS CREDIT.

ALL DOCUMENTS MUST BE MADE OUT IN ENGLISH LANGUAGE.

BILL OF LADING ISSUED BY FREIGHT FORWARDER NOT ACCEPATABLE.

BILL OF LADING SHOWING COSTS ADDITIONAL TO THE FREIGHT CHARGES NOT ACCEPTABLE.

8. 信用证的其他条款。如：

FORM OF DOCUMENTARY CREDIT   40A： IRREVOCABLE TRANSFERABLE

DOCUMENTARY CREDIT NUMBER   20：   LC51G4C087333324

CHARGES

71B: ALL BANKING CHARGES ARE FOR BENEFICIARY'S ACCOUNT

REIMBURSEMENT BANK　　53A: CITIBANK, N. A. , NEW YORK

72: THIS LC IS SUBJECT TO UCP 1993 ICC PUB. NO. 600. THIS IS OPERATIVE INSTRUCMENT AND NO MAIL CONFIRMATION WILL FOLLOW.

二、各种不同信用证的识别技巧

问:我们如何来描述一个最普通、最常见的信用证?

答:不可撤销、不可转让、自由议付、无保兑、电开、即期、跟单的信用证。其他的大多数信用证种类可以在这个框架上加以识别。但也有一些特殊的信用证需要额外理解,例如背对背信用证、对开信用证、预支信用证(红条款信用证)、循环信用证、备用信用证等。

● 链接 2:相关理论知识

一、信用证的条款构成

1. 信用证类型。

这是为开立不可撤销信用证而拟定的。

2. 信用证号码。

开证行的信用证编号。

3. 开证地点和日期。

(1)开证地点是指开证行所在地;

(2)开证日期是指"信开证"的邮寄信用证的日期。

4. 有效日期和交单地点。

如:98.04.06 at London

　　98.12.17 in China

有效地点应与指定银行所在地一致。

5. 申请人。

6. 受益人。

7. 通知行。

8. 金额。

(1)金额应用大写和小写表示;

(2)金额前加上 about,approximately,circa 等词语,允许有 10% 的增减幅度;

(3)使用国际标准化组织指定的货币代号如 USD,GBP,DEM 来表示。

9. 信用证的使用。

即信用证的可用性。

10. 分批装运。

在"允许"或"不允许"的方格标上"×"。

11. 转运。

注意 UCP 500 有关转运的定义,仅在情况适合时方可在"允许"或"不允许"前的方格标上"×"。

12. 买方投保。

仅在信用证不要求提交保险单据,而且申请人表示他已经将要为货物投保时,方可在此方格内标上"×"。

13. UCP 500 中第四十六条所解释的装运。

(1)避免缩写。不是每个人都知道缩写。

(2)避免模糊用语。松散笼统的词语诸如 Main Ports,West European Ports,Middle East Ports,Gulf of Mexico Ports 和类似用语不应使用。

(3)装运国家。现代运输技术和机构鼓励表示装运国家胜过表示特定装运港口。

(4)不是海港。

(5)信用证内规定一个到达日期是不正确的。

14. 货物的描述。

(1)货物描述不要罗列过多细节,要简短通俗,多拟定常识性条款;

(2)货物数量前面有 about,approximately,circa 或类似词语,则数量有 10%增减付款。如以重量、长度、容积作为数量,则有 5%的增减幅度;

(3)货物价格条件参照和使用 Incoterms 1990。

15. 单据描述。

单据的顺序是:商业发票;运输单据。其他单据,例如:产地证明书、分析证明书、包装单、重量单等。

要准确地说明单据名称、正本还是副本。

规定单据如果是运输单据、保险单据、商业发票以外的单据时,信用证应表明出单人、单据措辞或资料内容。

16. 商业发票。

17. 运输单据(普遍的)。

(1)运输单据正面必须注明承运人或多式运输经营人的名称(租船合约提单、专递收据、邮政收据除外)。

(2)若由指定国籍或国旗的船只装运,信用证应规定什么单据用来表示符合那项要求,不应列有非单据条件。

(3)避免规定:快船装运,或按班轮条件装运。

(4)不能规定运输单据带有"清洁已装船"的批注。

(5)银行不接受不清洁的运输单据。

18. 运输单据(特定的)。

(1)多式运输单据;

(2)海运/远洋提单;

(3)非转让的海运提单;

(4)租船合约提单;

(5)航空运输单据;

(6)公路、铁路或内河运输单据;

(7)邮政收据、邮寄证书或专递机构证书;

(8)运输行出具的运输单据。

19. 保险单据。

20. 其他单据。

21. 交单期限。

不应使用"过期单据可以接受"(Stale Documents Acceptable)的词语。

22. 通知指示(仅用于"致通知行的通知书")。

通知行应注意当它通知信用证时,它是否保兑,有三种情况:

(1)不要加上它的保兑;

(2)加上它的保兑;

(3)如受益人要求时它被授权加上它的保兑。

23. 银行至银行的指示(仅用于"致通知行的通知书")。

开证行在此处规定付款、承兑或议付的银行向何处、如何的、何时获得偿付。例如:

借记我行账户开设在你行那里。

我行将贷记你行账户开设在我行这里。

向某行索偿。

24. 信用证页数。

开证行必须注明信用证开出的页数。

25. 签字。

开证行在"致通知行的通知书"和"致受益人通知书"上都要签字。

二、信用证的种类

1. 可撤销与不可撤销信用证;

2. 保兑与不保兑信用证;

3. 即期付款、延期付款、承兑、议付信用证;

4. 可转让信用证;

5. 背对背信用证;

6. 对开信用证;

7. 预支信用证;

8. 循环信用证;

9. 备用信用证。

● 思考与练习

任务一:请根据项目一/模块 1 的"思考与练习"任务所要求制作的外贸合同,模拟一份可以接受的信用证来证。

任务二:请阅读下列信用证,并翻译成中文。

08AUG08   14:10:38   LOGICAL   TERMINAL   P005

MT   S700   ISSUE OF DOCUMENTARY CREDIT

PAGE   00001

FUNC   SWPR3

MSGACK DWS765I AUTHENTICATION SUCCESSFUL WITH PRIMARY KEY

BASIC HEADER   F 01   BKCHCNBJA300   5976   662401

0 700   1530   030807   MITKJPJTA×××   1368   960990

APPLICATION HEADER   080808

* SAKURA   BANK, LTD., THE (FORMERLY

* MITSUI   TAIYO   KOBE)

* TOKYO

USER HEADER   BANK, PRIORITY   113：

MSG USER REF   108：

SEQUENCE OF TOTAL   * 27 ：1/1

FORM OF DOC. CREDIT   * 40A：IRREVOCABLE

DOC.   CREDIT NUMBER   * 20 : 090-3001573

DATA OF ISSUE   * 31C：080804

EXPIRY   * 31D：DATE 080915   PLACE IN THE COUNTRY OF BENEFICIARY

APPLICANT   * 50 : TIANJIN-DAIEI CO., LTD, SHIBADAIMON

MF BLOG, 2-1-16, SHIBADAIMON,

MINATO-KU,   TOKYO, 105 JAPAN

BENEFICIARY   * 59 : NINGBO HAIWEN IMP&EXP. CORP., LTD

9FL, NO. 428, ZHONGSHAN EAST ROAD, NINGBO

AMOUNT   * 32B：CURRENCY   USD AMOUNT 74 157.00

ADD. AMOUNT COVERED   39C：FULL CIF INVOICE VALUE

AVAILABLE WITH/BY   * 41D：BANK OF CHINA

BY NEGOTIAYION

DRAFTS AT...   42C：DRAFT(S) AT SIGHT

DRAWEE   42A：CHEMUS33

* CHEMICAL BANK

* NEW YORK, NY

PARTIAL SHIPMENT   43P：PARTIAL SHIPMENTS ARE ALLOWED

TRANSSHIPMENT   43T：TRANSHIPMENT IS NOT ALLOWED

LOADING IN CHARGE   44A：NINGBO, CHINA

FOR TRANSPORT TO...   44B：KOBE/OSAKA, JAPAN

LATEST DATE OF SHIP.   44C：080831

DESCRIPTION OF GOODS   45A：

```
          GIRL'S  T/R  VEST  SUITS
          ST/NO. 353713          6 000 SETS.      USD6. 27/SET      USD 37 620. 00
                 353714          5 700 SETS.      USD6. 41/SET      USD 36 537. 00
          TOTAL:                11 700 SETS.                        USD 74 157. 00
```

PRESENTATION PERIOD 48 : DOCUMENTS MUST BE PRESENTED WITHIN
                          15 DAYS AFTER THE DATE OF SHIPMEENT

CONFIRMATION   *49 : WITHOUT

REIMBURSEMENT BANK   53 A: CHEMUS33

                          * CHEMICAL BANK

                          * NEW YORK, NY

INSTRUCTIONS   78 :

IN REIMBURSEMENT, NEGOTIATING BANK SHOULD SEND THE BENEFICIARY'S DRAFT TO THE DRAWEE BANK FOR OBTAINING THE PROCEED, NEGOTIATING BANK SHOULD FORWARD THE DOCUMENTS DIRECT TO THE SAKURA BANK, LTD., TOKYO INT'L OPERATIONS CENTER P. O. BOX 766, TOKYO, JAPAN BY TWO CONSECUTIVE REGISTERED AIRMAILS.

DOCUMENTS REQUIRED   *46B:

+ SIGNED COMMERCIAL INVOICE IN 5 COPIES INDICATING IMPORT ORDER NO. 131283 AND CONTRACT NO. 08-09-403 DATED JUL. 12, 2003 AND L/C NO.

+ FULL SET OF 3/3 CLEAN ON BOARD OCEAN BILLS OF LADING MADE OUT TO ORDER OF SHIPPER AND BLANK ENDORSED AND MARKED "FREIGHT PREPAID" NOTIFY TIANJIN-DAIEI CO., LTD 6F, SHIBADAIMON MF BLDG., 2-1-16 SHIBADAI-MON, MINATO-KU TOKYO 105 JAPAN. TEL NO. 03-5400-1971, FAX NO. 03-5400-1976.

+ PACKING LIST IN 5 COPIES

+ CERTIFICATE OF ORIGIN IN 5 COPIES

+ INSURANCE POLICY OR CERTIFICATE IN 2/2 AND ENDORSED IN BLANK FOR 110 PCT OF FULLTOTAL INVOICE VALUE COVERING ALL RISKS, WAR RISKS AS PER THE RELEVANT OCEAN MARINE CARGO CLAUSE OF P. I. C. C. DATED JAN. 1ST, 1981. WITH CLAMS, IF ANY, PAYABLE AT DESTINATION

+ TELEX OR FAX COPY OF SHIPPING ADVICE DESPATCHED TO TIANJIN-DAIEI CO., LTD. (DIV: 1, DEPT: 3 FAX NO. 03-5400-1976) IMMEDIATELY AFTER SHIP-MENT.

+ BENEFICIARY'S CERTIFICATE STATING THAT THREE SETS COPIES OF NON-NEGOTIABLE SHIPPING DOCUMENTS HAVE BEEN AIRMAILD DIRECTLY TO THE APPLICANT IMMEDIATELY AFTER SHIPMENT.

ADDITIONAL COND.   *47B:

(1) 5 PCT MORE OR LESS IN BOTH AMOUNT AND QUANTITY PER EACH ITEM WILL BE ACCEPTABLE.

（2）BUYER'S IMPORT ORDER NO. 131283 MUST BE MENTIONED ON ANY SHIPPING DOCUMENTS.

（3）ABOVE CARGO SHALL BE CONTAINERIZED.

（4）SHIPPING MARK OF EACH CARTON SHOULD INCLUDE BUYER'S IMPORT ORDER NO. 131283

（5）T. T. REIMBURSEMENT IS NOT ACCEPTABLE.

（6）ALL BANKING CHARGES OUTSIDE JAPAN ARE FOR ACCOUNT OF BENEFICIARY.

  ORDER IS ＜MAC：＞＜PAC：＞＜ENC：＞＜CHK：＞＜TNG：＞＜PDE：＞

  MAC：BF35294E

  CHK：6E452BBE2A45

  DLM：

制单相关信息（关于其中第一批货物的装船情况）：

ST / NO . 353713

发票号 CPU04140A	发票日期 AUG. 10，2008
提单号 50100289BUS	提单日期 AUG. 15，2008
保险单号 RGS354554	产地证号 RQWT5525
船名 ULSAN V.501N	H. S. 编码 5434.8764
商品数量 6 000 SETS	包装 @30 SETS / CTN

集装箱号 MTU7045319/KB846421/40′
    MTU7045320/KB846422/40′
    MTU7045321/KB846423/40′
    MTU7045322/KB846424/40′

毛重 @25 KGS / CTN   净重 @24 KGS / CTN

尺码 @0.236 CBM / CTN

模块 4 写作改证函

我们唯一不会改正的缺点是软弱。　　　　　　　　　——拉罗什福科

● 本模块教学目标

最终目标:能熟练写作改证函

促成目标:熟悉改证函的一般格式

　　　　　能根据合同审核信用证,写出审证意见

　　　　　能进行规范化的改证函写作

● 情景案例

机构:

外贸企业:OCEAN PLASTIC & CHEMICAL PRODUCTS CO.，LTD

　　　　　宁波欧胜塑化有限公司

银行:BANK OF CHINA 中国银行

人物:

小余:宁波欧胜塑化有限公司单证员

张经理:宁波欧胜塑化有限公司业务经理

小陈:中国银行宁波分行国际业务部职员

背景资料:

1. 2008 年 9 月 15 日,宁波欧胜塑化有限公司外贸业务部张经理与香港的 CONSOLIDA-TORS LIMITED 公司签订一份 5 500 台缝纫机的出口合同,合同号为 OPCP08253。

2. 2008 年 10 月 15 日单证员小余在办公室接到中国银行宁波分行小陈打来的电话:“小余,你们有一票信用证开到了,赶紧来拿。”“好的。我立刻来拿。谢谢!”

3. 拿回信用证以后,小余向外贸业务部张经理索取相应的外贸合同,仔细审核这封信用证是否有问题。下面是合同和信用证的内容。

形式发票/合同

OCEAN PLASTIC & CHEMICAL PRODUCTS CO. , LTD

SALES   CONFIRMATION

Rm1105，Building♯2，ShangDong

Nation，♯1926 CangHai rd.

NingBo，315040，China

Fax：86-574-87665377

TO：CONSOLIDATORS LIMITED   NO：OPCP08253

RM.13001—13007E,13/F,   DATE：Sept. 15th，2008

ASUA TERMINALS CENTER B.

BERTH 3，KWAI CHUNG，N. T. ，HONGKONG

P. O. Box 531 HONGKONG

We hereby confirm having sold to you the following goods on terms and conditions as stated below.

NAME OF COMMODITY：	Butterfly Brand Sewing Machine
SPECIFICATION：	JA-115 3 Drawers Folding Cover
PACKING：	Packed in wooden cases of one set each.
QUANTITY：	Total 5 500sets
UNIT PRICE：	US$ 64. 00 per set CIFC 3% H. K.
TOTAL AMOUNT：	US$ 352 000. 00

(Say U. S. dollars three hundred and fifty two thousand only.)

SHIPMENT： During Oct. /Nov. 2008 from Ningbo to H. K. with partial Shipments and transshipment permitted.

INSURANCE： To be covered by the seller for 110% of total invoice value against all risks and war risks as per the relevant ocean marine cargo clauses of the People's Insurance Company of China dated January 1st，1981.

PAYMENT： The buyer should open through a bank acceptable to the seller an Irrevocable Letter of Credit at 30 days after sight to reach the Seller 30 days before the month of Shipment valid for negotiation in China until the 15th day after the date of shipment.

REMARDS： Please sign and return one copy for our file.

The Buyer：   The Seller：

CONSOLIDATORS   LIMITED   OCEAN PLASTIC & CHEMICAL PRODUCTS CO. , LTD

信用证

〈信用证〉

HONGKDONG & SHANGHAI BANKING CORPORATION
QUEEN'S ROAD CENTERAL, P. O. BOX 64, H. K.
TEL:822-1111 FAX:810-1112

Advised through: Bank of China, NO. CN3099/714

 Ningbo Branch, DATE Oct. 2nd, 2008 H. K.

To: OCEAN PLASTIC & CHEMICAL PRODUCTS CO., LTD

 Rm1105, Building #2, ShangDong

 Nation, #1926 CangHai Rd.

 NingBo, 315040, China

Dear Sirs:

We are pleased to advise that for account of Consolidators Limited, H. K., we hereby open our L/C No. CN3099/714 in your favour for a sum not exceeding about US $ 330 000. 00 (Say US Dollars Three Hundred Thirty Thousand only) available by your drafts on HSBC at 30 days after date accompanied by the following documents:

1. Signed commercial invoice in 6 copies.

2. Packing List in quadruplicate.

3. Full set of (3/3) clean on board Bs/L issued to our order notify the above mentioned buyer and marked "Freight Collect" dated not later than October 31st, 2003. From Shanghai to Hongkong, Partial shipment are not permitted and trans-shipment is not permitted.

4. Insurance policy in 2 copies covering C. I. C for 150% invoice value against all risks and war risks as per the relevant ocean marine cargo clauses of the People's Insurance Company of China dated January 1st, 1981.

5. Certificate of Origin issued by China Council for the Promotion of International Trade.

Description of Goods:

5 500 sets Sewing Machine Art. No. JA-115 packed in wooden cases or cartons each at US $ 64. 00 CIF H. K.

Drafts drawn under this credit must be marked "drawn under HSBC, H. K.," bearing the number and date of this credit.

We undertake to honour all the drafts drawn in compliance with the terms of this credit if such drafts to be presented at our counter on or before Oct. 31st, 2008.

SPECIAL INSTRUCTIONS：

(1)Shipment advice to be sent by telefax to the applicant immediately after the shipment stating our L/C No., shipping marks, name of the vessel, goods description and amount as well as the bill of lading No. and date. A copy of such advice must accompany the original documents presented for negotiation.

(2) The negotiating bank is kindly requested to forward all documents to us (HONGKONG & SHANGHAI BANKING CORPORATION QUEEN'S ROAD CENTERAL,P. O. BOX 64,H. K.)in one lot by airmail.

It is subject to the Uniform Customs and Practice for Documentary Credits,International Chamber of Commerce Publication No. 600.

Yours　faithfully
For HONGKONG & SHANGHAI BANKING CORPORATION

● 任务

1. 看懂以上的合同和信用证。
2. 审核这个信用证的条款是否合适。
3. 如有必要,向客户发送改证函。

● 链接 1:相关实践知识

一、受益人要求通知行尽到何种责任

1. 审查开证行资信。
开证行的政治背景、资信状况是否可靠,有否无理拒付的不良记录。
2. 审查信用证的有效性。
信用证印鉴、密押是否相符,条款是否完整清晰。
3. 审查信用证的责任条款。
开证行付款义务有否附加不利于出口商或背离国际惯例的条件。
4. 索汇路线和索汇方式的审查。
索汇路线是否直接,索汇方式是否正确,是否符合支付协定。
5. 费用问题。
费用承担方式是否合理,有无转嫁费用的现象。

二、改证函写作中针对实际需要的语言技巧

商务函电的作用,一是索取信息或传递信息,二是处理商务交流中有关事宜,三是联络与沟通感情。

商务函电的写作应掌握 7C 原则,即:完整(complete)、正确(correctness)、清楚(clearness)、简洁(concreteness)、具体(concreteness)、礼貌(courtesy)、体谅(consideration)。

完整:商务函电应完整表达所要表达内容和意思,何人、何时、何地、何事、何种原因、何种方式等。

正确:表达的用词用语及标点符号应正确无误,因为商务函电的内容大多涉及商业交往中双方的权利、义务以及利害关系,如果出错势必会造成不必要的麻烦。

清楚:所有的词句都应能够非常清晰明确地表现真实的意图,避免双重意义的表示或者模棱两可。用最简单普通的词句来直截了当地告诉对方。

简洁:在无损于礼貌的前提下,用尽可能少的文字清楚表达真实的意思。清楚和简洁经常相辅相成,摒弃函电中的陈词滥调和俗套,可以使交流变得更加容易和方便。而一事一段则会使函电清楚易读和富有吸引力。

具体:内容当然要具体而且明确,尤其是要求对方答复或者对之后的交往产生影响的函电。

礼貌:文字表达的语气上应表现出一个人的职业修养,客气而且得体。最重要的礼貌是及时回复对方,最感人的礼貌是从不怀疑对方的坦诚。商务交往中肯定会发生意见分歧,但礼貌和沟通才有可能化解分歧且不影响双方的良好关系。

体谅:为对方着想,这也是拟定商务函电时一直强调的原则——站在对方立场。在起草商务函电时,始终应该以对方的观点来看问题,根据对方的思维方式来表达自己的意思,只有这样,双方的沟通才会有成效。

● 链接2:相关理论知识

一、信用证的审核方法和要点

1. 审证第一步。
将信用证与买卖合同进行核对,审查信用证与合同的一致性。

2. 审证第二步。
(1)价格条款的完整性。
例如,FOB的特征:不要求保单,运费未付;CFR的特征:不要求保单,运费已付;CIF的特征:要求保单,运费已付。

(2)信用证的有效期和装运期是否足够。
如离最后装运日太近应要求展延装期、效期;信用证的装期和效期为同一天即"双到期"时,须自行将装期提前10天办理托运;如信用证规定向银行交单的日期不得迟于装运日期若干天,要注意该期限是否合理,能否办到。

(3)信用证的到期日和到期地点是否合理。
凡未注明到期日的信用证应视作无效。规定的到期地点应在出口国。

(4)对信用证里的模糊用语的理解。
UCP 600第三条对某些用语做了一些解释。
就本惯例而言:
如情形适用,单数词形包含复数含义,复数词形包含单数含义;
信用证是不可撤销的,即使未如此表明;
单据签字可用手签、摹样签字、穿孔签字、印戳、符号或任何其他机械或电子的证实方法为之；

诸如单据须履行法定手续、签证、证明等类似要求，可由单据上任何看似满足该要求的签字、标记、印戳或标签来满足。

一家银行在不同国家的分支机构被视为不同的银行。

用诸如"第一流的"、"著名的"、"合格的"、"独立的"、"正式的"、"有资格的"或"本地的"等词语描述单据的出单人时，允许除受益人之外的任何人出具该单据。

除非要求在单据中使用，否则诸如"迅速地"、"立刻地"或"尽快地"等词语将不予理会。

"在或大概在（on or about）"或类似用语将被视为规定事件发生在指定日期的前后五个日历日之间，起讫日期计算在内。

"至（to）"、"直至（until、till）"、"从……开始（from）"及"在……之间（between）"等词用于确定发运日期时包含提及的日期，使用"在……之前（before）"及"在……之后（after）"时则不包含提及的日期。

"从……开始（from）"及"在……之后（after）"等词用于确定到期日时不包含提及的日期。

"前半月"及"后半月"分别指一个月的第一日到第十五日及第十六日到该月的最后一日，起讫日期计算在内。

一个月的"开始（beginning）"、"中间（middle）"及"末尾（end）"分别指第一到第十日、第十一日到第二十日及第二十一日到该月的最后一日，起讫日期计算在内。

3. 审证第三步。

（1）货物的控制权。

下列情况是出口人在收到信用证时必须注意的：

信用证规定提单应以进口人作为收货人；

信用证要求空运单或邮包收据，并以进口人为收货人；

信用证规定出口人在货物装运后将部分提单或全套提单直接寄给进口人。

（2）审查信用证条款的可接受性。即审核信用证中是否存在"软条款"，最常见的软条款有：

①限制信用证生效的条款。如：

"本证生效须由开证行以修改书形式另行通知"；

"本证是否生效依进口人是否能取得进口许可证"。

②限制出口人装运的条款。如：

"货物只能待收到申请人指定船名的装运通知后装运，而该装运通知将由开证行随后以信用证修改书的方式发出，受益人应将该修改书包括在每套单据中议付"。

③限制出口人单据的条款。如：

"受益人所交单据中应包括：由开证申请人或其代表签署的检验证书一份"；

"受益人所交单据中应包括：由开证申请人手签的说明运输船名的信函一封"。

④限制出口人交单的条款。如：

"船样寄开证申请人确认后受益人才可交单"。

⑤开证行有条件付款责任的条款。如：

"开证行在货到目的港后需通过进口商品检验后才付款"；

"在货物清关或由主管当局批准进口后才支付货款"。

二、信用证的修改

在任何情况下，不可撤销信用证的修改应由开证申请人提出，由开证行修改，并经开证行、保兑行(如已保兑)和受益人的同意,才能生效。

改证函一般格式如下。

Dear Sir:

While we thank you for your L/C No. L-1234，we regret to inform you that we have found some discrepancies. You are requested to make the following amendments：

1. … should be amended as …

2. … should read …

3. … should be … instead of …

4. … should be amended to read "…".

5. Delete the term "…" or change the term into "…"…

We look forward to receiving your amendment to the L/C at an early date and thank you in advance.

Sincerely yours

● 思考与练习

任务一：就模块 3 "情景案例"所言,小余仔细推敲信用证条款,发现交货期过于紧张,与当初约定有细微出入,与张经理讨论后决定要求修改船期和有效期。请替小余以张经理身份向客户发出要求改证的电子邮件。

任务二：请根据下列合同审核信用证,写出审证意见。

SALES CONFIRMATION

S/C NO：954361

DATE：June 15th, 2003

THE BUYER：The Eastern Trading Company, Osaka, Japan

THE SELLER：Shanghai Donghai Garments Imp. & Exp. Corp., Shanghai, China

NAME OF COMMODITY AND SPECIFICTION：

　　　　Pure Cotton Men's Shirts

　　　　Art. No. 9-71323

　　　　Size Assortment S/3 M/6 and L/3 per dozens

QUANTITY：5 000 dozens 3％ more or less at seller's option

PACKING：Each piece in a polybag, half a dozen to a paper box, 10 dozens to a carton

UNITE PRICE：US＄120.00 per doz. CIFC 5％ Kobe/Osaka

SHIPMENT：During Aug./Sept. 2003 in two equal shipments

INSURANCE：To be covered by the seller for 110％ of Invoice value against all Risks as per China Insurance Clause dated Jan. 1st, 1981.

YAYMENT：By Irrevocable letter of credit payable at sight, to reach the seller not later than July 20th, 2003 and remain valid for negotiation in China until the 15th days after the date of Shipment.

IRREVOCABLE DOCUMENTARY LETTER OF CREDIT
FUJI BANK，LTD.
1-CHOME，CHIYODA-KU
C. P. O. BOX 148，TOKYO，JAPAN

L/C No. 219307
July 15th，2003

Advising Bank：

Bank of China，Shanghai

Beneficiary：

Amount：not exceeding

Shanghai Donghai Carments Imp. & Exp. Corp.

US $ 600 000. 00

Shanghai China

Dear Sir：

At the request of **THE EASTERN TRADING COMPANY** ，Osaka，Japan. We here issue in your favour this Irrevocable documentary Credit No. 219307 which is available by acceptance of your draft at 30 days after sight for full Invoice value drawn on FuJi Bank Ltd. New York Branch，New York ，N. Y. U. S. A. bearing this clause："Drawn under documentary Credit No. 219307 of FuJi Bank Ltd. " accompanied by the following documents：

(1)Signed Commercial Invoice In four copies.

(2)Full set clean on board Bills of Lading made out to order and blank endorsed marked "freight collect" and notify applicant.

(3)Insurance Policy for full Invoice value of 150% covering all Risks as per ICC dated Jan. 1st，1981.

(4)Certificate of Origin Issued by the China Exit and Entry Inspection and Quarantine Bureau.

(5)Inspection Certificate Issued by applicant.

Covering：5 000 dozens Pure Cotton Men's Shirts

      Art. No. 9-71323

      Size Assortment：S/3，M/6，L/3 per dozen

      At US $ 120 CIFC5% Kobe/Osaka，packed In cartons of 10 dozens each.

Shipment from Chinese Port to Yokohama at buyer's option not later than Sept. 30，2003.

Transshipment is prohibited，partial Shipments are allowed.

The credit is valid in Shanghai，China.

Special conditions：Documents must be presented within 15 days after date of Issuance of the Bills of Lading，but In any event within this credit validity.

We hereby undertake to honor all drafts drawn in accordance with the terms of this credit.

For FuJi Bank Ltd.

—sighed—

项目二：取得通关单

模块 1　制作发票

你若要喜爱你自己的价值，你就得给世界创造价值。　　　——歌德

● 本模块教学目标

最终目标：制作出口报检发票

促成目标：理解发票的分类、作用、内容

熟悉 UCP 600 中关于商业发票的条款

能够手工制作发票

● 情景案例

机构：

外贸企业：OCEAN PLASTIC & CHEMICAL PRODUCTS CO. , LTD

宁波欧胜塑化有限公司

人物：

小余：宁波欧胜塑化有限公司单证员

张经理：宁波欧胜塑化有限公司业务经理

背景资料：

1. 2008 年 11 月 6 日，宁波欧胜塑化有限公司外贸业务部张经理与阿拉伯联合酋长国的 ABC TRADING CO. , LLC 公司签订一份 36 800 PCS 唇膏（LIP BALM）的出口合同，合同号为 081106。

2. 单证员小余在办公室接到外贸业务部张经理的电话："小余，出货明细单邮件发过来了，请查收，并安排商检和订仓。"小余马上接收邮件，下载并阅读明细单。

3. 制备报检基本文件：单证员根据明细单信息于 12 月 20 日在办公室制作用于报检和报关的发票、装箱单。

货物明细表

OCEAN PLASTIC & CHEMICAL PRODUCTION CO.，LTD

Rm 1105，Building＃2，ShangDong Nations，＃1926 CangHai Rd.，315040，NingBo，China

出 口 货 物 明 细 单

1. PO＃：<u>081106</u>　　L/C NO. HSBC657708467464　　　Customer：ABC TRADING CO.，LLC

　　　　　　　　　　　　　　　　　　　　　　　　　　P. O. BOX 13087 DUBAI，UAE

2. FROM：NingBo　　　　TO：JEBEL ALI，UAE　　　Shipment：By Sea

3. Freight：prepaid

4. Trade terms：CIF JEBEL ALI，UAE

5. Goods ready date：2008-12-31　　　　　　　　　佳隆跟单：小朱

　　　　　　　　　　　　　　　　　　　　　　　TEL：87092188　FAX：87097215 朱'S

6. Consignee：to the order of ABC TRADING CO.，LLC，P. O. BOX 13087 DUBAI，UAE

7. Notify Party：ABC TRADING CO.，LLC

　　　　　P. O. BOX 13087 DUBAI，UAE

8. Forwarder：

　　　　AFS-VISA INTERNATIONAL（HK）LTD.

　　　　Attn：Charles Lau, charles@afs-int. com. hk

　　　　Phone：0852-2368 5288

　　　　Fax：00852-2724 8878

9. Goods details：

Desc.	QTY.	UNIT	U-PRICE	AMOUNT	CTN	MEAS.	G. W.	N. W.
LIP BALM	36 800	PCS	US$ 0. 30	US$ 11 040. 00	825	27. 62	3 300	2 475
	36 800			11 040. 00	825	27. 62	3 300	2 475

10. 唛头如下：

　　　　PRITTY

　　　　FRUITFULLY YOURS

　　　　LIP BALM

11. Payment：

　　By 100％ irrevocable letter of credit to be available with drafts at sight to be opened by the seller.

12. Insurance：

　　COVERING ALL RISKS FOR 10 PERCENT ABOVE THE CIF VALUE.

13. 特别指示：做商检，C/O，提单正本

　　Transparent red, transparent purple, transparent green, transparent blue, transparent orange, transparent yellow.

商业发票

OCEAN PLASTIC AND CHEMICAL PRODUCTS CO., LTD.

1101-1105 ShangDong Nationals,#1926 CangHai Rd.,NingBo,315040,China

COMMERCIAL INVOICE

L/C NO.:	HSBC657708467464	INV.NO.:	09OS002
CONTRACT NO.:	081106	DATE:	JAN.04,2009
FROM:	NINGBO,CHINA	TO:	JEBEL ALI,UAE
MESSRS:	ABC		

MARKS	QTY. & DESC.		AMOUNT
			CIF JEBEL ALI
	PO#081106		
	LIP BALM	36800 PCS	US$0.300	US$11,040.00
	HS CODE :3304100000		
PRITTY FRUITFULLY YOURS LIP BALM			
	TTL PACKED:825CTNS		
	TTL G.W.:3300.00KGS		
	TTL N.W.:2475.00KGS		

BANK INFORMATION :

Intermediary Bank:	HSBC BANK NEW YORK
Swift BIC:	MRMDUS33
Beneficiary Bank:	SHANGHAI PUDONG DEVELOPMENT BANK, OFFSHORE BANKING UNIT
Swift BIC:	SPDBCNSHOSA
FAX:	021-63522801
ADD:	15F, DONGYIN MANSION, NO.689 BEIJING DONG ROAD, SHANGHAI,200001,CHINA
Beneficiary Name:	**OCEAN PLASTIC &CHEMICAL PRODUCTS CO., LTD**
Account No.:	OSA11443630248709
TEL.:	+ 86 574 8766 3877 13867865787

For and on behalf of
OCEAN PLASTIC & CHEMICAL PRODUCTS CO., LIMITED
欧　胜　塑　化　有　限　公　司

....
Authorized Signature(s)

● 任务

1. 看懂以上的货物明细单和商业发票。
2. 思考商业发票的缮制要点。

● 链接：相关基础知识

一、发票分类

发票(Invoice)是进出口贸易结算中使用的最主要的单据之一，我国进出口贸易中使用的发票主要有：

1. 商业发票(Commercial Invoice)。是卖方向买方开立的，对所装运货物的全面、详细说明，并凭以向买方收取货款的货款价目总清单，是进出口贸易结算中使用的最主要的单据之一。

商业发票是全套进出口单据的核心，其他单据均以它为中心来缮制。

2. 海关发票(Customs Invoice)。由出口商填制，供进口商凭以报关用的特定格式的发票。

3. 形式发票(Proforma Invoice)。进口商要求出口商制作的包括货物名称、规格、单价等内容的，非正式的参考性发票，供其向本国的贸易或外汇管理等当局申请进口或批准给予支付外汇之用。

它是一种简式合同，不能用于托收和议付。但若信用证上有"依××形式发票"的规定时，出口商交单时须附上形式发票，否则银行不予审核单据内容。

4. 领事发票(Consular Invoice)。有些进口国为了解进口货物的原产地、货物有无倾销等情况，规定进口货物必须要领取进口国驻出口国的领事签证的发票，作为征收有关货物进口关税的前提条件，同时也作为领事馆的经费来源。

5. 厂商发票(Manufacturer's Invoice)。进口国为确定出口商有无倾销行为，以及为了进行海关估价、核税和征收反倾销税之用，而由出口货物的制造厂商所出具的，以本国货币计算的，用来证明出口国国内市场的出厂价的发票。

二、商业发票作用

1. 核对卖方履约情况是否符合合同规定。
2. 进出口商收付货款和记账的凭证。
3. 进口商通关纳税的依据。
4. 在不使用汇票的交易中，可替代汇票作为付款依据。

三、商业发票的制作要点

商业发票一般无统一格式，由出口商自行设计，但内容必须要符合信用证或合同的要求。其基本内容及制单要点如下。

1. 出口商名称及地址：信用证中一般表示为"BENEFICIARY：×××"。通常出口商名称及地址都已事先印好。

2. 单据名称：商业发票上应明确标明"INVOICE"（发票）或"COMMERCIAL IN-VOICE"（商业发票）字样。

3. 发票抬头（To：…）：除信用证有其他要求之外，发票抬头一般缮制为开证申请人（APPLICANT）。信用证中一般表示为"FOR ACCOUNT OF×××"或"TO THE OR-

DER OF ×××"中"×××"部分。

4. 发票号码(Invoice No.)：发票号码一般由出口商按统一规律自定。

5. 发票日期(Invoice Date)：发票日期最好不要晚于提单的出具日期。根据 UCP 500，发票出具日期可以早于信用证开立日期，但必须在信用证及 UCP 500 惯例规定的期限内提交。

6. 合同及信用证号码(S/C No.，L/C No.)：根据实际填写。

7. 装运港和目的港：一般只简单地表明运输路线及运输方式，如 FROM ×× TO ×× BY SEA/AIR。

8. 唛头(Shipping Marks)：一般由卖方自行设计，但若合同或信用证规定了唛头，则须按规定。若无唛头，应注明 N/M。

9. 货物描述(Description)：必须与信用证中的货物描述(Description of Goods)完全一致，必要时要照信用证原样打印，不得随意减少内容，否则有可能被银行视为不符点。但有时信用证货物描述的表述非常简单，此时按信用证打印完毕后，再按合同要求列明货物具体内容。

10. 数量(Quantity)：按合同标明装运货物数量，必须标明数量单位，如 Piece、Set、kg 或 Meter 等。

11. 单价(Unit Price)、总价(Amount)：对应不同货物标明相应单价，注意货币单位及数量单位。总价即实际发货金额，应与信用证规定一致，同时还应注明贸易术语。

12. 签字盖章：若信用证要求 Signed Invoice，就要求出口商签字或加盖图章。否则按 UCP 500 的规定，发票可不签章。

13. 其他：有些国家对商业发票有特殊要求，如必须在商业发票上注明船名、重量、"无木制包装"等字样，需根据具体业务及信用证要求具体对待。

四、信用证发票的条款示例

1. MANUALLY SIGNED COMMERCIAL INVOICE IN SIX COPIES QUOTING ORDER NO. MADE OUT IN NAME OF CONSIGNEE.

2. SIGNED INVOICE IN ONE ORIGINAL AND NINE COPIES.

…

ALL DOCUMENTS MUST STATED L/C NO.

3. THE ORIGINAL INVOICE IS TO BE DULY CERTIFIED BY THE CCIC.

4. 5％ COMMISION SHOULD BE DEDUCTED FROM TOTAL AMOUNT OF THE COMMERCIAL INVOICE.

● 任务

任务一：请根据项目一/模块 3 的"思考与练习"任务二所提供的交易背景，制作一份商业发票。

任务二：请根据项目一/模块 1 的"思考与练习"任务所要求制作的外贸合同以及项目一/模块 3"思考与练习"任务一所要求模拟的信用证，模拟制作一份商业发票。

模块 2　制作装箱单

不要根据包装来衡量商品。　　　　　　　　　　　——英国谚语

● 本模块教学目标

最终目标:制作出口报检装箱单

促成目标:理解装箱单的分类、作用、内容

　　　　　熟悉 UCP 600 中关于装箱单的条款

　　　　　能够手工制作装箱单

● 情景案例

机构:

外贸企业:OCEAN PLASTIC & CHEMICAL PRODUCTS CO.，LTD

　　　　　宁波欧胜塑化有限公司

人物:

小余:宁波欧胜塑化有限公司单证员

张经理:宁波欧胜塑化有限公司业务经理

背景资料:

1. 2008 年 11 月 6 日,宁波欧胜塑化有限公司外贸业务部张经理与阿拉伯联合酋长国的 ABC TRADING CO.，LLC 公司签订一份 36 800 PCS 唇膏(LIP BALM)的出口合同,合同号为 081106。

2. 单证员小余在办公室接到外贸业务部张经理的电话:"小余,出货明细单邮件发过来了,请查收,并请安排商检和订仓。"小余马上接收邮件,下载并阅读明细单。

3. 制备报检基本文件:单证员根据明细单信息于 12 月 20 日在办公室制作用于报检和报关的发票、装箱单。

OCEAN PLASTIC AND CHEMICAL PRODUCTS CO., LTD.

Room1101- 1105, Building#2, ShangDong Nationals,#1926 CangHai Rd.,NingBo,315040,China

PACKING LIST

L/C NO.:	HSBC657708467464		INV.NO. :	09OS002
CONTRACT NO.:	081106		DATE:	JAN.04,2009
FROM:	NINGBO.CHINA		TO:	JEBEL ALI,UAE
MESSRS:	ABC			

SHIPPING MARKS: AS PER INVOICE NO.

DESC.	CTNS	QTY. (PCS)	TTL.G.W. (KGS)	TTL.N.W. (KGS)	MEAS. M3
PO#081106					
LIP BALM	825	36800	3300.00	2475.00	27.62
HS CODE :3304100000					

TTL PACKED:825CTNS
TTL. G.W. :3300.00KGS
TTL N.W.:2475.00KGS

For and on behalf of
OCEAN PLASTIC & CHEMICAL PRODUCTS CO., LIMITED
欧　胜　塑　化　有　限　公　司

....
Authorized Signature(s)

● 任务

1. 看懂以上的装箱单。
2. 思考装箱单的缮制要点。

● 链接：相关基础知识

一、装箱单（尺码单、重量单）的类别和作用

出口商品在运输过程中，除散装货（In Bulk），如谷物、煤炭、矿砂等商品，不需包装外，大多数商品为了避免在搬运、装卸和运输途中发生碰撞、振动或受外界其他影响而损伤货

物,必须要经过适当的包装才能装运出口。

包装单据(Packing Documents)是指一切记载或描述商品包装情况的单据,是商业发票内容的补充。海关、进口商为了了解包装情况和核验货物,或为便于对货物进行分拨转售,往往要求附上包装单据。

常见的包装单据:

1.装箱单/包装单(Packing List)。

重点说明包装情况、包装条件和每件的毛重、净重等方面的内容。

2.规格单(Specification List)。

内容与 Packing List 基本一致,名称上要与规定相符,重点说明包装的规格。

3.重量单/磅码单(Weight List/Memo)。

一般以重量计价的商品,或当商品的重量对其质量能有一定的反映时,收货人对商品的重量比较重视,往往要求重量单。重点说明商品的重量,包括单件包装的毛重、净重等。

4.尺码单(Measurement List)。

偏重于说明所装运货物的体积,即每件商品的包装尺码以及总尺码。

5.中性包装单(Neutral Packing List)。

不标明出具单位和收货人的名称,也不盖章、不签字。

6.包装声明(Packing Declaration)。

出口至澳大利亚、新西兰等地的商品,不论是否使用了木质包装材料,均需声明。

除上述之外,还有:包装说明(Packing Specification)、包装提要(Packing Summary)、重量证书(Weight Certificate)、花色搭配单(Assortment List)。

二、包装类单据的缮制要点

(一)装箱单名称(Packing List)

应按照信用证规定使用。通常用"Packing List"、"Packing Specification"、"Detailed Packing List"。如果来证要求用中性包装单(Neutral Packing List),则包装单名称打"Packing List",但包装单内不打卖方名称,不能签章。

常见的单据名称有:

PACKING LIST (NOTE) 装箱单

WEIGHT LIST (NOTE) 重量单

MEASUREMENT LIST 尺码单

PACKING LIST AND WEIGHT LIST 装箱单/重量单

PACKING NOTE AND WEIGHT NOTE 装箱单/重量单

PACKING LIST AND WEIGHT LIST AND MEASUREMENT 装箱单/重量单/尺码单

PACKING NOTE AND WEIGHT NOTE AND MEASUREMENT 装箱单/重量单/尺码单

WEIGHT AND MEASUREMENT LIST 重量单/尺码单

WEIGHT AND MEASUREMENT NOTE 重量单/尺码单

PACKING AND MEASUREMENT LIST 装箱单/尺码单

PACKING AND MEASUREMENT NOTE 装箱单/尺码单

（二）编号（No.）

与发票号码一致。

（三）合同号或销售确认书号（Contract No. / Sales Confirmation No.）

注此批货的合同号或者销售合同书号。

（四）唛头（Shipping Mark）

与发票一致，有的注实际唛头，有时也可以只注"as per invoice No. ×××"。唛头的具体写法请参见发票制单第八点。

（五）箱号（Case No.）

又称包装件号码。在单位包装货量或品种不固定的情况下，需注明每个包装件内的包装情况，因此包装件应编号。

例如：Carton No. 1－5…

Carton No. 6－10…

有的来证要求此处注明 "CASE NO. 1—UP"，UP 是指总箱数。

（六）货号（Name of Commodity）

按照发票，与发票内容一致。

（七）货描（Description ＆ Amp；Specification）

要求与发票一致。

货名如有总称，应先注总称，然后逐项列明详细货名。与前5,6栏对应逐一注明每一包装件的货名、规格、品种。

（八）数 量（Quantity）

应注明此箱内每件货物的包装件数。

例如"bag 10"、"drum 20"、"bale 50"，合同栏同时注明合计件数。

（九）毛重（Gr. Weight）

注明每个包装件的毛重和此包装件内不同规格、品种、花色货物各自的总毛重（Sub Total），最后在合计栏处注总货量。信用证或合同未要求，不注亦可。如为"Detailed Packing List"，则此处应逐项列明。

（十）净重（Net Weight）

注明每个包装件的净重和此包装件内不同规格、品种、花色货物各自的总净重（Sub Total），最后在合计栏处注总货量。信用证或合同未要求，不注亦可。如为"Detailed Packing List"，则此处应逐项列明。

（十一）箱外尺寸（Measurement）

注明每个包装件的尺寸。

（十二）合计（Total）

此栏对5,8,9,10栏合计。

（十三）出票人签章（Signature）

应与发票相同，如信用证规定包装单为"中性"，则在包装单内不应出现买卖双方的名称，不能签章。

三、装箱单缮制中的注意事项

1. 有的出口公司将两种单据的名称印在一起，当来证仅要求出具其中一种时，应将另外一种单据的名称删去。单据的名称，必须与来证要求相符。如信用证规定为"Weight Memo"，则单据名称不能用"Weight List"。

2. 两种单据的各项内容，应与发票和其他单据的内容一致。如装箱单上的总件数和重量单上的总重量，应与发票、提单上的总件数或总数量相一致。

3. 包装单所列的情况，应与货物的包装内容完全相符。例如，货物用纸箱装，每箱200盒，每盒4打。

4. 如来证要求这两种单据分别开列时，应按来证办理，提供两套单据。

5. 如来证要求在这两种单据（或其中一种）上要求注明总尺码时，应照办，此单据上的尺码，应与提单上注明的尺码一致。

6. 如来证要求提供"中性包装清单"（Neutral Packing List）时，应由第三方填制，不要注明受益人的名称。这是由于进口商在转让单据时，不愿将原始出口暴露给买主，故才要求出口商出具中性单据。如来证要求用"空白纸张"（Plain Paper）填制这两种单据时，在单据内一般也不要表现出受益人及开证行名称，也不要加盖任何签章。

● 思考与练习

任务一：请根据项目一/模块3的"思考与练习"任务二所提供的交易背景，制作一份装箱单。

任务二：请根据项目一/模块1的"思考与练习"任务所要求制作的外贸合同以及项目一/模块3的"思考与练习"任务一所要求模拟的信用证，模拟制作一份装箱单。

模块3　办理报检

　　让最终的结局检验世人。　　　　　　　　　　——莎士比亚:《亨利四世》

● 本模块教学目标

最终目标:能提交报检单据取得通关单
促成目标:能进行报检单据的制作(除发票、箱单)
　　　　　熟悉报检通关程序、报检资格、时间、地点
　　　　　熟悉报检单据种类、出单人、出单时间
　　　　　了解通关单的来源、作用、内容

● 情景案例

机构:
外贸企业:OCEAN PLASTIC & CHEMICAL PRODUCTS CO. , LTD
　　　　　宁波欧胜塑化有限公司
工厂:金华市佳隆日化有限公司
商检局(CIQ)
人物:
小余:宁波欧胜塑化有限公司单证员
张经理:宁波欧胜塑化有限公司业务经理
小朱:金华市佳隆日化有限公司工厂跟单员
背景资料:
1. 2008年11月6日,宁波欧胜塑化有限公司外贸业务部张经理与阿拉伯联合酋长国的
　　ABC TRADING CO. , LLC 公司签订一份36 800 PCS唇膏(LIP BALM)的出口合
　　同,合同号为081106。
2. 单证员小余备齐发票、装箱单、合同、报检委托书等单据和海文的报检号:
　　3800601740,给金华佳隆日化有限公司跟单小朱发邮件,将以上附件随发。
3. 小余打电话给工厂跟单小朱,电话协商产品的法定检验,小余与工厂跟单小朱对话:"小
　　朱您好,商检资料看附件,请安排商检,烦请12月30日前,将电子传单发给我。谢谢!"
4. 12月29日,小余收到了工厂传真来的电子传单(商检换单)。

报检委托书

NBQS 务 T-R09

报 检 委 托 书

_____出入境检验检疫局：

本委托人郑重声明，保证遵守出入境检验检疫法律、法规的规定。如有违法行为，自愿接受检验检疫机构的处罚并负法律责任。

本委托人委托受委托人向检验检疫机构提交"报检申请单"和各种随附单据。具体委托情况如下：

本单位将于_____年_____月间进口/出口如下货物：

品　　　名		H. S. 编码	
数（重）量		合　同　号	
信　用　证　号		审　批　文　号	
其他特殊要求			

特委托_____（单位/注册登记号），代表本公司处理下列出入境检验检疫事宜：

□ 1. 办理代理报检手续；

□ 2. 代缴检验检疫费；

□ 3. 负责与检验检疫机构联系和验货；

□ 4. 领取检验检疫证单；

□ 5. 其他与报检有关的相关事宜。

请贵局按有关法律法律予以办理。

委托人（公章）

受委托人（公章）

　　年　　月　　日　　　　　　　　　　　　年　　月　　日

本委托书有效期至_____年_____月_____日。

报检单样本

中华人民共和国出入境检验检疫
出境货物报检单

报检单位（加盖公章）：　　　　　　　　　　　　　　　　　　　　　　　＊编　号_____

报检单位登记号：　　　　联系人：　　　电话：　　　　　报检日期：　年 月 日

发货人	（中文）					
	（外文）					
收货人	（中文）					
	（外文）					

货物名称（中/外文）	H.S.编码	产地	数/重量	货物总值	包装种类及数量

运输工具名称号码		贸易方式		货物存放地点	
合同号		信用证号		用途	
发货日期		输往国家（地区）		许可证/审批号	
启运地		到达口岸		生产单位注册号	

集装箱规格、数量及号码

合同、信用证订立的检验检疫条款或特殊要求	标记及号码	随附单据（画"√"或补填）	
		□ 合同	□ 厂检单
		□ 信用证	□ 包装性能结果单
		□ 发票	□ 许可/审批文件
		□ 换证凭单	□
		□ 装箱单	□

需要证单名称（画"√"或补填）		＊检验检疫费
□ 品质证书 _正_副　　□ 植物检疫证书 _正_副		总金额（人民币元）
□ 重量证书 _正_副　　□ 熏蒸/消毒证书 _正_副		
□ 数量证书 _正_副　　□ 出境货物换证凭单		
□ 兽医卫生证书 _正_副　□ 出境货物通关单		计费人
□ 健康证书 _正_副		
□ 卫生证书 _正_副		收费人
□ 动物卫生证书 _正_副		

报检人郑重声明：	领取证单	
1. 本人被授权报检。	日期	
2. 上列填写内容正确属实，货物无伪造或冒用他人的厂名、标志、认证标志，并承担货物质量责任。		
签名：_____	签名	

注：有"＊"号栏由出入境检验检疫机关填写。　　　　　　　◆国家出入境检验检疫局制

通关单样本

中华人民共和国出入境检验检疫

出境货物通关单

编号： 310300208287163000

1. 发货人		5. 标记及号码
2. 收货人		
3. 合同/信用证号	4. 输往国家或地区	
6. 运输工具名称及号码	7. 发货日期	8. 集装箱规格及数量

9. 货物名称及规格	10. H.S. 编码	11. 申报总值	12. 数/重量、包装数量及种类

13. 证明
上述货物业经检验检疫，请海关予以放行。 本通关单有效期至 二〇〇九 年 一 月 四 日 签字： 日期： 2008 年 月 5 日

14. 备注

Ⅰ 7078669 　　　① 货物通关 　　　印刷流水号：17078669 　　　[2-2(2000.1.1)]

电子传单样本

贵单位报检的该批货物,经我局检验检疫,已合格。请执此单到宁波局本部办理出境验证业务。本单有效期截止于 2009 年 03 月 01 日。

text 330200208087784T 6609   330200208091302

金华市佳隆日化有限公司

唇膏

081106   3304100000

36 800 个   825 纸箱   11 040 美元

● 任务

1. 看懂并填制以上的各种报检单据。
2. 思考报检单的缮制要点。

● 链接：相关基础知识

一、报检单据概述

报检是指办理商品出入境检验检疫业务的行为。报检单位一般是专门的报检公司或者货代。

报检所需资料一般为：

报检单(原件,出口企业自己报检则盖出口企业公章,若委托代理企业报检则盖代理报检企业章;报检单内容,务必保持一致。注明随附单据,若在本地口岸报关出口,则选择申领"通关单";若在异地口岸报关出口,则选择申领"换证凭单",即由货代在异地口岸换正式的通关单);

工厂检验报告(原件,盖工厂检验章);

该批货物外包装生产厂提供的出口包装证(由商检局签发,复印件即可;若出口包装为纸箱,则还需纸箱厂向商检局申请办理《出境货物运输包装性能检验结果单》,需交纳一定费用,约 2—3 个工作日办好,办好后需将原件交商检局根据此批货物所用纸箱数进行相应的核销);

出口合同(复印件或传真件);

出口形式发票(复印件或传真件);

出口 PACKING LIST 装箱单(复印件或传真件)。

将全套报检资料交商检局相关负责商检抽样的部门,请他们安排商检。

第一次商检,商检局一般会要求到工厂实地抽样商检(熟悉后可以有所变通,可以将货物拉到某个就近的地点进行商检),出口企业需严格遵守跟商检局抽样人士约定的时间,绝对不能晚到,而且需安排专车接送,如果产品为某种紧俏商品,商检局的人士可能会提出要多拿一些产品回去仔细化验。如果商检局人士提出你的产品在某些方面不符合商检程序要求或规定,应当积极配合,做好记录,以便整改。

检后一般两个工作日内出单,如果急于发货,应当提前三到五天去商检。

——将单子送到报检大厅审单中心后,首先叫个号,电脑号码排队。

——单子出来后,你按照所核商检费用开发票,交费,审核,出单,即可。

——生产企业自己报检,程序相同;若供货工厂在外地,可由工厂自己报检,将换证凭单寄回,但要注意商业保密问题。

二、出境报检单具体填写要求

1. 发货人:填合同中的卖方。

2. 收货人:一般填合同中的买方,证书中不要求打上收货人的,可留空。

3. 货物名称:按实填写货物的中英文名称。

4. H.S.编码:根据海关公布的 H.S.编码填写,每份申请单一般可填 5 个不同的编码。

5. 产地:填报检货物生产所在地县(市)。

6. 数/重量:填货物具体数量,如衣服的件数,重量填净重,饮料填容积(如升)。有多个 H.S.编码的,要根据每个 H.S.编码对应填写数/重量。

7. 货物总值:根据合同或发票的金额填写并注明币种,有多个 H.S.编码的,要根据每个 H.S.编码对应填写金额、币种。

8. 包装种类及数量:填写货物的外包装种类(如纸箱、木箱等)及包装种类代码和具体的件数;有多个 H.S.编码的,要根据每个 H.S.编码对应填写包装种类及数量。

9. 运输工具名称号码:按运输工具的类别填写(如海运、空运等)及运输工具名称(如船名等)。

10. 贸易方式:按实际的贸易方式填写(如一般贸易、进料加工等)。

11. 货物存放地点:填写货物存放具体地点。

12. 合同号:填外贸合同号(或内贸合同号)。

13. 信用证号:用信用证结汇的要填写信用证号码,没有的可留空。

14. 用途:填写入境货物用途。

15. 发货日期:按货物实际发货日期填写。

16. 输往国家(地区):填货物到达国家或地区相应的代码。

17. 许可证/审批号:对需质量许可证或卫生注册证或出口审批的货物填写许可证号或卫生许可证号或审批单号,不需的可留空。

18. 启运地:填货物出运的港口。

19. 到达口岸:填货物到达的港口。

20. 生产单位注册号:填报检单位注册登记编号。

21. 集装箱规格、数量及号:按实填写,不用集装箱运输的可留空。

22. 合同、信用证订立的检验检疫条款或特殊要求:合同、信用证上有条款或有其他要求(如在检验检疫证书上要注明信用证号码等)的应写明,没有要求的可留空。

23. 标记及号码:根据所附单据上的唛头填写。

24. 随附单据:根据所附单在相应的"□"内打勾,申请单上未列明的,可自己添加。

25. 需要证单名称:根据所列证书名称在相应的"□"内打勾,申请单上未列明的,可自己添加;如需电子转单的,也需注明。

三、入境报检单具体填写要求

1. 收货人:填外贸合同中的买方。

2. 企业性质:如果收货人是"三资企业"的就在对应的"□"内打勾,其他企业可留空。

3. 发货人:填外贸合同中的卖方。

4. 货物名称:按实填写货物的中英文名称。

5. H. S. 编码:根据海关公布的 H. S. 编码填写,每份申请单一般可填 5 个不同的编码。

6. 原产国(地区):填入境货物的原生产国或地区。

7. 数/重量:填货物具体数量,如衣服的件数,重量填净重;有多个 H. S. 编码的,要根据每个 H. S. 编码对应填写数/重量。

8. 货物总值:根据合同或发票的金额填写并注明币种,有多个 H. S. 编码的,要根据每个 H. S. 编码对应填写金额、币种。

9. 包装种类及数量:填写货物的外包装种类(如纸箱、木箱等)及包装种类代码和具体的件数;有多个 H. S. 编码的,要根据每个 H. S. 编码对应填写包装种类及数量。

10. 运输工具名称号码:按运输工具类别(如海运、空运等)及运输工具名称(如船名等)填写。

11. 合同号:填外贸合同号。

12. 贸易方式:按实际的贸易方式填写(如一般贸易、进料加工等)。

13. 贸易国别(地区):按买卖合同中卖方所在的国家或地区填写。

14. 提单/运单号:填提单或运单的编号。

15. 到货日期:按货物实际到达港口的日期填写。

16. 启运国家(地区):填写货物启运国家或地区。

17. 许可证/审批号:对需入境安全质量许可或进口审批的货物填写许可证号或审批单号,不需入境的可留空。

18. 卸毕日期:填货物在港口的卸毕日期。

19. 启运口岸:填货物出运的港口。

20. 入境口岸:填货物到达的我国港口。

21. 索赔有效期:根据合同约定的索赔有效期填写。

22. 经停口岸:填货物运输过程中停靠过的口岸,未停靠过任何口岸的可留空。

23. 目的地:填货物最终到达地。

24. 集装箱规格、数量及号码:按实填写,不用集装箱运输的可留空。

25. 合同订立的特殊条款以及其他要求:合同上有条款或有其他要求(如在检验检疫证书上要注明信用证号码等)的应写明,没有要求的可留空。

26. 货物存放地点:填写入境货物存放的具体地点。

27. 用途:填写入境货物用途。

28. 随附单据:根据所附单在相应的"□"内打勾,申请单上未列明的,可自己添加。

29. 标记及号码:根据所附单据上的唛头填写。

● 思考与练习

任务：下面是某公司的形式发票（PROFORMA INVOICE）、出口发票（INVOICE）及装箱单（PACKING LIST），请按报检单填制要求正确填制一份一般贸易出口报检单。

NINGBO BEIXIANG IMPORT AND EXPORT LIMITED COMPANY

FL 28, HUIJIN BUILDING, NO 77, HEYIROAD, HAISHU DISTRICT, NINGBO, CHINA
TEL:0086574-8738951   FAX:0086574-8717951

PROFORMA INVOICE

BUYER: YUEN FAT INTERNATIONAL LIMITED

S/C NO: NA080411
DATE: APR.25TH,2008
CURRYENCY :USD
PRICE TERMS:FOB SHANGHAI
CUSTOMER ORDER NO. PO-70043E-AW-001

TERMS OF PAYMENT:BY T/T.
DESTINATION PORT:
DELIVERY TIME: 30 DAYS

PAGE OF :

ITEM#	DESCRIPTION	UNIT PRICE	PACK	CTN.	QUAN.	TTL.AMT.	TTL.CBM	UNIT
HHOB1296	#12605,BAMBOO BBQ	$0.360	144	70	10080	$3,628.80	6.05	SET
	WOOD SKEWERS,DIA0.4MM*24CM,100'S IN POLYBAG							
			TOTAL:	70		$3,628.80	6.05	

TOTAL :   US DOLLARS THREE THOUSAND SIX HUNDRED AND TWENTY-EIGHT CENTS EIGHTY ONLY.

REMARKS:
1.CHINA GSP FORM A
2.AFTER CONFIRM THE ORDER SAMPLE,20DAYS FINISH THE GOODS.

4.SHIPPING MARK	SIDE MARK
PGS LTD.	REF. NO.
REF.NO.:	QTY. 144SETS
DESCRIPTION:	G.W. KGS
‖‖‖‖‖‖‖‖‖‖‖‖‖‖‖‖	N.W. KGS
55023875 XXXXX X	MEAS. X X CM
CTN NO.1-	

CONFIRMED AND ACCEPTED BY:

宁波贝翔进出口有限公司
NINGBO BEIXIANG IMPORT & EXPORT LIMITED COMPANY

NINGBO BEIXIANG IMPORT AND EXPORT LIMITED COMPANY

FL 28, HUIJIN BUILDING, NO 77, HEYIROAD, HAISHU DISTRICT, NINGBO, CHINA
TEL:0086574-8738951   FAX:0086574-8717951

INVOICE

No.:NA080411
Payment:BY T/T
Date:APR.25TH,2008
Shipped BY SEA
From: SHANGHAI,CHINA
To: SOUTHAMPTON,U.K.

To.:Messrs. YUEN FAT INTERNATIONAL LTD.

Marks & Nos.:	Descriptions		Quantity	Unit Price	Amount
			(BAG/PCS)	(USD)	(USD)
PGS LTD.					FOB SHANGHAI
REF.NO.:	HHOB1296	#12605,BAMBOO BBQ	10080SETS	$0.360	US$3,628.80
DESCRIPTION:		WOOD SKEWERS			
‖‖‖‖‖‖‖‖‖‖‖‖‖‖‖‖					
55023875 XXXXX X					
CTN NO.1·					
	TOTAL				US$3,628.80

SAY US DOLLARS THREE THOUSAND SIX HUNDRED AND TWENTY-EIGHT CENTS EIGHTY ONLY.

宁 波 贝 翔 进 出 口 有 限 公 司
NINGBO BEIXIANG IMPORT & EXPORT LIMITED COMPANY

NINGBO BEIXIANG IMPORT AND EXPORT LIMITED COMPANY

FL 28, HUIJIN BUILDING, NO 77, HEYIROAD, HAISHU DISTRICT, NINGBO, CHINA
TEL:0086574-8738951   FAX:0086574-8717951

PACKING LIST

No.:NA080411
Payment:BY T/T
Date:APR.25TH,2008
Shipped BY SEA
From: SHANGHAI,CHINA
To: SOUTHAMPTON,U.K.

To.:Messrs. YUEN FAT INTERNATIONAL LTD.

Shipping Marks:	Descriptions		PKGS	Quantity	G.W.	N.W.	MEAS
			(CTN)	(SETS)	(KGS)	(KGS)	(CBM)
PGS LTD.							
REF.NO.:	HHOB1296	#12605,BAMBOO BBQ	70	10080	1645	1575	57*37*41/6.05CBM
DESCRIPTION:		WOOD SKEWERS					
‖‖‖‖‖‖‖‖‖‖‖‖‖‖‖‖							
55023875 XXXXX X							
CTN NO.1·							
	TOTAL		70CTNS	10080SETS	1645KGS	1575KGS	6.05M3

SAY TOTAL SENTY CARTONS ONLY.

宁 波 贝 翔 进 出 口 有 限 公 司
NINGBO BEIXIANG IMPORT & EXPORT LIMITED COMPANY

项目三:配船订舱

模块 1　托运办理和跟踪

运输是玫瑰的花茎。　　　　　　　　　　　　　　　　——邱吉尔

● 本模块教学目标

最终目标:能进行出口托运
促成目标:能填制托运单
　　　　　能跟踪托运过程

● 情景案例

机构:
外贸企业:OCEAN PLASTIC & CHEMICAL PRODUCTS CO.，LTD
　　　　　宁波欧胜塑化有限公司
货运代理:AFS-VISA INTERNATIONAL（HK）LTD
人物:
小余:宁波欧胜塑化有限公司单证员
张经理:宁波欧胜塑化有限公司业务经理
陈小姐:AFS-VISA INTERNATIONAL（HK）LTD 货代员
背景资料:
1. 2008 年 11 月 6 日,宁波欧胜塑化有限公司外贸业务部张经理与阿拉伯联合酋长国的 ABC TRADING CO.，LLC 公司签订一份 36 800 PCS 唇膏（LIP BALM）的出口合同,合同号为 081106。
2. 小余打电话给货代陈小姐,交流订舱事宜:"陈小姐,您好! 我需要一月份去迪拜的船期表、运费表,请用电子邮件发给我。"
3. 12 月 20 日,单证员小余制作托单。当天下午,小余打电话给陈小姐:"我刚传真过来一票托单,请查收,我公司货物可在 12 月 31 日拉柜。"
4. 12 月 23 日,小余收到了货代陈小姐的进仓单。

托运单

宁波欧胜塑化有限公司

地址:宁波沧海路 1926 号上东国际 2 号楼 1101-1105 室

电话:0574-8766 3877　传真:0574-8766 5377

出口货物配船单　　　　08OS094　　　BY BOAT

SHIPPER：OCEAN PLASTIC&CHEMICAL PRODUCTS CO. LTD

Room1101-1105，Building#2，ShangDong Nationals，#1926 CangHai Rd.，

NingBo，315040，China

CONSIGNEE：to the order of ABC TRADING CO. , LLC P. O. BOX 13087 DUBAI, UAE

NOTIFY：ABC TRADING CO. , LLC P. O. BOX 13087 DUBAI, UAE

PORT OF LOADING：NINGBO

PORT OF DISCHARGE：UAE

FINAL DESTINATION：

OCEAN VESSEL：

VOY NO.：

MARKS	DESC. & QTY.	G. W. KGS	CBM M3
PRITTY FRUITFULLY YOURS LIP BALM	PO#080116 LIP BALM　　825CTNS The shipment contains no solid wooden packing material. FREIGHT PREPAID	3 300	27.62

PACKAGE：TTL EIGHTY TWENTY FIVE CARTONS ONLY

TO：梁'R

您好! 工厂货 12/31 完成拉柜,烦请配拼相应的船。

请与客人确认好,谢谢!

LANSING
2008-12-26

进仓单

DACHSER FAR EAST LTD.
SHANGHAI OFFICE

报关资料请注明进仓编号
谢谢配合

亲爱的客户，请提供完整的报关资料，我司不代为填写，谢谢合作

海运出口送货通知

ATTN: 火117 余小姐/Brand new days   FAX :

贵司所托货名：   件数： 10 CTNS

目的港： LE HAVRE   VSL :

现预计开船日： 2008 年 9 月 15 日

进仓编号： **D73200809004B**

1. 请于 2008 年 9 月 9 日上午 9:00 时之前送正本报关单据至：
上海市南京西路1038号梅陇镇广场2305室上海德莎国际货运有限公司 邮政编码: 200041
Tel 86-21-3217 4790 EXT 5116   Fax 86-21-62672748 / 6218 9612
联系人: 赵小姐 *（配载后提单、预录单联系人5140分机潘小姐）*
（洋山三期），实行先报关，后进港，请务必按照我司要求时间进仓！
逾期请自行承担费用及责任，谢谢合作！
若退关，请于上周二告知我们。
***我司LOCAL CHARGE费用如下：
内装费：RMB95/CBM(MIN RMB95)   报关费：RMB125/HB/L
文件费：RMB150/SHIPMENT   (如有商检，费用RMB100/SHIPMENT)***
安保费：RMB1/CBM(MIN RMB1)
以上费用如有任何异议，请在收到此通知后即与我司确认，否则视为默认。

2. 请于 2008 年 9 月 10 日下午 16 时之前送货至：
上海市宝山区呼兰路455号华贸国际货运有限公司海运仓库
TEL:021-66203220/66212175/56994041 FAX:021-56994042/56749054
联系人:程剑峰,严晓明,任华,潘振宏
仓库24小时为客户服务,监督电话:13601877603(莫金镛)
****注意***通河路,爱晖路,虎林路 禁止8吨以上车辆通行

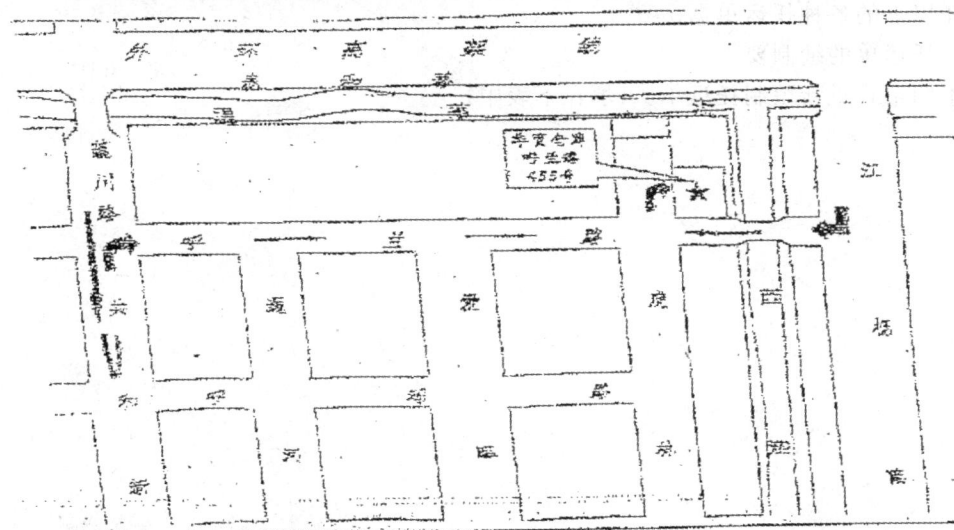

船期、运费表

AFS-VISA INTERNATIONAL (HK) LTD

CROSS OCEAN

编号: YYJP08000801（上次编号: YYJP080705）生效日: 7.28--8.3
航线客服: 邢乐 飞英 1:63935052 II:13918867053

生效日期: June. 2008

中东.红海.印巴运价

编号: 080801

国别	目的港	20'	40'	40'HQ	船东	开航日	航程	备注
	DUBAI（JEBEL ALI）	850	1450	1450	CSCL	SAT	15	ALL-IN DIR
	DUBAI（JEBEL ALI）	775	1375	1375	TSL	TUE	16	ALL-IN DIR
	DUBAI（JEBEL ALI）	750	1350	1350	TSL	SAT	17	ALL-IN DIR
	DUBAI（JEBEL ALI）	865	1575	1575	WHL	TUE/SAT	18	ALL-IN DIR
	DUBAI（JEBEL ALI）	775	1300	1300	CNC	TUE	16	ALL-IN DIR
	DUBAI（JEBEL ALI）	775	1330	1330	CMA	TUE	18	ALL-IN DIR
	DUBAI（PORT RASHID）	900	1530	1530	CMA	TUE	19	ALL-IN VIA JEA
U. A. E.	DUBAI（JEBEL ALI）	825	1350	1350	EMI	MON	16	ALL-IN DIR
	DUBAI（JEBEL ALI）	1025	1775	1775	HEUNG-A	SUN	16	ALL-IN DIR
	DUBAI（JEBEL ALI）	800	1325	1325	KMTC	SUN	18	ALL-IN DIR
	DUBAI（JEBEL ALI）	850	1400	1400	NOR	WED	17	ALL-IN DIR
	ABU DHABI	1010	1665	1665	CSCL	SAT	22	ALL-IN VIA DUB
	ABU DHABI	1050	1850	1850	TSL	TUE	22	ALL-IN VIA DUB
	ABU DHABI	975	1685	1685	EMI	TUE	19	ALL-IN DIR
	ABU DHABI	1025	1700	1700	NOR	WED	28	ALL-IN VIA JEA
	SHAHID RAJAEE SEZ（E	1025	1850	1850	EMI	MON	21	ALL-IN VIA JEA
	SHAHID RAJAEE SEZ（E	1000	1900	1900	电询	TUE/SAT	20	ALL-IN DIR
	SHAHID RAJAEE SEZ（E	1000	1600	1600	NOR	WED	28	ALL-IN VIA JEA
	SHAHID RAJAEE SEZ（E	925	1650	1650	CNC	MON	19	ALL-IN DIR
IRAN	B.ABBAS	875	1575	1575	KMTC	SUN	21	ALL-IN VIA JEA
	SHAHID RAJAEE SEZ	900	1625	1625	CMA	TUE	21	ALL-IN DIR
	SHAHID RAJAEE SEZ	1100	1800	1800	TSL	TUE	22	ALL-IN VIA PKL
	B.ABBAS	960	1565	1565	CSCL	TUE	19	ALL-IN DIR
	B.ABBAS	960	1665	1665	CSCL	SAT	22	ALL-IN VIA DUB
	BAHRAIN	1175	1985	1985	EMI	MON	21	ALL-IN VIA JEA
	BAHRAIN	1225	2200	2200	TSL	TUE	22	ALL-IN VIA PKL

● 任务

1. 看懂以上的各种托运单据。

2. 思考托运单的缮制要点。

3. 以不同格式重新填制托运单。（填在下表中）

托运单

Shipper 托运人	SHIPPING ORDER 货物托运单			
	SHIPPING ORDER **货物托运单**			
Consignee 收货人	S/O No. 托运单号			
	CY Opening 开舱日期		CY Closing 截关日期	
	Vessel/Voyage 船名/航次			
	Size 柜型	Quantity 柜量	B/L Issued at：提单发放地点	
	20′		Shenzhen	
Notify Party 通知人	40′GP		HK	
	40′HQ		Taiwan	
	45′		Release B/L Way 放货方式	
	40′RD		Master B/L	
	40′RH		High Day B/L	
Place of Receipt / Place of Loading	其他		Telex release	
Port of Discharge / Place of Delivery	Freight Confirm 费用确认			

Marks/No. s 唛头/号码	Quantity&Package 件数及包装	Description of Goods 货物品名及规格	Gross Weight (KGS)毛重	Measurement (CBM)尺码

Prepaid 预付	Collect 到付

如自拖自报,请注明： 拖车公司及联系方式、报关行及电话	Signature & Chop by Shipper 托运人签名及盖单
拖柜地点、时间、联系人及电话：	

● 链接:相关基础知识

一、托运单据概述

出口货物运输有海运、陆运和空运三种方式,其中海洋货物运输在国际贸易中使用最多。

国际货物运输的关系人包括承运人(Carrier)、发货人(Shipper)、收货人(Consignee)、货代(Freight Forwarder)。收货人与发货人是货主,货主一般通过货代向承运人办理货物的运输手续。

出口货物托运是指出口单位通过有权受理对外货物运输业务的单位,办理出口货物的海、陆、空等运输事宜,是国际货物运输的第一个步骤。不同的运输方式所对应的货物托运的流程及内容也不同。

二、托运单的流转

出口企业办理出口货物托运手续,使用出口货物托运单或出口货物明细单。

托运单(Booking Note,B/N)俗称下货纸,是托运人根据贸易合同和信用证条款内容填制的,向承运人或其代理办理货物托运的单证。承运人根据托运单内容,并结合船舶的航线、挂靠港、船期和舱位等条件考虑,认为合适后,即接受托运。

托运单是运送人和托运人之间对托运货物的合约,记载托运人与运送人相互间的权利义务。运送人签收后,一份给托运人当收据,货物的责任从托运转至运送人,直到收货人收到货物为止。如发生托运人向运送人要求索赔的情况,托运单是必备的文件。运送人输入到托运单上数据的正确与否,影响后续作业甚大。

分类:

1.海运托运单;

2.陆运托运单;

3.空运托运单。

集装箱货物托运单各联的用途:

第1联:货主留底;

第2联:船代留底;

第3联:运费通知(1);

第4联:运费通知(2);

第5联:装货单;

第6联:收货单;

第7联:场站收据;

第8联:货代留底;

第9、10联:配舱回单;

第11、12联:货主机动联。

其中,以装货单(Shipping Order,S/O)、收货单(大副收据)、场站收据(Dock Receipt,D/R)为核心。

托运单制作应注意：

1.目的港，名称须明确具体，并与信用证描述一致，如有同名港时，须在港口名称后注明国家、地区或州、城市。如信用证规定目的港为选择港(Optional Ports)，则应是同一航线上的，同一航次挂靠的基本港。

2.运输编号，即委托书的编号。

每个具有进出口权的托运人都有一个托运代号(通常也是商业发票号)，以便查核和财务结算。

3.货物名称，应根据货物的实际名称，用中英文两种文字填写，更重要的是要与信用证所列货名相符。

4.标记及号码，又称唛头(Shipping Mark)，是为了便于识别货物，防止错发货物而设。通常由型号、图形货收货单位简称、目的港、件数或批号等组成。

5.重量尺码，重量的单位为公斤，尺码为立方米。

6.托盘货要分别注明盘的重量、尺码和货物本身的重量、尺码，对超长、超重、超高货物，应提供每一件货物的详细的体积(长、宽、高)以及每一件的重量，以便货运公司计算货物积载因素，安排特殊的装货设备。

7.运费付款方式，一般有运费预付(Freight Prepaid)和运费到付(Freight Collect)。有的转运货物，一程运输费预付，二程运费到付，要分别注明。

8.可否转船、分批，以及装期、效期等均应按信用证或合同要求一一注明。

9.通知人、收货人，按需要决定是否填写。

10.有关的运输条款、订舱、配载信用证货客户有特殊要求的也要一一列明。

● 思考与练习

任务：请根据项目一/模块3的"思考与练习"任务二所提供的交易背景，制作一份托运单。

项目四:提交报关单据

模块 1　出口报关单据操作

不想远离海岸线,就别想发现新陆地。　　　——安德烈·纪德

● 本模块教学目标

最终目标:能进行出口报关操作

促成目标:能填写出口报关单

　　　　　熟悉报关程序

　　　　　能跟踪出口报关过程

● 情景案例

机构:

外贸企业:OCEAN PLASTIC & CHEMICAL PRODUCTS CO.,LTD
　　　　　宁波欧胜塑化有限公司

货运代理:AFS-VISA INTERNATIONAL(HK)LTD

人物:

小余:宁波欧胜塑化有限公司单证员

张经理:宁波欧胜塑化有限公司业务经理

陈小姐:AFS-VISA INTERNATIONAL(HK)LTD 货代员

背景资料:

1. 2008 年 11 月 6 日,宁波欧胜塑化有限公司外贸业务部张经理与阿拉伯联合酋长国的 ABC TRADING CO.,LLC 公司签订一份 36 800 PCS 唇膏(LIP BALM)的出口合同,合同号为 081106。

2. 1 月 4 日,小余准备把制作报关单据寄给货代陈小姐。单据有:发票、装箱单、合同、报关单、核销单、报关委托书、商检换单。下班前申通公司投递员来到小余办公室,小余填写面函,快递公司取走全套的报关单据。

3. 1 月 5 日,小余与货代陈小姐电话确认报关单据收到事宜:"陈小姐,您好! 我昨天有寄一票报关资料过来,抬头是×××公司,825 箱,是否收到?"陈小姐:"收到了。"

报关委托书

代 理 报 关 委 托 书

编号:00108813813

　　我单位现　　　(A逐票、B长期)委托贵公司代理　　　等通关事宜。(A、填单申报 B、辅助查验 C、垫缴税款 D、办理海关证明联 E、审批手册 F、核销手册 G、申办减免税手续 H、其他)详见《委托报关协议》。

　　我单位保证遵守《海关法》和国家有关法规，保证所提供的情况真实、完整、单货相符。否则，愿承担相关法律责任。

　　本委托书有效期自签字之日起至　　　年　月　日止。

委托方(盖章)：

法定代表人或其授权签署《代理报关委托书》的人(签字)
年　月　日

委 托 报 关 协 议

为明确委托报关具体事项和各自责任，双方经平等协商签定协议如下：

委托方		被委托方	
主要货物名称		*报关单编码	No.
HS编码	☐☐☐☐☐☐☐☐☐☐	收到单证日期	年　月　日
货物总价		收到单证情况	合同☐　　　发票☐
进出口日期	年　月　日		装箱清单☐　提(运)单☐
提单号			加工贸易手册☐　许可证件☐
贸易方式			其他
原产地/货源地		报关收费	人民币　　　　元
其他要求：		承诺说明：	
背面所列通用条款是本协议不可分割的一部分，对本协议的签署构成了对背面通用条款的同意。		背面所列通用条款是本协议不可分割的一部分，对本协议的签署构成了对背面通用条款的同意。	
委托方业务签章：		被委托方业务签章：	
经办人签章： 联系电话：　　　　　年　月　日		经办报关员签章： 联系电话：　　　　　年　月　日	

(白联：海关留存、黄联：被委托方留存、红联：委托方留存)　　　中国报关协会监制

出口报关单

JG02

中华人民共和国海关出口货物报关单

预录入编号:		海关编号:		
出口口岸 NINGBO NINGBO HAIWEN IMP&EXP.CORP.,LTD.	备案号	BY BOAT	出口日期	申报日期
经营单位 3302967493	运输方式	运输工具名称		提运单号
发货单位 NINGBO HAIWEN IMP&EXP.CORP.,LTD. 3302967493	贸易方式 G.T.		征免性质	结汇方式
许可证号	运抵国(地区) FOB NINGBO		指运港	境内货源地 CHINA
批准文号	成交方式 825	运费 CTNS 3300.00	保费	杂费 2475.00
合同协议号	件数	包装种类	毛重(公斤)	净重(公斤)
集装箱号	随附单据			生产厂家
标记唛码及备注 AS PER INV 090S002				

项号	商品编号	商品名称、规格型号	数量及单位	最终目的国(地区)	单价	总价 FOB NINGBO	币制	征免
1	330410000	LIP BALM 唇膏	2475.00KGS			USD11040.00		

税费征收情况

录入员	录入单位	兹声明以上申报无讹并承担法律责任	海关审单批注及放行日期(签章)	
报关员			审单	审价
单位地址		申报单位(签章) 报关专用章 宁波	征税	统计
邮编	电话	填制日期	查验	放行

核销单

● 任务

1. 看懂以上的各种报关单据。
2. 思考出口报关单的缮制要点。

● 链接：相关基础知识

一、报关货物和报关流程

（一）报关货物分类

"一般进出口货物"是指在进出境环节缴纳了应征的进出口税费，并办结了所有必要的海关手续，海关放行后不再进行监管的进出口货物。

"保税货物"是指经海关批准未办理纳税手续进境，在境内储存、加工、装配后复运出境的货物。

"特定减免税货物"是指海关根据国家的政策规定准予减免税进境使用于特定地区、特定企业、特定用途的货物。

"暂准进出口货物"是指为了特定的目的经海关批准暂时进境并在规定的期限内复运进境或复运出境的货物。

（二）出口报关过程中的单据流程

报关流程：接受申报→审核单证→查验货物→办理征税→结关放行。

第一步，要做的就是订舱，首先得到货物的相关信息，包括品名、数量、毛重、立方、要求出运时间。

这个时候做的是准备工作，品名是为了找到相对应的H.S.编码，确定退税和海关监管条件，毛重、立方和出运时间是为了去货代订舱。做一份定舱单给货代，货代会给你订舱编号和进舱单（把这个交给工厂让他们按时送货即可）。

第二步,根据品名找到 H.S.编码的海关监管条件,准备相应的报检文件(有监管条件的话),以做商检为例,需要准备报关单、发票、装箱单、合同、厂检单、报检单。这些单证都是要由报检员送进海关审批的。

第三步,等到商检证拿到后,再做一份报关文件给货代报关(一般会委托货代报关,这样比较方便)。报关文件应该包括报关单、发票、装箱单、合同、商检单(或者其他能够证明报检通过的文件)、核销单。如出口需缴纳税费的,应及时缴纳税费。

第四步,海关现场审单结束、货物单证放行后,货主应在海关规定的时间内将货物运至海关监管区内进行验放。如需查验,报关行应及时与海关联系,进行货物查验,验完后需按船运公司封指定铅封。不需查验的应及时进行实货放行,将装货单按截关时间送到港区装船。

接着,待货物出口,船公司就将出口舱单数据传送海关,海关接收到数据后报关行待海关数据结关后,及时到海关打印退税核销联。接下来需要做的工作就是跟货代联系,在开船后尽快拿到提单。最后要做的就是收汇。

(三)出口报关所需单据

箱单、发票、报关委托、报检委托(需商检货)、非木质包装证明(非木质包装货)、核销单、药品证明(出口货为药品)、场站收据。

出口货物报关一定遵循货到后方可报关的原则,其中需要注意的有以下 3 个地方。

1. 报关单据准备齐全并都需要正本,H.S.编码一定要确认准确以便判断有没有特殊的监管条件(如电子产品更新换代比较快,没有注册商品编码,可在出口时向海关询问,找一个相似货物的商品编码)。

2. 报关之前确认船公司是否已输入 EDI,否则会影响报关速度。

3. 报关的数据要和箱单、发票相符,否则会影响输入目的港舱单,影响提货。

填制报关单:出口报关单一般为六联,海关留存联、海关作业联、报关企业留存联(海关三天之内有审核权,所以报关企业要留存)、海关核销联、出口收汇证明联、出口退税证明联。

二、出口报关单的内容和填写

(一)含义和分类

进出口货物报关单是指进出口货物收发货人或其代理人,按照海关规定的格式对进出口货物的实际情况做出书面申明,以此要求海关对其货物按适用的海关制度办理通关手续的法律文书。它在对外经济贸易活动中具有十分重要的法律地位。它既是海关监管、征税、统计以及开展稽查和调查的重要依据,又是加工贸易进出口货物核销,以及出口退税和外汇管理的重要凭证,也是海关处理走私、违规案件,税务、外汇管理部门查处骗税和套汇犯罪活动的重要证书。

按货物的流转状态、贸易性质和海关监管方式等的不同,进出口货物报关单可以分为不同的类型。

1. 按进出口状态分:

(1)进口货物报关单;

(2)出口货物报关单。

2. 按表现形式分:

(1)纸质报关单;

(2)电子数据报关单。

3. 按使用性质分：

(1)进料加工进出口货物报关单(粉红色)；

(2)来料加工及补偿贸易进出口货物报关单(浅绿色)；

(3)外商投资企业进出口货物报关单(浅蓝色)；

(4)一般贸易及其他贸易进出口货物报关单(白色)；

(5)需国内退税的出口贸易报关单(浅黄色)。

4. 按用途分：

(1)报关单录入凭单；

(2)预录入报关单；

(3)电子数据报关单；

(4)报关单证明联。

(二)出口报关单填写方法

1. 出口口岸：货物经海关放行出境的最后一个关境口岸的名称。

2. 经营单位：填明对外签订或执行出口合同的中国境内企业或单位的全称。

3. 指运港(站)：货物预定最后到达的港口、城市的全称。

4. 合同(协议)号：填具本报单货物的合同号码，包括年份、字轨、编号及附件号码。

5. 贸易方式：目前使用白色《出口货物报关单》申报出口的货物，一般有以下几种贸易方式，可视具体情况选择填报。

一般贸易，国家间、国际组织无偿援助和赠送的物资，边境小额贸易，对外承包工程货物，租赁贸易，易货贸易，出料加工贸易，其他贸易。

6. 运抵国(地)：出口货物直接运抵的国家(地区)或在运输中转国(地)未发生任何商业性交易的情况下的最后指运国(地区)名称。

7. 消费国别：货物实际消费的国家(地区)名称。不能确定实际消费国的，以预知的最后运往国为准，如售予甲国而运往乙国的，填具乙国的名称。对成交条件订明为选择港的，以第一个选择港所在国填具。

8. 收货单位：填具境外最终收货商的名称及所在地。可依据出口合同、发票填写。

9. 运输工具名称及号码：填具运载货物通过国境的运输工具名称。根据不同的运输方式，分别填写船只名称及号码，汽车车牌号码及火车的车次；对于空运或邮运的只填"空运"或"邮运"字样。

10. 装货单或运单号：填具货物的装货单号或运单号。

11. 收结汇方式：填具实际收结汇的方式。

12. 起运地点：填具货物的发货单位所在地名称。

13. 海关统计商品编号：填具货物在《海关统计商品目录》中所对应的号别。

14. 货名、规格及货号：填具货物的全称、规格、型号、品质、等级。如货物及规格不止一种时，应逐项填具。

15. 标记唛码：填具货物的标记唛码。如有地点名称的，也应一并填写。

16. 件数及包装种类：填具货物的总件数。可从提单上查悉。包装种类指袋、箱、捆、包、桶等，如有多种包装的，应分别填明件数。

17. 数量：货物的实际数量和数量单位，如台、只、个、打等。

如果合同规定的数量单位与《海关统计商品目录》所规定的计量单位不同，或者《海关统计商品目录》规定有第二数量单位的，都要在折算后按《海关统计商品目录》规定的数量单位填具。整套机械分批出口时,应在本栏加注"分批装运"字样。

18. 毛量:货物的全部重量。如货物不止一项时,应逐项填报。

19. 净重:货物扣除外包装后的自然净重。

20. 成交价格:合同规定的货物的成交单价、总价和价格条件。如离岸价格、到岸价格,等等。要在此栏注明币别。如果价格条件为 CIF、C&F 或包括佣金、折扣时,在计算成交总价时,应分别扣除运费、保险费、佣金、折扣等费用,并填具 FOB 成交总价。

21. 集装箱号:如果是集装箱运输,应将集装箱数量及每个集装箱的号码一并填具。

22. 随附单据:随报关单向海关递交的有关单据的名称及份数。

23. 申报单位:报关单位的全称、报关员的姓名、报关员证号码、联络电话号码、申报单位的邮政编码等一并在此栏填具,并加盖申报单位的公章。

24. 申报日期:向海关申报的日期。

● 思考与练习

任务:下面是某公司的出口发票(Invoice)、装箱单(Packing List)及托运单,请按报关单填制要求正确填制一份一般贸易出口报关单。

NINGBO BEIXIANG IMPORT AND EXPORT LIMITED COMPANY

FL 28, HUIJIN BUILDING, NO 77, HEYIROAD, HAISHU DISTRICT, NINGBO, CHINA

TEL:0086574-8738951   FAX:0086574-8717951

INVOICE

No.:NA080411

Payment:BY T/T

Date:APR.25TH,2008

Shipped BY SEA

From:

To: SOUTHAMPTON,U.K.

To.:Messrs, YUEN FAT INTERNATIONAL LTD.

Marks & Nos.:	Descriptions		Quantity	Unit Price	Amount
			(BAG/PCS)	(USD)	(USD)
PGS LTD.					FOB SHANGHAI
REF.NO.:	HHOB1297	#12639,ICE CUBE BAG	10080SETS	$0.290	US$2,923.20
DESCRIPTION:					
‖‖‖‖‖‖‖‖‖‖‖‖‖	HHOB1296	#12605,BAMBOO BBQ	10080SETS	$0.360	US$3,628.80
55023875 XXXXX X		WOOD SKEWERS			
CTN NO.1.					
	TOTAL				US$6,552.00
				DEPOSIT:	US$1,678.32
			BALANC		US$4,873.68

SAY U.S. DOLLARS FOUR THOUSAND EIGHT HUNDREND AND SEVENTY-THREE CENTS SIXTY-EIGHT ONLY.

宁波贝翔进出口有限公司
NINGBO BEIXIANG IMPORT & EXPORT LIMITED COMPANY

NINGBO BEIXIANG IMPORT AND EXPORT LIMITED COMPANY

FL 28, HUIJIN BUILDING, NO 77, HEYIROAD, HAISHU DISTRICT, NINGBO, CHINA
TEL:0086574-8738951   FAX:0086574-8717951

PACKING LIST

To.:Messrs, YUEN FAT INTERNATIONAL LTD.

No.:NA080411
Payment:BY T/T
Date:APR.25TH,2008
Shipped BY SEA
From: SHANGHAI,CHINA
To: SOUTHAMPTON,U.K.

Shipping Marks:	Descriptions	PKGS (CTN)	Quantity (SETS)	G.W. (KGS)	N.W. (KGS)	MEAS (CBM)
PGS LTD. REF.NO.: DESCRIPTION:						
IIIIIIIIIIIIIIIIIIIII	HHOB1297 #12639,ICE CUBE BAG	35	10080	360.5	329	47*41*20/1.35CBM
55023875 XXXXX X	HHOB1296 #12605,BAMBOO BBQ WOOD SKEWERS	70	10080	2051	2016	55*36*40/5.54CBM
CTN NO.1-						
	TOTAL	105CTN	20160SETS	2411.5KGS	2345KGS	6.89M3

SAY TOTAL ONE HUNDRED AND FIVE CARTONS ONLY.

宁波贝翔进出口有限公司
NINGBO BEIXIANG IMPORT & EXPORT LIMITED COMPANY

托单号码：   日期：

Shipper(发货人) YUEN FAT INTERNATIONAL LTD.	WORLDSPAN LIGISTICS LTD SH OFFICE
	MS YUKI 021/61042914/61042913-6/61042910
Consignee(收货人) TO ORDER	
	相关报关单证请贵司 地址如下：
Notify Party(通知人) PERKINS GROUP SERVICES LTD. PERNDOWN U.K. CUST ORDER NO.33572	发票抬头：请与我司确认后，再开票 收到托单后请于24小时内回传，否则视为默认！

Pre-carriage by (前程运输) BY SEA	Place of Receipt (收货地点)	
Ocean Vessel(船名) Voy No.(航次)	Port of Loading(装货港) SHANGHAI, CHINA	Port of Discharge(卸货港)
Place of Delivery(交货地点)	Final Destination for the Merchant's Reference(目的地) SOUTHAMPTON	

SHIPPING MARKS	No. of Ctns or Packags	Kind of Packages Description of Goods	Gross Weight	Vol. (m3)
PGS LTD. REF.NO.: DESCRIPTION:	35CTNS	ICE CUBE BAG 10080SET	350KGS	1.35CBM
IIIIIIIIIIIIIIIIIIIII 55023875 XXXXX X CTN NO.1-	70CTNS	BAMBOO BBQ WOOD SKEWE 10080SET	1645KGS	6.05CBM
	TOTAL 105 CART			
		贵司明细费用请列明，并 LCL, 货于5月22日左右		
	SHIPMENT DOES	FREIGHT COLLEC		

中华人民共和国海关出口货物报关单

预录入编号：　　　　　　　　　　　　　　海关编号：

出口口岸		备案号		出口日期		申报日期	
经营单位		运输方式	运输工具名称			提运单号	
发货单位		贸易方式		征免性质		结汇方式	
许可证号		运抵国（地区）		指运港		境内货源地	
批准文号		成交方式	运费		保费		杂费
合同协议号		件数		包装种类	毛重（公斤）		净重（公斤）
集装箱号		随附单据				生产厂家	
标记唛码及备注							

项号	商品编号	商品名称、规格型号	数量及单位	最终目的国（地区）	单价	总价	币制征免

税费征收情况

录入员　录入单位	兹声明以上申报无讹并承担法律责任		海关审单批注及放行日期（签章）	
报关员			审单	审价
单位地址	申报单位（签章）		征税	统计
邮编　　电话	填制日期		查验	放行

模块 2 进口报关单据操作

你不能控制风向,但可以调整风帆。　　　　　　　——无名氏

● 本模块教学目标

最终目标:能进行进口报关操作

促成目标:能填写进口报关单

　　　　　能跟踪进口报关过程

● 情景案例

机构:

外贸企业:NINGBO FOREIGN TRADE DEVELOPMENT CO., LTD.

　　　　　宁波对外贸易发展有限公司

货运代理:AFS-VISA INTERNATIONAL (HK) LTD

人物:

小徐:宁波对外贸易发展有限公司单证员

蔡经理:宁波对外贸易发展有限公司业务经理

陈小姐:AFS-VISA INTERNATIONAL (HK) LTD 货代员

背景资料:

1. 2008 年 3 月 23 日,宁波对外贸易发展有限公司蔡经理与新加坡 DU PONT SINGA-PORE 公司签订了一份外贸合同,进口 10 332 公斤氨纶弹力丝。

2. 2008 年 4 月 6 日,货物到达宁波口岸,小徐联系 AFS-VISA INTERNATIONAL (HK) LTD 的陈小姐:"我们公司一批进口货物到宁波港了,合同、发票、箱单、提单现在传真给你,你赶紧帮我们报关。"

商业发票

1 MARITIME SQUARE ♯ 07-01

WORLD TRADE CENTRE

SINGAPORE 09925

PHONE：2732244(12 LINES)

CABLES：FORELPONT

TELEX：DUFE RS 21963

DU PONT SINGAPORE FIBRES PTE LTD

SLOD TO

INVOICE

NINGBO FOREIGN TRADE DE-
VELOPMENT CO. , LTD.

RM 723 7/F NO. 14 HEYI ROAD

NINGBO CHINA 315010

宁波对外贸易发展有限公司

CONTACT PERSON：

MR. QIAN WEIFENG

TEL 0086-574-63033442

INVOICE NUMBER	PAGE
1G20303463	1

27 MAR 2008

ACCOUNT NUMBER

00352125

CUSTOMER NO	CUSTOMER PURCHASE ORDER NO
10152345	04L-025SH

DU PONT ORDER NO	PAYMENT TERMS
XCBS07258A00	N 90

SHIPPING TERMS

CIF NINGBO

VIA：OCEAN FREIGHT PREPAID

SHIP FROM：SINGAPORE SG

PRODUCT AND DESCRIPTION	QUANTITY	UNIT	UNIT PRICE	AMOUNT
* * * * * * * * * * * * * * * * "LYCRA" ELASTANE 氨纶弹力丝 40 DENIER TYPE 149B MERGE 17 124.5 kg　TUBE COUNTRY OF ORIGIN：SINGAPORE KENNETH CHOY,LYCRA	10 332.00	kg	19.000 0	196 308.00
企业海关注册编号：3122210376 预录入编号：108007846 H. S. 10152345	TOTAL			196 308.00

装箱单、合同

DU PONT SINGAPORE
PACKING　　LIST

27 MAR 2008

CUSTOMER REF　　　　　　　　　　:\
VESSEL/VOYAGE：　　　　　　　　HYUNDAI BARON VOY. 3068
DEPARTURE DATE ON/ABOUT　　　:2703/2008
PORT OF DISCHARGE　　　　　　:NINGBO

MARKING　DESCRIPTION	GROSS WEIGHT (kgs)	NET WEIGHT (kgs)	MIMET (m³)

NINGBO
04L-025SH　　1×40′CIBTAUBER　　13 285. 10　　　10 332. 00　　　　50 400
C/NO. 1-420　　420 CARTONS OF
　　　　10 332 kgs "LYCRA" ELASTANE 40. 5kg TUBE
　　　　　　COUNTRY OF ORIGIN：SINGAPORE
　　　　　　（CONTRACT No.：04L-025SH）

CONTAINER　No.　　　SEAL　No.
　NOSU4371790　　　　NOLZ00349

DU PONT SINGAPORE

DATE：23/03/2008

SALES AGREEMENT

Whereby DU PONT SINGAPORE PTE LTD. The sellers have this day sold to the buyer No. 04L025SH
NINGBO FOREIGN TRADE DEVELOPMENT CO., LTD.
RM 723 7/F No. 14 HEYI ROAD NINGBO CHINA 315010

All the goods stated in the Schedule hereto subject to the terms and conditions below and
on the reverse of this form
Place of Delivery　NINGBO
Time of Delivery　MARCH—APRIL
Price　　　　　　40 DENIER TYPE 149B 17124-USD19/kg
Terms of Payment　CIF NINGBO-NET 90 DAYS

SCHEDULE

Item No	Quantity	Details of goods	Amount
04L-025SH	10 332kg	"LYCRA" ELASTANE　　40 DENIER TYPE 149B MERGE 17 124. 5 kg　TUBE	196 308
TOTAL AMOUNT		US$　196 308. 00	

APL　　　　　　　　　　　　　　　　　　　　　　　CAL ♯1（Q00001/）

提单

BILL OF LADING

03/27/2008   STB

SHIPPER(Principal or seller licensee and full address) DU PONT SINGAPORE FIBRES PTE LTD 1 MARITIME SQUARE NO. 07-01 WORLD TRADE CENTRE SINGAPORE 099253	BOOKING NUMBER B/L NUMBER 007137686 APLU 7137686
CONSIGNEE (Name and Full address/Non-Negotiable Unless Consligend to Order) (Unless provided otherwise a consignment "To Order" means To Order of Shipper.) NINGBO FOREIGN TRADE DEVELOPMENT CO. , LTD. RM 723 7/F NO. 14 HEYI ROAD NINGBO CHINA 315010	EXPORT REFERENCES
	FORWARDING AGENT (Reterebcesm,F,M,CM,No)
NOTIFY PARTY(Name And Full Address) NINGBO FOREIGN TRADE DEVELOPMENT CO. , LTD. RM 723 7/F NO. 14 HEYI ROAD NINGBO CHINA 315010	POINT AND COUNTRY OF ORIGIN OF GOODS
INITIAL CARRIAGE (MODE) PLACE OF RECEIPT SINGAPORT	ALSO NOTIFY (Name and Full Address) /DOMESTIC ROUTING
EXPORT CARRIER (Vessel, voyage, & flag) PORT OF LOADING Hyundai Baron 3068 SINGAPORE	EXPORT INSTRUCTIONS/PIER TERMINAL/ONWARD ROUTING
PORT OF DISCHARGE PLACE OF DELIVERY NINGBO NINGBO	
Excess Valuation Please refer to Clause 7 iii on Reverse Side	* MR. QIAN WEIFENG FAX: 0086-21-62033441 * * MR QIAN WEIFENG FAX: 0086-21-62033442

MKS A NOS/COS/CONTAINER NOS	NO OF	PKGS DESCRIPTION OF PACKAGES ANDGOODS	CROSS WEIGHT	MEASUREMENT
NINGBO 04L-025SH C/NO. 1-420	420	CTNS AA FA07-0550 SLAC CY/CY 1 × 40′CIBTAUBER 420 CARTONS OF 10 332KGS "LYCRA" ELASTANE 40 DENIER TYPE 149B MERGE 17 124. 5 kg TUBE COUNTRY OF ORIGIN: ORDER NO:04L-025SH NBR * * * * T/X MODE 4. 06 QUANT/TYPE	13 285kg	50 400
			APLU007137686	
* * * CTR NRB * * * * SEAL NOSU437179-0 NOL Z00349		D40 CY/CY 420 CTBS 新加坡 HYUNDAI BARON 420	FREIGHT	PREPAID
ON BOARD HYU NDA 1 BARON	CIF 306B	ON MAR 27, 2008 AT SINGAPORE		
/E TO BE RELEASED AT SINGAPORE OCEAN FREIGHT PAYABLE AT SINGAPORE				

中华人民共和国海关进口货物报关单

预录入编号：　　　　　　　　　　　　　　　　　　海关编号：

出口口岸	备案号		进口日期		申报日期
经营单位	运输方式	运输工具名称		提运单号	
发货单位	贸易方式		征免性质		征税比例
许可证号	起运国（地区）		装运港		境内目的地
批准文号	成交方式	运费		保费	杂费
合同协议号	件数		包装种类	毛重（公斤）	净重（公斤）
集装箱号	随附单据			用途	
标记唛码及备注					

项号	商品编号	商品名称、规格型号	数量及单位	最终目的国（地区）	单价	总价	币制征免

税费征收情况

录入员　录入单位	兹声明以上申报无讹并承担法律责任	海关审单批注及放行日期（签章）	
报关员		审单	审价
单位地址	申报单位（签章）	征税	统计
邮编　　　电话	填制日期	查验	放行

● 任务

1. 根据合同、发票、箱单、提单填写进口报关单。
2. 思考进口报关单的缮制要点。

● 链接：相关基础知识

一、进口报关流程

报关流程：接受申报→审核单证→查验货物→办理征税→结关放行。

1. 用换来的提货单(1、3)联并附上报关单据前去报关。

报关单据：提货单(1、3)联海关放行后，在白联上加盖放行章，发还给进口方作为提货的凭证。正本箱单、正本发票、合同、进口报关单一式两份、正本报关委托协议书、海关监管条款所涉及的各类证件。

注意事项：

(1)接到客户全套单据后，应确认货物的商品编码，然后查阅海关税则。确认进口税率，确认货物需要什么监管条件，如需做各种检验，则应在报关前向有关机构报验。报验所需单据：报验申请单、正本箱单发票、合同、进口报关单两份。

(2)换单时应催促船舶代理部门及时给海关传舱单，如有问题应与海关舱单室取得联系，确认舱单是否转到海关。

(3)当海关要求开箱查验货物，应提前与场站取得联系，调配机力将所查箱子调至海关指定的场站。（事先应与场站确认好调箱费、掏箱费）

2. 若是法检商品应办理验货手续。

如需商检，则要在报关前，拿进口商检申请单（带公章）和两份报单办理登记手续，并在报关单上盖商检登记在案章以便通关。验货手续在最终目的地办理。

如需动植检，也要在报关前拿箱单发票、合同报关单去代报验机构申请报验，在报关单上盖放行章以便通关，验货手续可在通关后堆场进行。

3. 海关通关放行后应去三检大厅办理三检，向大厅内的代理报验机构提供箱单、发票、合同报关单，由他们代理报验。报验后，可在大厅内统一窗口交费，并在白色提货单上盖三检放行章。

4. 三检手续办理后，去港池大厅交港杂费。

港杂费用结清后，港方将提货联退给提货人供提货用。

5. 所有提货手续办妥后，可通知事先联系好的堆场提货。

注意事项：

(1)首先，应与港池调度室取得联系，安排计划；

(2)根据提箱的多少与堆场联系足够的车辆，尽可能在港方要求的时间内提清，以免产生转栈堆存费用；

(3)提箱过程中应与堆场有关人员共同检查箱体是否有重大残破，如有，要求港方在设备交接单上签残。

6. 重箱由堆场提到场地后,应在免费期内及时掏箱以免产生滞箱。

7. 货物提清后,从场站取回设备交接单证明箱体无残损,去船公司或船舶代理部门取回押箱费。

进口报关所需单据:

1. Consignee 若有进出口经营权,则提供:代理进口报关委托书、进口报关单证、提货证明(D/O,少部分地方用 B/L 或 B/L copy)、运单 copy(空运下)、销售合同(一般贸易下)、装箱单(Packing List)、发票(Invoice);

2. Consignee 若无进出口经营权,除以上全部单证外还需"代理进口委托书"。

二、进口报关单的内容和填写

1. 申报人:办理出口货物转关申报手续的发货人或其代理人的全称。

2. 电话:申报人的联络电话。

3. 地址及邮政编码:申报人的固定办公地址及邮政编码。

4. 发货人:执行货物出口合同的中国境内发货人全称。

5. 电话:发货人的联络电话。

6. 发货地点及编号:货物的第一起运地,以及按《海关统计商品目录》填写货物的商品编码。

7. 运输工具:载运货物至出境地海关的运输工具名称(如汽车的填明车牌号码,铁路运输填明车次)。

8. 启运日期:运载货物的运输工具在启运地海关的出发时间。

9. 预计运抵口岸日期:按合理的直接路线计算所需的运抵出境口岸的时间。

10. 集装箱号:载运货物的集装箱箱体号码。如有多个集装箱的,应逐一填报。

11. 规格:集装箱的外形尺寸。如不止一种规格,应分别填明。

12. 数量:运载本批货物的集装箱总数。

13. 承运单位及司机代号:负责经营货物转关运输的经营单位名称及由海关编给司机的代码。

14. 电话:承运单位的联络电话。

15. 出境口岸:预定的货物经海关放行,出境的最后一个关境口岸的名称。

16. 商品编码:按《海关统计商品目录》的规定填写货物所属的商品编码。

17. 件数包装式样:货物的总箱数或件数。包装式样指袋、箱、捆、包、桶等。如有多种包装,要分别填报。

18. 货名及规格:货物的中文全称和详细规格。如货物或规格不止一种时,应分别填报。

19. 数量:货物的数量和计量单位。

20. 重量:货物的重量。应注明毛重或净重。

21. 成交价格:出口合同定明的货物成交价格和价格条款,并应注明币别。

22. 承运人签字盖章:经营货物运输的公司在此栏签字盖章。

23. 申报人签字盖章:办理出口货物转关申报手续的发货人或其代理人在此栏签字盖章。

● 思考与练习

任务：请根据下列单据（发票、提单），在报关单填写的选项中选出最合适的答案。

INVOICE

<table>
<tr><td colspan="2">CONSIGNEE：
DALIAN CHEMICALS I/E CORP
大连化工进出口公司（2102911013）
No. 61 RENMINLU ROAD DALIAN CHINA</td><td>No. ：
CDFG5618</td><td>DATE：
NOV. 14TH, 2000</td></tr>
<tr><td colspan="2" rowspan="2">NOTIFY PARTY：
BEIJING YUDU COMMERCIAL & TRADE CO. ,LTD
北京宇都商贸有限公司
No. 365 DONGSIBEIDAJIE,BEIJING, CHINA</td><td colspan="2">L/C NO. ： DATE：
LC810A00228 MAY 25TH, 2000</td></tr>
<tr><td colspan="2">BANK OF CHINA
LIAONING BRANCH
DALIAN CN</td></tr>
<tr><td>PORT OF LOADING：
ROTTERDAM</td><td>VESSEL：
EAST EXPRESS</td><td colspan="2"></td></tr>
<tr><td>VOYAGE No.
151E</td><td>PORT DISCHARGE：
DALIAN PORT，CHINA
via HONGKONG</td><td colspan="2">CONTRACT No.
OOXFFFG-78017KR</td></tr>
<tr><td>MARKS &
No. OF PKGS</td><td>DESCRIPTION OF
GOODS</td><td>QUANTITY/
UNIT</td><td>UNIT PRICE   AMOUNT</td></tr>
</table>

DM（币制代码 304）DM

00XFFFG-78017KR

DALIAN CHINA

DELIVERY OF CIF DALIAN CHINA OF 3 UNITS & 6 PKGS OF

B30S FORKLIFT TRUCK INCLUDING FFT4730MM S/S BATTERY & CHARGER

H. S. CODE：84271090

DETAILS AS PER THE ATTACHED SHEET

B30S-2	17 951.00	53 853.00
FREIGHT CHARGES (F)		2 050.00
INSURANCE (I)		1 346.00
TOTAL		57 249.00

DADAI CORPORATION

P. O. BOX：7955 SEOUL, KOREA

TELEPHONE：

DADAI CORPORATION

SIGNED BY

BILL OF LADING

CONSIGNOR： DADAI CORPORATION 7955 SEOUL, KOREA		OUR BOOK NO. ：	B/L NO. ： EEW7865435
CONSIGNEE： DALIAN CHEMICAL I/E CORP 大连化工进出口公司 2102911013 NO. 61 RENMINLU ROAD, DALIAN, CHINA		REMARKS： 注：北京宇都商贸有限公司委托大连化工进 出口公司与韩国签约，为长春特钢厂进口 B30S 型电动叉车，委托大连外轮代理公司向 大连海关申报。	
NOTIFY PARTY： BEIJING YUDU COMMERCIAL & TRADE CO. ,LTD 北京宇都商贸有限公司 1101250756 NO. 365 DONGSIBEIDAJIE, BEIJING,CHINA			

PORT OF LOADING： ROTTERDAM[鹿特丹]	VESSEL： EAST EXPRESS	VOYAGE NO. ： 151E	FLAG： DENMARK

PORT OF DISCHARGE： DALIAN CHINA via HONGKONG		PLACE OF DELIVERY：	

MARK	NO. OF PKGS	DESCRIPTION OF GOODS	GROSS WEIGHT	NET WEIGHT	MEASUREMENT
1×20″ SCZU7854343 (3 PACKAGES) 1×40″ SCZU7855243 (2 PACKAGES)			15 025KGS		18. 900CBM

SAID TO CONTAIN：

3 UNITS OF

B30S FORKLIFT TRUCK

───────────

6 P'KGS OF FFT4730MM S/S BATTERY & CHARGER

OOXFFFG-78017KR　PACKING：TOB BUSTABLE FOR LONG DISTANCE OCEAN TRANSPORTATION

DALIAN CHINA QUANTIAY：3 UNITS

MANUFACTURER：GEERLOFS TRUCK B. V, GERMANY

CONTRACT NO：OOXFFFG-78017KR

TOTAL NUMBER OF CONTAINERS

OF PACKAGES (IN WORDS)

LADEN ON BOARD THE VESSEL BATE：Nov. 16，2000 BY _____	FLYSEA FERRY CO. , LTD BY _____

1. 备案号栏应填：
   A. EEW7865435
   B. CDFG5618
   C. LC810A000228
   D. 不填
2. 经营单位栏应填：
   A. 大连化工进出口公司 2102911013
   B. 北京宇都商贸有限公司 1101250756
   C. 长春特钢厂
   D. 大连外轮代理公司
3. 运输工具名称栏应填：
   A. 江海
   B. EAST EXPRESS
   C. EAST EXPRESS2000. 11. 16
   D. EAST EXPRESS 151E
4. 提运单号栏应填：
   A. EEW7865435
   B. CDFG5618
   C. LC810A000228
   D. 00XFFFG-78017KR
5. 收货单位栏应填：
   A. 大连化工进出口公司 2102911013
   B. 北京宇都商贸有限公司
   C. 长春特钢厂
   D. 大连外轮代理公司
6. 贸易方式栏应填：
   A. 一般贸易
   B. 加工贸易设备
   C. 中外合资
   D. 合资合作设备
7. 征免性质栏应填：
   A. 照章
   B. 一般征税
   C. 中外合资
   D. 全免
8. 装运港栏应填：
   A. 丹麦港口
   B. 荷兰港口
   C. 香港
   D. 鹿特丹
9. 境内目的地栏应填：
   A. 北京其他
   B. 大连其他
   C. 长春其他
   D. 长春特钢厂
10. 成交方式栏应填：
    A. CIF
    B. FOB
    C. L/C
    D. 一般贸易
11. 保费栏应填：
    A. 304/0250/3
    B. 304/1346/1
    C. 1346/3
    D. 不填
12. 合同协议号栏应填：
    A. CDFG5618
    B. LC810A000228
    C. 00XFFFG-78017KR
    D. EEW7865435
13. 件数栏应填：
    A. 9
    B. 12
    C. 3
    D. 2

14. 净重栏应填：
    A. 18.90 　　　　　　　　　　　B. 15 025
    C. 17 951 　　　　　　　　　　　D. 不填

15. 集装箱号栏应填：
    A. SCZU7854343/SCZU7855234 　　　B. SCZU7854343＊2(3)
    C. SCZU7854343＊1(3) 　　　　　　D. SCZU7854343＊2(2)

16. 标记唛码及备注栏应填：
    A. 00XFFFG-78017KR DALIAN CHINA SCZU7855234 委托化工进出口公司签约
    B. 00XFFFG-78017KR DALIAN CHINA SCZU7855234 受长春钢厂委托
    C. 00XFFFG-78017KR DALIAN CHINA SCZU7855243 （备注）
    D. 00XFFFG-78017KR DALIAN CHINA SCZU7855234/SCZU7854343

17. 商品名称、规格型号栏应填：
    A. FORKLIFT TRUCK/BATTERY ＆ CHARGE
    B. 电动叉车 FFT4730MM
    C. 电动叉车 B30S
    D. 电动叉车 84271090

18. 原产国（地区）栏应填：
    A. 丹麦 　　　　　　　　　　　B. 德国
    C. 荷兰 　　　　　　　　　　　D. 韩国

19. 总价栏应填：
    A. 53853 　　　　　　　　　　　B. 55903
    C. 55199 　　　　　　　　　　　D. 57249

20. 征免栏应填：
    A. 一般征税 　　　　　　　　　B. 全免
    C. 照章 　　　　　　　　　　　D. 征免

项目五:办理产地证

模块 1　办理一般原产地证

谁要能使本来只出产一串谷穗、一片草叶的土地长出两串谷穗、两片草叶来,谁就比所有的政客更有功于人类,对国家的贡献就更大。　　——斯威夫特

● 本模块教学目标

最终目标:能根据贸易信息办理一般原产地证
促成目标:理解一般原产地证的作用
　　　　　能办理(制作)一般原产地证
　　　　　能跟踪一般原产地证的办理过程

● 情景案例

机构:
外贸企业:OCEAN PLASTIC & CHEMICAL PRODUCTS CO., LTD
　　　　　宁波欧胜塑化有限公司
外贸代理:NINGBO HAIWEN IMP&EXP. CORP.,LTD
　　　　　宁波海文进出口有限公司
贸促会(CCPIT)
人物:
小余:宁波欧胜塑化有限公司单证员
张经理:宁波欧胜塑化有限公司业务经理
外贸代理公司单证员小刘:宁波海文进出口有限公司
背景资料:
1. 2008 年 11 月 6 日,宁波欧胜塑化有限公司外贸业务部张经理以宁波海文进出口公司业务员的身份与阿拉伯联合酋长国的 ABC TRADING CO., LLC 公司签订一份 36 800 PCS唇膏(LIP BALM)的出口合同,合同号为 081106。
2. 宁波海文进出口公司单证员小刘先网上申请做原产地证(http://www. zform. net/select. htm),一两天后,贸促会确认无误,凭自动生成的打印后的发票到贸促会领正本产地证。

申请页面 1,2

申请页面 3

* 红色标题字段为必填项

1.Exporter	[选择受益人]	Certificate No.

CERTIFICATE OF ORIGIN
OF
THE PEOPLE'S REPUBLIC OF CHINA

2.Consignee	[选择客户]

3.Means of transport and route	[疑难问题]	5.For certifying authority use only

4.Country / region of destination	10.Number and date of invoices

发票号码

发票日期 2009-03-05

进口成份标志(全部国产填P，含进口成份填W)：

毛净重标识：

6. Marks and numbers	7. Number and kind of packages;description of goods	8. H.S. code	9.Quantity

[↑] [↓] [汇总] [拷贝] [粘贴] [增加商品] [编辑] [插入] [删除] [疑难问题]

特殊条款（货物前描述）

特殊条款（货物后描述）

11.Declaration by the exporter	12.Certification
The undersigned hereby declares that the above details and statements are correct,that all the goods were produced in China and that they comply with the Rules of Origin of the People's Republic of China.	It is herby certified that the declaration by the export is correct.
申请地点： 申请日期： 2009-03-05	签署地点： 签署日期： 2009-03-05
--------------------------------------	--------------------------------------
Place and date,signature and stamp of authorized signatory	Place and date,signature and stamp of certifying authority

EDI补充内容

发票打印份数： 2

录入备注：

一般原产地证

ORIGINAL

1. Exporter NINGBO HAIWEN IMP.&EXP. CORP., LTD. 9FL, NO. 428, ZHONGSHAN EAST ROAD, NINGBO CHINA	Certificate No. **CCPIT 083235134** 09C3302A1756/00002
2. Consignee MAESH TRADING CO., LLC P.O.BOX 13087, DUBAI, UAE TEL:00971-6-8739392, FAX:00971-6-5736315/5736317	CERTIFICATE OF ORIGIN OF THE PEOPLE'S REPUBLIC OF CHINA
3. Means of transport and route FROM NINGBO CHINA TO JEBEL ALI, UAE BY SEA	5. For certifying authority use only
4. Country / region of destination	

6. Marks and numbers	7. Number and kind of packages; description of goods	8. H.S.Code	9. Quantity	10. Number and date of invoices
PRITTY FRUITFULLY YOURS LIP BALM	REMARKS: PO#081106 EIGHT HUNDRED AND TWENTY FIVE (825) CTNS OF LIP BALM ***	3304	36800PCS	090S005 JAN. 4, 2009

11. Declaration by the exporter	12. Certification
The undersigned hereby declares that the above details and statements are correct, that all the goods were produced in China and that they comply with the Rules of Origin of the People's Republic of China. 宁波海文进出口有限公司 NINGBO HAIWEN IMP.& EXP. CORP LTD 9FL, NO. 428, ZHONGSHAN EAST ROAD, NINGBO CHINA 任蒋超 NINGBO CHINA JAN. 6, 2009 Place and date, signature and stamp of authorized signatory	It is hereby certified that the declaration by the exporter is correct. NINGBO CHINA JAN. 6, 2009 Place and date, signature and stamp of certifying authority

93

打印页面

请核对单据信息是否有误

打印原产地证 ▼   🖨打印输出
打印原产地证
打印发票

| 商业/退税发票 | 产地证 |

1. Exporter NINGBO HAIWEN IMP.& EXP.CORP., LTD. 9FL,NO.428, ZHONGSHAN EAST ROAD, NINGBO CHINA	Certificate No. 09C3302A1756/00016
2. Consignee MR. ING.JUAN PABLO VARELA RG GROUP S.R.L. PINO 1166 HAEDO NORTE - CP.1684 - BUENOS AIRES-ARGENTINA	**CERTIFICATE OF ORIGIN** **OF** **THE PEOPLE'S REPUBLIC OF CHINA**
3. Means of transport and route FROM NINGBO TO BUENOSAIRES BY SEA	5. For certifying authority use only
4. Country / region of destination ARGENTINA	

6. Marks and numbers	7. Number and kind of packages;description of goods	8. H.S. code	9. Quantity	10. Number and date of invoices
RG GROUP S.R.L MADE IN CHINA	ONE HUNDRED AND TWELVE (112) CTNS OF ALUMINUM WIRE KNITTED HOSE	7615	9600PCS	09LZH006 FEB 17 ,2009
	ONE HUNDRED AND TWO (102) CTNS OF STAINLESS STEEL RIPPLE HOSE	7411	11200PCS	

● 任务

1. 看懂以上的原产地证办理过程。
2. 思考一般原产地证的缮制要点。

● 链接:相关基础知识

一、原产地证书作用和种类

产地证(Certificate of Origin),是出口商应进口商的要求而提供的,由公证机构或政府或出口商出具的证明货物原产地和制造地的一种证明文件。

原产地证书作用:供进口国海关掌握进出口货物的原产地国别,从而采取不同的国别政策,决定进口税率和确定税别待遇;是对某些国家或某种商品采取控制进口额度和进口数量的依据;也是进口国进行贸易统计的依据。

原产地证书的种类:

1. 普通产地证。
   出口商签发的厂商产地证书;
   中国国际贸易促进委员会与商检机构签发的一般原产地证书。
2. 特殊产地证。
   普遍优惠制产地证书表格 A (GSP FORM A);
   纺织品产地证。

二、一般原产地证的申请

出口单位最迟于每批货物报关出运前 3 天向签证机构（商检机构或商会）申请，并按要求提交以下材料：

1.《出口货物原产地/加工装配证明书申请书》；

2.《出口货物原产地证明书》；

3. 商业发票；

4. 合同、箱单等其他证明文件。

三、产地证的填写

一般原产地证 C/O 是蓝色的，一式三份，一正两副。

办理地点：1—（如果信用证上没有要求盖商会章的话）商检局或者贸促会；

2—如果要盖商会章的话，只能在贸促会。

制作产地证需要购买相关软件，并在网络上与相关签证机构连接，填写内容为：

1. 编号：按系统的编号往下编。

2. 发票号：同货物明细表。

3. 发票日期：船期之前。

4. 运输细节：BY SEA（或 AIR） FROM ＜装运港，国家＞ TO ＜目的港，国家＞。

5. 拟装运日期。

6. 货运中文：货物中文名称。例如，木制玩具（WOODEN TOY）。

7. 货物描述：＜箱数＞ CARTONS OF ＜货物名称＞。

8. 包装数量：＜箱数＞ CARTONS。

9. 数量：＜毛重＞ KGS。

10. 生产企业：工厂。

11. 最后点保存按钮——点选择单证按钮——点发送/接收按钮。

12. 点发送/接收按钮得到回执。

13. 收到回执（注：一星期内去拿）。

14. 打印产地证，并叫法人签字；打印产地证申请书，随附发票，送至签证机构。

15. 先拿过去付钱，然后审核签字，注册盖章。

16. 交有关业务员。

办理产地证是要注意：

1. 英文一律用大写！

2. 每张纸都要记得盖上中英文印章，不过签字只要在头一张纸上签就行了，因为会印下去。

● 思考与练习

任务：请根据项目一/模块 3 的"思考与练习"任务二所提供的交易背景，制作一份一般原产地证。

模块2 办理普惠制产地证

在经济实力不平等的国家之间,实行最惠国平等原则,实际上意味着歧视国际社会中的弱国。

——某任联合国秘书长(推动了普惠制的产生)

● 本模块教学目标

最终目标:能根据贸易信息办理普惠制产地证

促成目标:理解普惠制产地证的作用

　　　　　能办理(制作)普惠制产地证

　　　　　能跟踪普惠制产地证的办理过程

● 情景案例

机构:

外贸企业:宁波保税区益友国际贸易有限公司单证员

中华人民共和国出入境检验检疫局

人物:

小李:宁波保税区益友国际贸易有限公司

郑经理:宁波保税区益友国际贸易有限公司业务经理

背景资料:

1. 2008年6月14日,宁波保税区益友国际贸易有限公司外贸业务部郑经理与波兰某公司签订一份9 600PCS起钉器(STAPLES REMOVER)的出口合同。合同要求我方提供普惠制产地证。

2. 单证员小李先向出入境检验检疫局提出申请,2天后,出入境检验检疫局确认无误,小李凭自动生成的打印发票到出入境检验检疫局领取正本普惠制产地证。

产地证凭条

产地证领证凭条

申请单位名称：宁波保税区益友国际贸易有限公司　　　　　　　领证人签收：

证书号码	G083800037500008		种类	**GSP**
			份数	1

以下由签证机构填写：

申请受理日期：2008-07-01

申请单位缴纳签证费后，凭此领证

〉〉〉〉〉〉〉〉〉 产地证制证凭条 〈〈〈〈〈〈〈〈〈

申请单位证书名称：宁波保税区益友国际贸易有限公司

证书号码	G083800037500008		种类	**GSP**
			份数	1

备注：

申请受理日期：2008-07-01

如需打印唛头附页的请提交专用的空白唛头附页纸。

FORM A

ORIGINAL

1. Goods consigned from (Exporter's business name, address, country) XINGDO FREE TRADE ZONE YEAYOO IND'L & INT'L TRADING CO., LTD RM 709 LILLING STAR BUSINESS MANSION NO 290-22 CANGSONG ROAD NINGBO CHINA	Reference No. G08380000T7500008 GENERALIZED SYSTEM OF PREFERENCES CERTIFICATE OF ORIGIN (Combined declaration and certificate) FORM A Issued in THE PEOPLE'S REPUBLIC OF CHINA (country) See Notes overleaf
2. Goods consigned to (Consignee's name, address, country) TAURUS TRADE PAWEL DYMES UL. KLAUDYNY 31-10 01-684 WARSZAWA	

3. Means of transport and route (as far as known) FROM NINGBO, CHINA TO GDYNIA, POLAND BY SEA	4. For official use

5. Item number	6. Marks and numbers of packages	7. Number and kind of packages; description of goods	8. Origin criterion (see Notes overleaf)	9. Gross weight or other quantity	10. Number and date of invoices
		TWENTY (20) CTNS OF STAPLES REMOVER *** *** *** *** *** *** TAURUS TRADE ROZSZYWACZ Z BLOKADA (180SZT) STR90-15 GDYNIA CTN: 1-20	P	9600KGS	VN0280026 2C JUN. 30, 2008

11. Certification It is hereby certified, on the basis of control carried out, that the declaration by the exporter is correct. NINGBO CHINA JUL. 01, 2008 0000005850047 Place and date, signature and stamp of certifying authority	12. Declaration by the exporter The undersigned hereby declares that the above details and statements are correct; that all the goods were produced in CHINA (country) and that they comply with the origin requirements specified for those goods in the Generalized System of Preferences for goods exported to NINGBO CHINA JULY 2008 Place and date, signature of authorized signatory

S 66358392

● 任务

1. 看懂以上的普惠制产地证。
2. 思考普惠制产地证的缮制要点。

● 链接:相关基础知识

一、普惠制产地证书表格 A (GSP FORM A)的申请

出口企业在货物出运前5天向签证机构申请,并提交申请书及商业发票,商检机构审核无误即予签发。

实施普惠制必须遵循的三个原则:非歧视性原则、惠遍原则、非互惠原则。

实施普惠制必须符合三个要求:产地原则、直接运输、普惠制原产地证明书。

二、产地证的填写

制作产地证需要购买相关软件,并在网络上与相关签证机构连接,填写内容为:

1. 编号:按系统的编号往下编。

2. 发票号:同货物明细表。

3. 发票日期:船期之前。

4. 运输细节:BY SEA(或 AIR)。

FROM <装运港,国家> TO <目的港,国家>。

5. 拟装运日期。

6. 货运中文:货物中文名称,例如,木制玩具(WOODEN TOY)。

7. 货物描述:<箱数> CARTONS OF <货物名称>。

8. 包装数量:<箱数> CARTONS。

9. 数量:<毛重> KGS。

10. 原产地标准。

在填制 FORM A 证书时,第8栏(原产地标准)是证书的核心。

如果出口商品完全是中国原产的,不论出口至哪个给惠国,都填"P"。

如果出口商品是含有进口成分的商品,则:

出口至欧盟、瑞士、挪威和日本,并符合有关给惠国的加工标准的,填"W",并在"W"的下方加注商品四位数字 H.S.品目号;

出口至加拿大的含有进口成分的商品,进口成分价值不超过该商品出厂价40%的,填"F";

出口至澳大利亚和新西兰的,此栏可留空;

出口至俄罗斯、哈撒克斯坦和乌克兰的,填"Y",其下填明进口原料和部件的价值在出口产品离岸价格中所占百分率,对于在一个受惠国生产而在另一个或一个以上受惠国制作或加工的产品,填写"PK"。

出口澳大利亚的只需一般原产地证就可以,不用 FORM A。

11. 生产企业:工厂。

12. 最后点保存按钮——点选择单证按钮——点发送/接收按钮,得到回执。

13. 收到回执(注:一星期内去拿)。

14. 打印产地证,并叫法人签字。打印产地证申请书,随附发票,送至签证机构。

15. 先拿过去付钱,然后审核签字,注册盖章。

16. 交有关业务员。

● 思考与练习

任务:请根据项目一/模块 1 的"思考与练习"任务所要求制作的外贸合同以及项目一/模块 3 的"思考与练习"任务一所要求模拟的信用证,模拟制作一份 FORM A。

项目六：办理保险

模块 1 保险单据操作

拥有适当的保险是一种道德责任，是大部分国民应尽的义务。

——罗斯福

● 本模块教学目标

最终目标：能根据贸易信息办理保险

促成目标：能理解合同或信用证关于保险的条款

     能填制投保单并审核保险单

● 情景案例

机构：

外贸企业：OCEAN PLASTIC & CHEMICAL PRODUCTS CO., LTD

     宁波欧胜塑化有限公司

保险公司：中国人民财产保险股份有限公司(PICC)

人物：

小余：宁波欧胜塑化有限公司单证员

张经理：宁波欧胜塑化有限公司业务经理

背景资料：

1. 2008 年 11 月 6 日，宁波欧胜塑化有限公司外贸业务部张经理与阿拉伯联合酋长国的 ABC TRADING CO., LLC 公司签订一份 36 800 PCS 唇膏(LIP BALM)的出口合同，合同号为 081106。

2. 2009 年 1 月 7 日，小余制作投保单并传真给保险公司。保险公司回传确认件，小余审核无误，在确认件上写"OK"，再传回 PICC。

3. 2009 年 1 月 8 日，单证员小余到 PICC 拿正本保险单。

投保单

PICC 中国人民财产保险股份有限公司 宁波市分公司
PICC Property and Casualty Company Limited Ningbo Branch

地址:中国宁波大来街 50 号　　　　邮编(POST CODE):315000
ADD: NO.50 DA LAI STREET NINGBO CHINA
电话(TEL):0574-87198111　　　　传真(FAX):0574-87199058

货物运输保险投保单
APPLICATION FORM FOR CARGO TRANSPORTATION INSURANCE

被保险人:
Insured:

发票号(INVOICE NO.)
合同号(CONTRACT NO.)
信用证号(L / C NO.)
发票金额(INVOICE AMOUNT) _____ 投保加成(PLUS) _____ %

兹有下列物品向中国人民财产保险股份有限公司宁波市分公司投保。(INSURANCE IS REQUIRED ON THE FOLLOWING COMMODITIES:)

标　记 MARKS & NOS.	包装及数量 QUANTITY	保险货物项目 DESCRIPTION OF GOODS	保险金额 AMOUNT INSURED

启运日期:　　　　　　　　　装载运输工具:
DATE OF COMMENCEMENT_____　PER CONVEYANCE: _____
自　　　　　　　经　　　　　　　　至
FROM_____　VIA_____　TO_____
提单号:　　　　　　　　　　赔款偿付地点:
B/L NO.　　　　　　　　　　CLAIM PAYABLE AT:
投保险别: (PLEASE INDICATE THE CONDITIONS &/OR SPECIAL COVERAGES:)

请如实告知下列情况:(如'是'在[ ]中打'√') IF ANY, PLEASE MARK '√':
1、货物种类:　　袋装 [ ]　散装 [ ]　冷藏 [ ]　液体 [ ]　活动物 [ ]　机器/汽车 [ ]　危险品等级 [ ]
GOODS:　　BAG/JUMBO　BULK　REEFER　LIQUID　LIVE ANIMAL　MACHINE/AUTO　DANGEROUS CLASS
2、集装箱种类:　普通 [ ]　开顶 [ ]　框架 [ ]　平板 [ ]　冷藏 [ ]
CONTAINER:　ORDINARY　OPEN　FRAME　FLAT　RAFRIGERATOR
3、转运工具:　海轮 [ ]　飞机 [ ]　驳船 [ ]　火车 [ ]　汽车 [ ]
BY TRANSIT:　SHIP　PLANE　BARGE　TRAIN　TRUCK
4、船舶资料:　　船籍 [　　　　]　船龄 [　　　　]
PARTICULAR OF SHIP　RIGISTRY　　　　AGE

备注:被保险人确认本保险合同条款和内容已经完全了解。　　投保人（签名盖章）APPLICANT'S SIGNATURE
THE ASSURED CONFIRMS HEREWITH THE TERMS AND
CONDITIONS OF THESE INSURANCE CONTRACT FULLY
UNDERSTOOD.

投保日期: (DATE)_____

电话: (TEL)_____
地址: (ADD)_____

本公司自用（FOR OFFICE USE ONLY）

费率:　　　　　　　保费:　　　　　　　　　备注:
RATE:_____　PREMIUM_____
经办人:　　　　　核保人:　　　　　　负责人:
BY _____

No PICC

保单确认件

PYIE2009330298(0000042

08CS095
OCEAN PLASTIC & CHEMICAL PRODUCTS CO.,LTD

DER WERBEKONTAKT	13 CTNS	LIP BALM	USD2,860.00

QUANTITY PER BOX:
N.W.:
G.W.:
SIZE OF CARTON:

USD TWO THOUSAND EIGHT HUNDRED AND SIXTY ONLY

AS ARRANGED   CSCL ZEEBRUGGE V.0023W   Dec.30, 2008

NINGBO   HAMBURG

COVERING ALL RISKS AS PER OCEAN MARINE CARGO CLAUSES OF THE PICC
PROPERTY AND CASUALTY COMPANY LIMITED DATED 1/1/81.

THE CLAIM IS UNDER USD300,IT IS NOT NECESSARY TO APPLY FOR SURVEY,CLAIM,IF ANY,PAYABLE ON SURRENDER
RECTLY TO THIS COMPANY OF THIS POLICY,INVOICE,BILL OF LADING,STATEMENT OF CLAIM AND THE PHOTOGRAPHS
THE DAMAGED GOODS. IF THE CLAIM AMOUNT IS OVER USD300, THE BELOW AGENT MUST BE APPLIED FOR SURVEY.
BECK & CO GMBH
PHONE: +49 40 2780 6375
AFTER HOURS: +49 40 2780 6375 (24 HOURS)
FAX: +49 40 2780 6418
EMAIL: CLAIMS@RECK.DE;
HAMBURG@RECK.DE

HAMBURG IN USD
Dec.29,2008

张静   黄亚芬

保险单

PICC 中国人民财产保险股份有限公司 宁波市分公司
PICC Property and Casualty Company Limited Ningbo Branch

总公司设于北京
Head Office Beijing

一九四九年创立
Established in 1949

货物运输保险单 CARGO TRANSPORTATION INSURANCE POLICY

印刷号 (Printed Number) 330208 00002462　　保险单号 (Policy No.) PYIB200933029600000042

合同号 (Contract No.)

发票号 (Invoice No.) 0505093

信用证号 (L/C No.)

被保险人 (Insured): OCEAN PLASTIC & CHEMICAL PRODUCTS CO.,LTD

中国人民财产保险股份有限公司（以下简称本公司）根据被保险人要求，由被保险人向本公司缴付约定的保险费为对价，按照本保险单列明条款承保下述货物运输保险，特订立本保险单。

THIS POLICY OF INSURANCE WITNESSES THAT PICC PROPERTY AND CASUALTY COMPANY LIMITED (HEREINAFTER CALLED "THE COMPANY") AT THE REQUEST OF THE INSURED AND IN CONSIDERATION OF THE AGREED PREMIUM PAID TO THE COMPANY BY THE INSURED, UNDERTAKES TO INSURE THE UNDERMENTIONED GOODS IN TRANSPORTATION SUBJECT TO THE CONDITIONS OF THIS POLICY AS PER THE CLAUSES PRINTED BELOW.

标记 MARKS & NOS.	包装及数量 QUANTITY	保险货物项目 GOODS	保险金额 AMOUNT INSURED
DER WERBEKONTAKT QUANTITY PER BOX: N.W.: G.W.: SIZE OF CARTON:	13 CTNS	LTV BAGS	USD2,860.00

总保险金额:
Total Amount Insured: USD TWO THOUSAND EIGHT HUNDRED AND SIXTY ONLY

保费 (Premium): AS ARRANGED　　启运日期 (Date of Commencement): Dec 30, 2008

装载运输工具 (Per Conveyance): CSCL ZEEBRUGGE V.0023W　　至 To: HAMBURG

自 From: NINGBO　　经 Via:

承保险别 (Conditions): COVERING ALL RISKS AS PER OCEAN MARINE CARGO CLAUSES OF THE PICC PROPERTY AND CASUALTY COMPANY LIMITED DATED 1/1/81.

所保货物如发生保险单项下可能引起索赔的损失、应立即通知本公司或下述代理人查勘，如有索赔，应向本公司提交正本保险单（本保险单共有 1 份正本）及有关文件。如 份正本已用于索赔，其余正本自动失效。

IN THE EVENT OF LOSS OR DAMAGE WHICH MAY RESULT IN A CLAIM UNDER THIS POLICY, IMMEDIATE NOTICE MUST BE GIVEN TO THE COMPANY OR AGENT AS MENTIONED. CLAIMS, IF ANY, ONT OF THE ORIGINAL POLICY WHICH HAS BEEN ISSUED IN ONE ORIGINAL(S) TOGETHER WITH THE RELEVENT DOCUMENTS SHALL BE SURRENDERED TO THE COMPANY. IF ONE OF THE ORIGINAL POLICY HAS BEEN ACCOMPLISHED, THE OTHERS TO BE VOID.

IF THE CLAIM IS UNDER USD80, IT IS NOT NECESSARY TO APPLY FOR SURVEY. CLAIM, IF ANY, PAYABLE ON SURRENDER DIRECTLY TO THIS COMPANY OF THIS POLICY, INVOICE BILL OF LADING, STATEMENT OF CLAIM AND THE PHOTOGRAPHS OF THE DAMAGED GOODS. IF THE CLAIM AMOUNT IS OVER USD80, IT IS NECESSARY TO APPLIED FOR SURVEY.

RECK & CO GMBH
PHONE: +49 40 2789 0670
AFTER HOURS: +49 40 2789 0675 (24 HOURS)
FAX: +49 40 2789 0676
EMAIL: CLAIMS@RECK.DE;
HAMBURG@RECK.DE

Underwriter: PICC Property and Casualty Company Limited Ningbo Branch
电话(TEL): 0574-87198111-80220, 80219
传真(FAX): 0574-87199058
地址(ADD): 中国宁波大来街50号
50#DALAI STREET NINGBO CHINA

赔款偿付地点
Claim Payable at: HAMBURG IN USD

签单日期 (Issuing Date): Dec.29, 2008

授权人签字
Authorized Signature

核保人: 自动审核　　制单人: 张静　　经办人: 龚亚芳　　www.piccnet.com.cn

● 任务

1. 看懂以上的各种保险单据。
2. 思考投保单的缮制要点。

● 链接：相关基础知识

一、货物运输保险险别和投保手续

（一）保险条款与险别

1. 中国保险条款（China Insurance Clause，CIC）。

由中国人民保险公司（PICC）制定。货物运输保险分为基本险和附加险两大类，基本险为平安险、水渍险和一切险，可以单独投保其中一种，附加险不能单独投保。目前我国出口业务中，一般多选用一切险。

2. 协会货物险条款（Institute Cargo Clause，ICC）。

由伦敦保险协会制定。包括：ICC（A）险、ICC（B）险、ICC（C）险、协会战争险条款——货物（Institute War Clause——Cargo）、协会罢工险条款——货物（Institute Strikes Clause——Cargo）、恶意损坏险条款（Malicious Damage Clause）等。

（二）保险业务的一般手续

出口商备妥货，并确定了装运日期和运输工具后（收到经船公司签署的配舱回单后），即填制投保单向保险公司投保。保险公司接受投保后即签发保险单。

出口货物明细单，加注了运输方式、承保险别等的出口发票，也可作为投保单使用。

二、出口货物运输保险投保单的填写

凡按 CIF 和 CIP 条件成交的出口货物，由出口企业向当地保险公司逐笔办理投保手续。在办理时应注意：根据出口合同或信用证规定，在备妥货物并已确定装运日期和运输工具后，按约定的保险险别和保险金额，向保险公司投保。投保时应填制投保单并支付保险费（保险费＝保险金额×保险费率），保险公司凭以出具保险单或保险凭证。

投保的日期应不迟于货物装船的日期。投保金额若合同没有明示规定，应按 CIF 或 CIP 价格加成 10％，如买方要求提高加成比率，一般情况下可以接受，但增加的保险费应由买方负担。

1. 投保人：填投保人公司名称（如为出口商投保请填公司中文名称）。
2. 投保日期：指填投保单的日期。
3. 发票号码：填写此批货物的发票号码。
4. 被保险人：即投保人或称"抬头"，这一栏填投保人公司的名称，实际上，有些公司会填写"见发票"字样。

货物出运后，风险转由进口商负担。因此，如属出口商投保，可将自己公司的中文名称填在"客户抬头"栏，而将进口商公司名称填在"过户"栏，便于货物发生意外后进口商向保

险公司索赔;如属进口商投保,则直接将自己公司名称填在"抬头"栏,而"过户"栏留空。

5. 保险货物项目:货物名称。

6. 标记:运输标志。

7. 数量及包装:按实际情况填写。

8. 保险金额:保险金额＝CIF 货价×(1＋保险加成率)

在进出口贸易中,根据有关的国际贸易惯例,保险加成率通常为 10%,当然,出口人也可以根据进口人的要求与保险公司约定不同的保险加成率。

由于保险金额的计算是以 CIF(或 CIP)货价为基础的,因此,对外报价时如果需要将 CFR(或 CPT)价格变为 CIF(CIP)价格,或是在 CFR(或 CPT)合同项下买方要求卖方代为投保时,均不应以 CFR 价格为基础直接加保险费来计算,而应先将 CFR(或 CPT)价格换算为 CIF(或 CIP)价格后再求出相应的保险金额和保险费。

(1)按 CIF 进口时:保险金额＝CIF 货价×1.1;

(2)按 CFR 进口时:保险金额＝CFR 货价×1.1 / (1－1.1×r),其中 r 为保险费率;

(3)按 FOB 进口时:保险金额＝(FOB 货价＋海运费)×1.1 / (1－1.1×r),其中海运费请在装船通知中查找,由出口商根据配舱通知填写。

注意:因一切险(或 A 险)已包括了所有一般附加险的责任范围,所以在投保一切险(或 A 险)时,保险公司对一般附加险的各险别不会再另收费。投保人在计算保险金额时,一般附加险的保险费率可不计入。

9. 启运港:按提单填写。

10. 目的港:按提单填写。

11. 转内陆:按实际情况填写。

12. 开航日期:可只填"As Per B/L",也可根据提单签发日具体填写,如为备运提单应填装船日。

13. 船名航次:海运方式下填写船名加航次。例如:FENG NING V. 9103;如整个运输由两次运输完成时,应分别填写一程船名及二程船名,中间用"/"隔开。此处可参考提单内容填写。例如:提单中一程船名为"Mayer",二程为"Sinyai",则填"Mayer/Sinyai"。

铁路运输加填运输方式"By railway"加车号;航空运输为"By air";邮包运输为"By parcel post"。

14. 赔款地点:严格按照信用证规定打制,如来证未规定,则应打目的地或目的港。如信用证规定不止一个目的港或赔付地,则应全部照打。

15. 赔付币别:按出口合同规定的赔付币别填写。

16. 保单份数:中国人民保险公司出具的保险单 1 套 5 份,由 1 份正本 Original、1 份副本 Duplicate 和 3 份副本 Copy 构成。具体如下:

(1)来证要求提供保单为"In duplicate"、"In two folds"或"in two copies",则应提供 1 份正本 Original、1 份副本 Duplicate 构成全套保单;

(2)根据跟单信用证 UCP 600 规定,如保险单据表明所出具正本为 1 份以上,则必须提交全部正本保单。

17. 投保条款和险别:投保条款包括 PICC CLAUSE 中国人民保险公司保险条款和 ICC CLAUSE 伦敦协会货物险条款,两种任选其一。

投保险别包括 ALL RISKS 一切险,W. P. A. /W. A. 水渍险,F. P. A. 平安险,WAR

RISKS 战争险,S. R. C. C. 罢工、暴动、民变险,STRIKE 罢工险,ICC CLAUSE A 协会货物 (A)险条款,ICC CLAUSE B 协会货物(B)险条款,ICC CLAUSE C 协会货物(C)险条款, AIR TPT ALL RISKS 航空运输综合险,AIR TPT RISKS 航空运输险,O/L TPT ALL RISKS 陆运综合险,O/L TPT RISKS 陆运险,TRANSHIPMENT RISKS 转运险,W TO W 仓至仓条款,T. P. N. D. 偷窃、提货不着险,F. R. E. C. 存仓火险责任扩展条款(货物出口到香港或澳门),R. F. W. D. 淡水雨淋险,RISKS OF BREAKAGE 包装破裂险,I. O. P. 不计免赔率。

其中,中国保险条款的基本险险别为一切险、水渍险、平安险。一切险承保范围最大,水渍险次之,平安险最小。伦敦协会货物险条款包括协会货物(A)险条款、协会货物(B)险条款、协会货物(C)险条款,A 险条款承保范围最大,B 险条款次之,C 险条款最小。

注意:由于一切险(或 A 险)条款承保范围最大,包括了一般附加险,所以在填写投保单时,一般附加险的条款可不勾选。但若对方要求在保险单上列明一般附加险中的若干险别,投保人则需在投保单中勾选这些险别,这样保险公司在出具保险单时,才会把这些险别一一列出。

18. 其他特别条款:有其他特殊投保条款可在此说明,以分号隔开。

三、保险单分类

保险单是保险公司在接受投保人投保后签发的,证明保险人(即保险公司)与被保险人(即投保人)之间订有保险合同的文件。当货物出险后,它是投保人索赔和保险公司理赔的主要依据。

保险单据的分类:

1. 保险单(Insurance Policy),即大保单;
2. 保险凭证(Insurance Certificate),即小保单;
3. 预约保险单/总保险单(Open Cover/Open Policy);
4. 保险声明书/通知书(Insurance Declaration);
5. 联合保险凭证(Combined Insurance Certificate),不能转让,很少使用;
6. 暂保单;
7. 批单;
8. 其他保险证明和单据,包括保险公司保费收据(Premium Receipt)、保险公司证明书(Certificate of Insurance Company)。

四、保单的内容

出口货物保险单主要内容有以下 15 条。

1. 保险人及保险公司。
2. 保险单编号。
3. 被保险人,即投保人。在 CIF 或 CIP 条件下,出口货物由出口商申请投保,在信用证没有特别规定的前提下,信用证受益人为被保险人。并加空白背书,以转让保险权益。在信用证要求下,也可以做成"出口公司名称＋Held to order of ××× bank",或者"To whom it may concern"。
4. 标记。指运输标志应和提单、发票及其他单据上的标记一致。通常在标记栏内注明

"按××号发票"(as per Invoice No. ×××)。

5. 包装及数量。应与发票内容相一致。

6. 保险货物名称。可参照商业发票中描述的商品名称填制,也可填货物的统称。信用证有时要求所有单据都要显示出信用证号码,则可在本栏空白处表示。

7. 保险金额。按信用证规定金额投保,若信用证未规定,则按 CIF 或 CIP 价格的110%投保。

8. 保费及资率。保费及资率一般没有必要在保险单上表示。该栏仅填"AS AR-RANGED"。但来证如果要求标明保费及费率时,则应打上具体数字及费率。

9. 装载运输工具。海运货物应填写船名和航次。如果需在中途转船,如投保时已确定二程船名,则把二程船名也填上。如二程船名未能预知,则在第一程船名后加注"and/or steamers"。

10. 开航日期、起运地和目的地。开航日期可填写"as per B/L"(见提单),地点参照提单。

11. 承保险别。本栏是保险单的核心内容。它主要规定了保险公司对该批货物承保的责任范围,也是被保险人在货物遭到损失后,确定是否属保险公司责任的根据。本栏应按投保资料缮制,并要严格符合信用证条款的要求。如果信用证规定"Irrespective of percentage"(不计免赔率),则不可以加注免赔率条款。

12. 赔付地点和赔付代理人。一般为保险公司在目的地或就近地区的代理人。

13. 保险单签发日期和地点。保险单的出单日期不迟于提单或其他货运单据签发日期,以表示货物在装运前已办理保险。

14. 保险公司签章。

15. 背书。常见的是空白背书(Blank Endorsed),也有信用证要求做记名背书"Endorsed in the name of ×××",或者记名指示背书"Endorsed to the order of ×××"。

五、L/C 中有关保险条款举例

1. INSURANCE POLICY OR CERTIFICATE IN THREE COPIES MADE OUT TO APPLICANT, COVERING INSTITUTE CARGO CLAUSES(A), AND INSTITUTE WAR CLAUSES(CARGO) AS PER ICC CLAUSE, INCLUDING WAREHOUSE TO WAREHOUSE UP TO FINAL DESTINATION AT OSAKA FOR AT LEAST 110% OF CIF VALUE, MARKED PREMIUM PREPAID AND SHOWING CLAIMS IF ANY PAYABLE IN JAPAN.

2. 2/2 SETS OF ORIGINAL INSURANCE POLICY OR CERTIFICATE, BLANK ENDORSED, COVERING ALL RISKS AND WAR RISKS FOR 110% INVOICE VALUE, SHOWING CLAIMS PAYABLE IN INDIA.

● 思考与练习

任务一:请根据项目一/模块 3 的"思考与练习"任务二所提供的交易背景,制作一份投保单和保险单。

任务二:请根据项目一/模块 1 的"思考与练习"任务所要求制作的外贸合同以及项目一/模块 3 的"思考与练习"任务一所要求模拟的信用证,模拟制作一份保险单。

项目七:确认提单

模块 1　确认提单

提单是开启仓库的文字钥匙。　　　　　　　　　　——某大法官

● **本模块教学目标**

最终目标:能根据贸易信息审核确认提单
促成目标:能审核确认提单
　　　　　熟悉 UCP 600 关于提单的规定
　　　　　能阅读其他货运单据

● **情景案例**

机构:
外贸企业:OCEAN PLASTIC & CHEMICAL PRODUCTS CO. , LTD
　　　　　宁波欧胜塑化有限公司
货运代理:AFS-VISA INTERNATIONAL (HK) LTD
人物:
小余:宁波欧胜塑化有限公司单证员
张经理:宁波欧胜塑化有限公司业务经理
货代员陈小姐:AFS-VISA INTERNATIONAL (HK) LTD
背景资料:
1. 2008 年 11 月 6 日,宁波欧胜塑化有限公司外贸业务部张经理与阿拉伯联合酋长国的
   ABC TRADING CO. , LLC 公司签订一份 36 800 PCS 唇膏(LIP BALM)的出口合
   同,合同号为 081106。
2. 1 月 7 日,小余收到货代提单传真件,要求确认提单。小余仔细阅读提单,符合要求,在
   提单上就直接写确认"OK",并回传给货代。
3. 1 月 13 日,小余收到邮寄的提单正本。

提单确认件

UPS Supply Chain Solutions℠　　UPS	UPS SCS (ASIA) LIMITED MULTIMODAL TRANSPORT OR PORT TO PORT SHIPMENT	Bill of Lading ☐ *Waybill　☒ *Bill of Lading

SHIPPER/EXPORTER ASIALINK GIFTS&PREMIUMS	DOCUMENT NO. SSHDU8100050	BILL NUMBER 7767777721

EXPORT REFERENCES

CONSIGNEE MACBRYAN(PTY) LTD. 145 WESTERN SERVICE ROAD 2157 WOODMEAD, SOUTH AFRICA	FORWARDING AGENT-REFERENCES UPS SCS (CHINA) CO LTD SHANGHAI BRANCH NO. 1000, PUJIAN ROAD, 16 SHANGHAI 200127 CN

POINT AND COUNTRY OF ORIGIN
NINGBO CN

NOTIFY PARTY SAME AS CONSIGNEE	DELIVERY AGENT UPS-SCS SOUTH AFRICA (PTY) LTD 33 BRUSSELS ROAD AEROPORT, SPARTAN EXT 2 KEMPTON PARK ZA 1619

PLACE OF RECEIPT SHANGHAI CN	LCL

EXPORTING CARRIER (Vessel Name or Designation of Other means of Transportation) MAERSK GLOUCESTER 0814	SEA/AIR PORT OF LOADING SHANGHAI	FINAL DESTINATION CFS To CFS	PLACE OF RECEIPT BY PRE-CARRIER
SEA/AIR PORT OF DISCHARGE DURBAN	PLACE OF DELIVERY DURBAN ZA	PRE-CARRIAGE BY	

PARTICULARS FURNISHED BY SHIPPER

MARKS AND NUMBERS	NO. OF PKGS.	DESCRIPTION OF PACKAGES AND GOODS	GROSS WEIGHT	MEASUREMENT
MARKS & NO: MACBRYAN(PTY)LTD ITEM CODE:IT2698-22 QTY: G.W.: N.W.: C/NO.: FREIGHT COLLECT SHIPPED ON BOARD:25-OCT-08	30	CARTONS SAID TO CONTAIN S/O NO.1192517 LIP BALM	540.000 KG 1,190.500 LB	1.770 M3 62.499 F3

(handwritten: TO: 余's From: UPS/池's 确认回复 F=021-61057678 正本 or 更改 ?)

NOTE: THE CARRIER'S LIABILITY WILL BE LIMITED AS FOLLOWS: DURING ANY AIR TRANSPORTATION GOVERNED BY THE WARSAW CONVENTION, TO $20.00 PER KG (OR IF BY THE WARSAW CONVENTION AMENDED BY THE MONTREAL PROTOCOL, TO 17 SDR'S PER KG); DURING ANY SEA AND OTHER TRANSPORTATION GOVERNED UNDER THE TERMS HEREOF BY THE U.S. CARRIAGE OF GOODS BY SEA ACT, TO $500 PER PACKAGE, OR FOR CARGO NOT PACKAGED; $500 PER CUSTOMARY FREIGHT UNIT; AND DURING ALL OTHER TRANSPORTATION, EXCEPT WHERE OTHERWISE PROVIDED BY APPLICABLE LAWS, TO $0.50 PER POUND. THESE LIMITS MAY BE INCREASED BY DECLARING A HIGHER VALUE PER KG, PACKAGE, CUSTOMARY FREIGHT UNIT OR SHIPMENT IN THE FOLLOWING SPACE AND PAYING A HIGHER FREIGHT (SEE CLAUSE 7.2 ON THE REVERSE SIDE).

1 0 PER KG, PACKAGE, CUSTOMARY FREIGHT UNIT, OR ENTIRE SHIPMENT (Circle one)

CHARGES	PREPAID	COLLECT

RECEIVED at the Place of Receipt or (where this is a Port to Port shipment) at the Sea/Air Port of Loading in apparent external good order and condition, except as otherwise noted, the packages and /or goods (or, if the goods are in containers, the containers) described above for transportation to the Place of Delivery of the Sea/Air Port of Discharge, as the case may be.

The contract of carriage evidenced by this document is subject to all the terms and conditions set forth on this side and the reverse side. It is also subject to all laws and other provisions incorporated by reference into this document. Copies of all terms and conditions are available on request. If this document is a Bill of Lading, 3 originals are signed. When one original is accomplished, the other (s) will be void.

SHANGHAI ISSUED AT UPS SCS (ASIA) LIMITED CARRIER X	25-Oct-2006 DATE

*If only the Bill of Lading box is checked, this document will constitute a negotiable bill of lading, which means the corresponding failure the Goods may be released. If only the Waybill box is checked, this document will constitute a non-negotiable sea/air waybill which does not have to be surrendered to obtain release of the Goods. If neither box is checked, or both boxes are checked, this document will be a non-negotiable sea/air waybill, but the Carrier may demand its surrender.

J31UOF8103 REV. 6/00

提单

03.AUG.2000 17:38 #5472 P.001

Consignor 托运人 OCEAN PLASTIC&CHEMICAL PRODUCTS CO., LTD. ROOM1101-1105, BUILDING#2, SHANGDONG NATIONALS, #1926 CANGRAT RD., NINGBO, 315040, CHINA	**FBL** No. 5MOSE52504S 17109084606162529CN **CIFA** NEGOTIABLE FIATA **ICC** MULTIMODAL TRANSPORT BILL OF LADING issued subject to UNCTAD / ICC Rules for Multimodal Transport Documents (ICC Publication 481)
Consigned to order of 凭指示交付 NAZIH TRADING CO., LLC P.O BOX 13087, DUBAI, UAE TEL:00970-6-5736315/5736317	浙江双马国际货运有限公司 ZHEJIANG DOUBLE HORSE INTERNATIONAL TRANSPORTATION CO., LTD. 14F, Office Building, Lvdu World Tra: Square, NO.819, Shixiuzhong Road, xiaoshan district, Hangzhou, 311201, P.R.China. Tel.: (86-571) 82376666 Fax.: (86-571) 82372288 82373388 DELIVERY AGENT:
Notify address 通知地址 SAME AS CONSIGNEE	Ghorayeb International Freight Forwarding Dubai, Deira, Port Saeed Road, Al Etihad Bldg, 7th Floor Tel : +971-4-2957257 Fax : +971-4-2957996

Ocean vessel 船名	Place of receipt 收货地	Port of loading 装运港	
MARE THRACIUM V-0901W		NINGBO	
Port of discharge 卸货港	Place of delivery 交付地		
JEBEL ALI DUBAI	JEBEL ALI DUBAI		

Marks and numbers 唛头和号码	Number and kind of packages 包装件数和种类	Description of goods 货物描述	Gross weight 毛重	Measurement 尺码
	825 CTNS		3306.000 KGS	27.620 CBM
	PO#0B1106 LIP BALM			
PRETTY FRUITFULLY YOURS LIP BALM				
20GP X 1		ORIGINAL		
FREIGHT COLLECT		CY-CY	ON BOARD	

SAY TOTAL EIGHT HUNDRED TWENTY-FIVE CTNS ONLY

according to the declaration of the consignor
根据托运人的声明填写

Declaration of interest of the consignor in timely delivery (Clause 6.2) 托运人要求按时交付的声明（第 6.2 条）	Declared value for ad valorem rate according to the declaration of the consignor (Clauses 7 and 8) 托运人对货物价值的声明（第7和第8条）

The goods and instructions are accepted and dealt with subject to the Standard Conditions printed overleaf.
根据本单据背面所载条款及指示来处理货物。

Taken in charge in apparent good order and condition, unless otherwise noted herein, at the place of receipt for transport and delivery as mentioned above.
据非另有批注，在上面记载的运输和交接收货地点，货物可视为表面状况良好。

One of these Multimodal Transport Bills of Lading must be surrendered duly endorsed in exchange for the goods. In Witness whereof the original
Multimodal Transport Bills of Lading all of this tenor and date have been signed in the number stated below, one of which being accomplished the other(s)
to be void.
多式联运提单中的一份应当凭背书用于提取货物。多式联运提单按下面记载的数量签发，并且提单中一份一旦用于提货，其他各份均失效。

Freight amount 运费数额	Freight payable at 运费应付	Place and date of issue 签发时间和地点
		NINGBO 11. JAN, 2009
Cargo Insurance through the undersigned 货物通过保险 □not covered · □ Covered according to attached Policy 未投保 已按照附保险单投保	Number of Original FBL's 提单正本数量	Stamp and signature 签章
For delivery of goods please apply to: 货物交付请联系:		Zhejiang Double Horse Int...

Printed by FIATA. Copyright reserved. © FIATA / Zurich-Switzerland 6.92

● 任务

1. 看懂以上的海运提单。
2. 思考提单确认的审单要点。

● 链接：相关基础知识

一、海运提单的作用和关系人

（一）海运提单的作用

1. 海运提单是承运人或其代理人签发的货物收据（Receipt for the goods），确认承运人已经按海运提单所列内容收到货物。

2. 海运提单是托运人和承运人之间的运输合约（Contract）。双方必须履行提单上所载明的权利和义务。

3. 海运提单是物权凭证（Documentof Title）。提单的持有人对提单上所载明的货物拥有所有权，并可以经过背书进行抵押、转让，受法律保护。

4. 海运提单可以作为收取运费的证明，以及在运输过程中起到办理货物的装卸、发运和交付等方面的作用。

5. 提单是向船公司或保险公司索赔的重要依据。海运提单的关系人包括承运人（Carrier）和托运人（Shipper）两个方面。

（二）海运提单的关系人

1. 承运人（Carrier）亦称船方，可能是船舶的所有人，即船东，或者是租船人。提单是承运人收到货物的收据，也是代表货权的凭证。

2. 托运人（Shipper）亦称货方，可能是发货人，或者是收货人。

根据提单抬头人的不同和背书转让，又出现下面的关系人。

3. 受让人（Transferee），是经过背书转让接受提单的人，也是提单的持有人。受让人有向承运人要求提货的权利，但也承担了托运人在运输合约上的义务。

4. 收货人（Consignee），是提单的抬头人、受让人（被背书人）、持有人或记名提单载明的特定人。收货人有在目的地港凭提单向承运人要求提货的权利。

5. 持有人（Holder），是经过正当手续持有提单的人。例如，不记名提单经过记名背书转让，或者空白背书，经过交付的受让人，可以凭提单领取货物。

6. 被通知人（Notify party）是收货人的代理人，不是提单的当事人。空白抬头提单注明被通知人，便于承运人在货到目的港时，通知办理报关提货手续。在信用证方式下，被通知人往往是开证申请人（即买方），但因信用证是由银行开出的，在其未赎单付款前，只能作为被通知人负责照顾货物，而没有所有权。

二、海运提单的内容

1. 托运人（Shipper），一般为信用证中的受益人。如果开证人为了贸易上的需要，要求做第三者提单（Thirdparty B/L），也可照办。

2. 收货人（Consignee），如要求记名提单，则可填上具体的收货公司或收货人名称；如属指示提单，则填为"指示"（Order）或"凭指示"（To Order）；如需在提单上列明指示人，则可根据不同要求，做成"凭托运人指示"（To Order of Shipper）、"凭收货人指示"（To Order Ofconsignee）或"凭银行指示"（To Order of ×× Bank）。

3. 被通知人（Notify Party），这是船公司在货物到达目的港时发送到货通知的收件人，有时即为进口人。在信用证项下的提单，如信用证上对提单被通知人有权具体规定时，则必须严格按信用证要求填写。如果是记名提单或收货人指示提单，且收货人又有详细地址的，则此栏可以不填。如果是空白指示提单或托运人指示提单，则此栏必须填列被通知人名称及详细地址，否则船方就无法与收货人联系，收货人也不能及时报关提货，甚至会因超过海关规定申报时间而被没收。

4. 提单号码（B/L No.），一般列在提单右上角，以便于工作联系和查核。发货人向收货人发送装船通知（Shipment Adviice）时，也要列明船名和提单号码。

5. 船名（Name of Vessel），应填列货物所装的船名及航次。

6. 装货港（Port of Loading），应填列实际装船港口的具体名称。

7. 卸货港（Port of Discharge），填列货物实际卸下的港口名称。如属转船，第一程提单上的卸货港填转船港，收货人填二程船公司；第二程提单装货港填上述转船港，卸货港填最后目的港，如由第一程船公司出联运提单（Through B/L），则卸货港即可填最后目的港，提单上列明第一和第二程船名。如经某港转运，要显示"VIA ××"字样。在运用集装箱运输方式时，目前使用"联合运输提单"（Combined Transport B/L），提单上除列明装货港，卸货港外，还要列明"收货地"（Place of Receipt）、"交货地"（Place of Delivery）以及"第一程运输工具"（Pre-Carriageby）、"海运船名和航次"（Ocean Vessel，VOY No.）。填写卸货港，还要注意同名港口问题，如属选择港提单，就要在这栏中注明。

8. 货名（Discription of Goods），在信用证项下货名必须与信用证上规定的一致。

9. 件数和包装种类（Number and kind of packages），要按箱子实际包装情况填列。

10. 唛头（Shipping Marks），信用证有规定的，必须按规定填列，否则可按发票上的唛头填列。

11. 毛重、尺码（Gross Weight，Measurement），除信用证另有规定者外，一般以公斤为单位列出货物的毛重，以立方米列出货物体积。

12. 运费和费用（Freight and Charges），一般为预付（Freight Prepaid）或到付（Freight Collect）。如 CIF 或 CFR 出口，一般均填上运费预付字样，千万不可漏列，否则收货人会因运费问题提不到货，虽可查清情况，但拖延提货时间，也将造成损失。如系 FOB 出口，则运费可制作"运费到付"字样，除非收货人委托发货人垫付运费。

13. 提单的签发、日期和份数：提单必须由承运人或船长或他们的代理签发，并应明确表明签发人身份。一般表示方法有：CARRIER、CAPTAIN 或"AS AGENT FOR THE CARRIER：×××"等。提单份数一般按信用证要求出具，如"FULL SET OF"一般理解成三份正本若干份副本。等其中一份正本完成提货任务后，其余各份失效。提单还是结汇的必需单据，特别是在跟单信用证结汇时，银行要求所提供的单证必须一致，因此提单上所签的日期必须与信用证或合同上所要求的最后装船期一致或先于装期。如果卖方估计货物无法在信用证装期前装上船,应尽早通知买方,要求修改信用证,而不应利用"倒签提单"、"预借提单"等欺诈行为取得货款。

三、提单制作注意事项

1. 整套正本提单注有张数。是否按信用证条款交呈。

2. 提单正面是否打明承运人(Carrier)的全名及"承运人(Carrier)"一词以表明其身份。

3. 如提单正面已作如上表示,在承运人自己签署提单时,签署处毋须再打明承运人一词及其全名。举例:如提单正面已打明(或印明)承运人全名为 XYZ LINE 及"CARRIER"一词以示明其身份,在提单签署处(一般在提单的右下角)经由 XYZ LINE 及其负责人签章即可。如提单正面未作如(2)表示,且由运输行(FORWARDER)签署提单时,则在签署处必须打明签署人的身份。如:ABC FORWARDING CO as agents for XYZ LINE, the carrier 或 ABC FORWARDING Co on behalf of XYZ LINE the carrier。如提单正面已作如(2)表示,但由运输行(FORWARDER)签署提单时,则在签署处必须打明签署人的身份,如 ABC FORWARDING CO as agents for the carrier 或 as agents for/on behalf of the carrier。

4. 提单有印就"已装船"("Shipped in apparent good order and condition on board…")字样的,毋须加"装船批注"("On board notation");也有印就"收妥待运"("Received in apparent good order and condition for shipment…")字样的,则必须再加"装船批注",并加上装船日期。

5. 提单印有"intended vessel"、"intended port of loading"、"intended port of discharge"及/或其他"intended…"等不肯定的描述字样者,则必须加注"装船批注",其中须把实际装货的船名、装货港口、卸货港口等项目打明,即使和预期(intended)的船名和装卸港口并无变动,也需重复打出。

6. 单式海运即港对港(装货港到卸货港)运输方式下,只须在装货港(Port of Loading)、海轮名(Ocean vessel)及卸货港(Port of Discharge)三栏内正确填写;如在中途转船(Transhipment),转船港(Port of tcano hipment)的港名不能打在卸货港(Port of Discharge)栏内。需要时,只可在提单的货物栏空间打明"在××(转船港)转船"、"with transshipment at ××"。

7. "港口"(Port)和"地点"(Place)是不同的概念。有些提单印有"收货地点"(place of receipt/taking in charge)和"交货地点/最后目的地"(place of delivery/final destination)等栏目,供提单用作"多式联运"(mulli-madal transport)或"联合运输"(combined transport)运输单据时用。单式海运时不能填注,否则会引起对运输方式究竟是单式海运抑或多式联运的误解。

8. 提单上印有"前期运输由"(precarriage by)栏也为"多式联运"方式所专用,不能作为转船提单时打明第一程海轮名称的栏目。只有作多式联运运输单据时,方在该栏内注明"铁路"、"卡车"、"空运"或"江河"(Rail, truck, air, river)等运输方式。

9. 提单的"收货人"栏(consigned to 或 consignee)须按信用证要求填写。例如:信用证规定提单做成"made out to order",则打"order"一字;"made out to order of the applicant(申请开证人)",则打"order of ××××(applicant 全名)";"made out to order of the insuing bank",则打"order of ××××Bank(开证行全名)"。如信用证规定提单直接做成买主

(即申请人)或开证行的抬头,则不可再加"order of"两字。

10. 提单不能有"不洁净"批注(unclean clause),即对所承载的该批货物及其包装情况有缺陷现象的批注。

11. 除非信用证许可,提单不能注有"subject charter party",即租船契约提单。

12. 关于转船,下列是允许的:

(1)如信用证允许转船,指装货港和卸货港之间发生转船,同一份提单包括了整个航程;

(2)如信用证禁止转船,同一份提单包括整个航程,装货港和卸货港之间并不发生转船;

(3)如信用证禁止转船,货由集装箱、拖船、母子船载运,即使提单注明将有转船,也不作不符,但须由同一份提单包括整个航程。

13. 提单上关于货物的描述不得与商业发票上的货物描述有所不一致。如提单上货物用统称表示时,该统称须与信用证中货物描述没有不一致的地方,且与其他单据有共通联结(Link)特征,例如唛头等。

14. 提单上通知人(Notify Party)须注有符合信用证规定的名称和地址、电讯号码等。

15. 提单上有关运费的批注须符合信用证的规定和 UCP 600 相应的规定。

16. 提单上的任何涂改、更正须加具提单签发者的签章。

17. 提单必须由受益人及装货人(Shipper)背书。

四、信用证中有关提单条款举例

1. FULL SET CLEAN ON BOARD OCEAN BILL OF LADING ISSUED TO OR-DER , BLANK ENDORSED MARKED FREIGHT PAYABLE AT DESTINATION NO-TIFY PARTY AS ABC COMPANY AND SHOWING INVOICE VALUE , UNITE PRICE, TRADE TERMS, CONTRACT NUMBER AND L/C NUMBER UNACCEPTA-BLE.

2. FULL SET OF CLEAN ON BOARD B/L ISSUED TO OUR ORDER, MARKED NOTIFYING APPLICANT AND FREIGHT PREPAID AND SHOWING FULL NAME AND ADDRESS OF THE RELATIVE SHIPPING AGENT IN EGYPT.

3. FULL SET CLEAN ON BOARD PORT TO PORT BILL OF LADING, MADE TO THE ORDERAND BLANK ENDORSED TO OUR ORDER ,MARKED FREIGHT PREPAID DATED NOT LATER THAN THE LATEST DATE OF SHIPMENT NOT PRIOR TO THE DATE OF THIS CREDIT. PLUS THREE NON—NEGOTIABLE COPIES.

● 思考与练习

任务一:请根据项目一/模块 3 的"思考与练习"任务二所提供的交易背景,制作一份提单。

任务二:请根据项目一/模块 1 的"思考与练习"任务所要求制作的外贸合同以及项目一/模块 3 的"思考与练习"任务一所要求模拟的信用证,模拟制作一份提单。

项目八：完成结汇单据

模块 1　制作装船通知和受益人证明

需要证明的只是一半真理。

——纪伯伦

● **本模块教学目标**

最终目标：能根据贸易信息制作装船通知和受益人证明

促成目标：理解装船通知和受益人证明的作用、内容

　　　　　能够制作装船通知和受益人证明

● **情景案例 1**

机构：

外贸企业：OCEAN PLASTIC & CHEMICAL PRODUCTS CO. , LTD

　　　　　宁波欧胜塑化有限公司

人物：

小余：宁波欧胜塑化有限公司单证员

张经理：宁波欧胜塑化有限公司业务经理

背景资料：

1. 2008 年 11 月 6 日，宁波欧胜塑化有限公司外贸业务部张经理与阿拉伯联合酋长国的
   公司 ABC TRADING CO. , LLC 签订一份 36 800 PCS 唇膏（LIP BALM）的出口合
   同，合同号为 081106。

2. 小余在办公室制作、补齐、整理客户清关用单据。

   制作：客户用的发票、装箱单及其他单据。

   整理：产地证、保险单、提单。

   背书：保险单、提单。

3. 小余在取得提单后马上给客人传真装船通知……

装运通知

OCEAN PLASTIC & CHEMICAL PRODUCTION CO. , LTD

Rm 1105, Building＃2, ShangDong Nations,＃1926 CangHai Rd. , 315040, NingBo, China

SHIPPING ADVICE

Messrs. ：ABC TRADING CO. , LLC, P. O. BOX 13087 DUBAI, UAE

Dear Sirs：

Re：PO＃081106　　L/C NO. HSBC657708467464

In accordance with the stipulations of the above credit, we hereby declare that the goods have been shipped. The details of the shipment are stated below.

COMMODITY：　　　　36 800 PCS LIP BALM

AMOUNT：　　　　US＄11 040. 00

PACKAGE：　　　　825 CTN, MEAS. 27. 62CBM, G. W. 3 300KGS, N. W. 2 475KGS

MEANS OF CONVEYANCE：　MARE THRACIUM V. 0901W

DATE OF SAILING：　　2009-1-11

PORT OF LOADING：　　NingBo

DESTINATION：　　　JEBEL ALI, UAE

SHIPPING MARK：PRITTY

　　　　　FRUITFULLY YOURS　　　　OCEAN PLASTIC & CHEMICAL

　　　　　LIP BALM　　　　　　　　PRODUCTION CO. , LTD

　　　　　　　　　　　　　　　　_____

● 情景案例 2

机构：

工贸企业：NINGBO MACHINERY CO. , LTD

　　　　宁波机械有限公司

人物：

小白：宁波机械有限公司单证员

贾经理：宁波机械有限公司业务经理

背景资料：

1. 2008 年 5 月 12 日, 宁波机械有限公司外贸业务部贾经理与叙利亚某公司签订了一份注塑机的出口合同, FOB NINGBO PORT。8 月 29 日收到信用证。

2. 由于工期延误, 我方后来要求修改信用证, 将船期和效期都延后一个月。

3. 10 月 21 日—11 月 4 日, 小白在办公室制作、补齐、整理客户清关用单据。

　　制作：商业发票、装箱单、重量单、受益人证明、声明等。

　　整理：产地证、提单、熏蒸/消毒证书、各种证明等。

信用证

中国银行 股份有限公司
BANK OF CHINA LIMITED

NINGBO BRANCH,BEILUN SUB-BRANCH
BL05
ADDRESS: NO. 245 HUASHAN ROAD, BEILUN,
NINGBO,CHINA

信用证通知书
NOTIFICATION OF DOCUMENTARY CREDIT

TELEX: 37014 BOCBL
FAX:0574-86896653
TEL: 0574-86896653

2008-08-29

TO 致: 2830720	如需垂询或协助请引我编号→ PLEASE QUOTE OUR REF. NO. 如有查询或需协助,欢迎致电86896653. 注意:贵司交单议付请附客户交单委托书并拢要填写. 如需押汇请附押汇申请书 顺祝!	AD92A08E00883
NINGBO EXPORT PROCESSING ZONE, NINGBO,CHINA.		
ISSUING BANK 开证行 8901172 INTERNATIONAL BANK FOR TRADE AND FINANCE,THE DAMASCUS	TRANSMITTED TO US THROUGH 转递行 REF NO.	

L/C NO. 信用证号 OLC 601/21/08/93	DATED 开证日期 2008-08-28	AMOUNT 金额 LOCAL	EXPIRY PLACE 有效地 LOCAL
EXPIRY DATE 效期 2008-10-28	TENOR 期限 360 DAYS	CHARGE 未付费用	CHARGE BY 费用承担人 BENE
RECEIVED VIA 来证方式 SWIFT	AVAILABLE 是否生效 VALID	TEST/SIGN 印押是否相符 YES	CONFIRM 我行是否保兑 NO

DEAR SIRS, 迳启者:
WE HAVE PLEASURE IN ADVISING YOU THAT WE HAVE RECEIVED FROM THE A/M BANK A(N) LETTER OF CREDIT, CONTENTS OF WHICH ARE AS PER ATTACHED SHEET(S).
THIS ADVICE AND THE ATTACHED SHEET(S) MUST ACCOMPANY THE RELATIVE DOCUMENTS WHEN PRESENTED FOR NEGOTIATION.
兹通知贵司, 我行收自上述银行信用证一份, 现随附通知. 贵司交单时, 请将本通知书及信用证一并提示.

MARK 备注:
PLEASE NOTE THAT THIS ADVICE DOES NOT CONSTITUTE OUR CONFIRMATION OF THE ABOVE L/C NOR DOES IT CONVEY ANY ENGAGEMENT OR OBLIGATION ON OUR PART.

CONSISTS OF SHEET(S) INCLUDING THE COVERING LETTER AND ATTACHMENT(S).
本信用证连同面函及附件共 纸.

IF YOU FIND ANY TERMS AND CONDITIONS IN THE L/C WHICH YOU ARE UNABLE TO COMPLY WITH AND OR ANY ERROR(S), IT IS SUGGESTED THAT YOU CONTACT APPLICANT DIRECTLY FOR NECESSARY AMENDMENT(S) SO AS TO AVOID ANY DIFFICULTIES WHICH MAY ARISE WHEN DOCUMENTS ARE PRESENED.
如本信用证中有无法办到的条款及/或错误, 请速与开证申请人联系, 进行必要的修改, 以排除交单时可能发生的问题.

THIS L/C IS ADVISED SUBJECT TO the applicable UCP rules (issued by the ICC) as stipulated in the credit.
本信用证之通知系遵循信用证中提及的国际商会跟单信用证统一惯例.

YOURS FAITHFULLY,
FOR BANK OF CHINA

```
           MONETARY CREDIT
```

S. BASIC HEADER   DVS765I AUTH OK, KEY DIGEST. BKCHCNBJ G3TFSYDA RECORD
                       F 01 BKCHCNBJA92A 1659 083233
APPLICATION HEADER   O 700 1825 080828 CBTFSYDAAXXX 5297 062997 080828 2010 N
                                          *INTERNATIONAL BANK FOR TRADE AND
                                          *FINANCE, THE
                                          *DAMASCUS
       USER HEADER   SERVICE CODE   103:
                       BANK. PRIORITY 113:
                       MSG USER REF.   108:
                       INFO. FROM CI   115:
SEQUENCE OF TOTAL   *27 : 1 / 1
FORM OF DOC. CREDIT   *40 A : IRREVOCABLE
DOC. CREDIT NUMBER   *20 : OLC 601/21/08/93
DATE OF ISSUE   31 C : 080828
APPLICABLE RULES   *40 E : UCPURR LATEST VERSION

EXPIRY   *31 D : DATE 081028 PLACE CHINA
APPLICANT BANK   51 A : GBTFSYDA
                               *INTERNATIONAL BANK FOR TRADE AND
                               *FINANCE, THE
                               *DAMASCUS
       APPLICANT   *50 : RATEB KHADEM AL JAME SONS COMPANY.
                              DAMASCUS, SYRIA
                              TEL: +96311833583S
                              FAX: +963112823550
       BENEFICIARY   *59 : A28307208093014

                              LTD. EXPORT PROCESSING ZONE NINGBO
                              CHINA, ZIP CODE: 315800 TEL: 86574861
                              77242 FAX: 86574862218641725
AMOUNT   *32 B :   CURRENCY USD AMOUNT 27,500,
MAX. CREDIT AMOUNT   39 B : NOT EXCEEDING
AVAILABLE WITH/BY   *41 A : BKCHCNBI92A
                               *BANK OF CHINA
                               *NINGBO
                               *(NINGBO BRANCH)
                               BY DEF PAYMENT
DEFERRED PAYM. DET.   42 P : AT 360 FROM B/L DATE
PARTIAL SHIPMENTS   43 P : NOT ALLOWED
TRANSHIPMENT   43 T : NOT ALLOWED
PORT OF LOADING   44 E :
                             NINGBO PORT-CHINA
PORT OF DISCHARGE   44 F :
                             LATTAKIA PORT SYRIA BY VESSEL
LATEST DATE OF SHIP.   44 C : 081007
DESCRIPT. OF GOODS   45 A :
                             ONE SET PVC PLASTIC INJECTION MOLDING MACHINES INCLUDING AUTO
                             LOADER AND HOPPER DRYER FOR PCV POWDER MATERIAL
                             DETAILS AS PER PROFORMA INVOICE DATED 12/05/2008
                             FOB NINGBO PORT - SYRIA BY VESSEL
DOCUMENTS REQUIRED   46 A :
                             1 - SIGNED BENEFICIARY'S COMMERCIAL INVOICES IN ONE ORIGINAL AND
                             3 COPIES CERTIFIED BY CCPIT IN CHINA AND BEARING THE FOLLOWING
                             DECLARATIONS:
                             A- WE CERTIFY THAT THIS INVOICE IS AUTHENTIC, AND IS THE ONLY
                             INVOICE ISSUED BY US FOR THE GOODS, HEREIN DESCRIBED. MENTIONING
                             EXACT VALUE OF THE SAID GOODS, WITHOUT ANY DEDUCTION OF PAYMENTS
                             IN ADVANCE, AND THAT THE ORIGIN OF THE GOODS IS CHINA AND THE
                             COMMERCIAL INVOICE MUST BE MADE OUT IN THE NAME OF L/C APPLICANT.
                             B- WE CERTIFY THAT RAW MATERIALS WHICH HAVE BEEN USED FOR THE
```

```

S.W.I.F.T.打印模型1
2003AUG29 08:33:15
MT S700   ISSUE OF A DOCUMENTARY CREDIT   LOGICAL TERMINAL HI71
                                                        PAGE 00002
                                                        FUNC ZIN3BPRQ
                                                        UMR 37264976

PRODUCTION OR PREPARATION OF THE GOODS MENTIONED IN THIS INVOICE
ARE PURE OF CHINESE ORIGIN..
C- WE HEREBY CERTIFY THAT THE GOODS SHIPPED ACCORDING TO THIS
INVOICE ARE IN CONFORMITY WITH PROFORMA INVOICE DATED 22/05/2003
2 - CERTIFICATE OF ORIGIN IN ONE ORIGINAL AND THREE COPIES ISSUED
OR CERTIFIED BY CCPIT IN CHINA TO THE EFFECT THAT THE GOODS UNDER
EXPORT ARE OF CHINESE ORIGIN AND THAT SAID CERTIFICATE SHOULD
SHOW THE NAME OF FACTORY OR PRODUCER OF SUCH GOODS.
3 - FULL SET OF CLEAN ON BOARD MARINE BILLS OF LADING MADE OUT OR
ENDORSED TO THE ORDER OF THE INTERNATIONAL BANK FOR TRADE AND
FINANCE SHOWING FREIGHT PAYBALE AT DISTENATION AND MARKED NOTIFY
BUYERS AND INDICATING NAME AND ADDRESS OF THE SHIPPING COMPANY'S
AGENT IN SYRIA.
4 - PACKING LIST IN ONE ORIGINAL AND 3 COPIES
5 - CERTIFICATE OF WEIGHT IN ONE ORIGINAL AND 3 COPIES
6 - CERTIFICATE ISSUED BY THE OWNER AGENT OR MASTER OF THE VESSEL
CARRYING THE GOODS, ATTESTING THAT THIS VESSEL IS NOT BANNED
ENTRY TO SYRIAN PORTS FOR ANY REASON WHATSOEVER ACCORDING TO
SYRIAN LAWS AND REGULATIONS.
7 - CERTIFICATE ISSUED, SIGNED AND STAMPED BY THE OWNER CARRIERS,
MASTER, CHARTERER OR AGENT OF THE VESSEL CERTIFYING THAT THE
CARRYING VESSEL IS SUBJECT TO INTERNATIONAL SAFETY MANAGEMENT
CODE (ISM) CARRIES VALID SAFETY MANAGEMENT CERTIFICATE (SMC) AND
DOCUMENT OF COMPLIANCE (DOC) FOR THE PURPOSE OF PRESENTING THEM
TO THE PORT AUTHORITIES.
8 - CERTIFICATE ISSUED BY THE MASTER OR THE CARRIER OWNER OR THE
AGENT CERTIFYING THAT THE CARRYING VESSEL INDICATED IN THE B/L
IS CLASSIFIED AND NOT OVER AGE.
9 - CERTIFICATE ISSUED BY THE BENEFICIARIES INDICATING THAT THE
GOODS ARE BRAND NEW AND IN COMFORMITY WITH THE CREDIT.
10 - A DECLARATION ISSUED BY BENEFICIARY STATING THAT
WE DECLARE UNDER OUR OWN RESPONSIBILITY THAT WE ARE NOT
REPRESENTED FOR SYRIA AND THAT SYRIA IS NOT INCLUDED IN THE
TERRITORY OF ANY OTHER AGENT WHO WOULD BENEFIT FROM ANY
COMMISSION WHATEVER IN OUR PRODUCTS IMPORTED INTO SYRIA.
ADDITIONAL COND.   47 A :
1 - ALL DOCUMENTS SHOULD BE DATED AND INDICATE THIS L/C NUMBER
AND THE INTERNATIONAL BANK FOR TRADE AND FINANCE NAME AND
ISSUANCE DATE.
2 - NEGOTIATION OF DOCUMENTS UNDER RESERVE/GUARANTEE IS NOT
ACCEPTABLE.
3 - DOCUMENTS BEARING DATE OF ISSUANCE PRIOR TO THAT OF THIS
CREDIT ARE NOT ACCEPTABLE.
4 - ALL DOCUMENTS SHOULD BE ISSUED IN ENGLISH LANGUAGE .
5 - THIRD PARTY DOCUMENTS ARE NOT ACCEPTABLE.
6 - SHORT FORM B/L IS NOT ACCEPTABLE.
7 - FREIGHT FORWARDER TRANSPORT DOCUMENT IS NOT ACCEPTABLE.
8 - A FLAT FEE FOR USD 70. OR EQUIVALENT WILL BE DEDUCTED
FROM EACH SET OF DISCREPANT DOCUMENTS AS DISCREPANCY FEES.
9 - L/C AMOUNT TO READ: NOT EXCEEDING USD TWENTY SEVEN THOUSAND
FIVE HUNDRED.
10 - REIMBURSEMENT IS SUBJECT TO URR 525.
11 - THIS CREDIT IS SUBJECT TO THE UNIFORM CUSTOMS AND PRACTICE
FOR COMMERCIAL DOCUMENTARY CREDITS FIXED BY THE INTERNATIONAL
CHAMBER OF COMMERCE - PUBLICATION NO. 600.
12 - NVOCC (NON VESSEL OPERATING COMMON CARRIER) B/L IS NOT
ACCEPTABLE.
13 - B/L SHOWING 'ON BEHALF OF THE CARRIER' OR 'AS CARRIER'
INSTEAD OF 'CARRIER' OR 'THE CARRIER' ARE NOT ACCEPTABLE.
14 - B/L MUST BE ISSUED ON THE HEADING PAPER OF THE CARRIER

03AUG07 08:03:15
S700

ISSUE OF A DOCUMENTARY CREDIT

LOGICAL TERMINAL 2171
PAGE 00003
FUNC ZJNBBPRQ
UMR 37264976

HIMSELF.
14 - BENEFICIARY TO BE INDICATED AS SHIPPER IN ALL DOCUMENTS.
15 - SENDING DOCUMENTS IN TRUST, APPROVAL OR COLLECTION BASIS
WHITHOUT INDICATING THE DISCREPANCIES IS STRICTLY PROHBITED.

DETAILS OF CHARGES   71 B : ALL BANKS CHARGES AND COMMISSIONS
                             OUTSIDE SYRIA INCLUDING REIMB AND
                             PMT TRANSFER CHARGES ARE ON
                             BENEFICIARY'S A/C.

CONFIRMATION   *49   : WITHOUT
ISTRUCTIONS   78
         A- PLS FORWARD TO THE INTERNATIONAL BANK FOR TRADE AND FINANCE,
         HEAD OFFICE BLDG, PAKISTAN STREET. P.O. BOX 11058 DAMASCUS - SYRIA
         THE NEGOTIATED SET OF DOCUMENTS BY FAST COURIER AND THE DUPLICATE
         SET BY REGISTERED AIRMAIL IN STRICT CONFORMITY WITH L/C TERMS AND
         CONDITIONS.
         B- UPON RECEIVING THE COMPLYING DOCS AT YOUR COUNTER AND AT
         MATURITY DATE, WE WILL REIMBURSE YOU FOR THE INVOICE VALUE AS PER
         YOUR INSTRUCTIONS MENTIONED IN YOUR COVERING SCHEDULE PROVIDED
         THAT WE MUST RECEIVE YOUR SWIFT MSG ADVISE 5 WORKING DAYS BEFORE
         MATURITY.

TRAILER   ORDER IS <MAC> <REAC> <ENCV> <CHK> <TNG> <PDE>
                    MAC: F3922B4F
                    CHK: DE4EE1640961

发票

COMMERCIAL INVOICE

Buyers: RATEB KHADEM AL JAME SONS COMPANY. DAMASCUS, SYRIA TEL: +963118835835 FAX: +963118825510	Shipping Marks &Numbers: N/M
Invoice Number: 2008-1259	Date: OCT. 21st, 2008
From: NINGBO PORT-CHINA	L/C No.: OLC 601/21/08/93
To: LATTAKIA PORT SYRIA	Payment :

Descriptions	Q'ty	Unit Price	Amount
ONE SET PVC PLASTIC INJECTION MOLDING MACHINES INCLUDING AUTO LOADER AND HOPPER DRYER FOR PCV POWDER MATERIAL SA1600/600 DETAILS AS PER PROFORMA INVOICE DATED 12/05/2008 A- WE CERTIFY THAT THIS INVOICE IS AUTHENTIC , AND IS THE ONLY INVOICE ISSUED BY US FOR THE GOODS, HEREIN DESCRIBED, MENTIONING EXACT VALUE OF THE SAID GOODS, WITHOUT ANY DEDUCTION OF PAYMENTS IN ADVANCE, AND THAT THE ORIGIN OF THE GOODS IS CHINA AND THE COMMERCIAL INVOICE IS MADE OUT IN THE NAME OF L/C APPLICANT. B- WE CERTIFY THAT RAW MATERIALS WHICH HAVE BEEN USED FOR THE PRODUCTION OR PREPARATION OF THE GOODS MENTIONED IN THIS INVOICE ARE PURE OF CHINESE ORIGIN. C-WE HEREBY CERTIFY THAT THE GOODS SHIPPED ACCORDING TO THIS INVOICE ARE IN CONFORMITY WITH PROFORMA INVOICE DATED 12/05/2008 L/C NUMBER: OLC 601/21/08/93 INTERNATIONAL BANK FOR TRADE AND FINANCE ISSUANCE DATE: 080828 SHIPPER: PROCESSING ZONE NINGBO CHINA, ZIP CODE:315800 TEL: FAX:	1 SET	FOB NINGBO PORT-SYRIA BY VESSEL	

Authorized Signature

装箱单

PACKING LIST

Buyers: RATEB KHADEM AL JAME SONS COMPANY. DAMASCUS, SYRIA TEL: +963118835835 FAX: +963118825510			Shipping Marks &Numbers: N/M		
Invoice Number:	2008-1259		Date:	OCT.21.2008	
From:	NINGBO PORT-CHINA		L/C No.:	OLC 601/21/08/93	
To:	LATTAKIA PORT SYRIA		Payment:		
Descriptions	Q'ty	PACKING	G.W.	N.W.	DIMENSION
ONE SET PVC PLASTIC INJECTION MOLDING MACHINES INCLUDING AUTO LOADER AND HOPPER DRYER FOR PCV POWDER MATERIAL SA1600/600 DETAILS AS PER PROFORMA INVOICE DATED 12/05/2008 L/C NUMBER: OLC 601/21/08/93 INTERNATIONAL BANK FOR TRADE AND FINANCE ISSUANCE DATE: 080828 SHIPPER: /28307208093014 NINGBO CHINA, ZIP CODE:315800 TEL:	1 SET	3 PALLETS	5800KGS	5600KGS	15CBM

Authorized Signature

重量单

CERTIFICATE OF WEIGHT

Buyers: RATEB KHADEM AL JAME SONS COMPANY. DAMASCUS, SYRIA TEL: +963118835835 FAX: +963118825510			Shipping Marks &Numbers: N/M	
Invoice Number:	2008-1259		Date:	OCT.21.2008
From:	NINGBO PORT-CHINA		L/C No.:	OLC 601/21/08/93
To:	LATTAKIA PORT SYRIA		Payment:	
Descriptions	Q'ty	PACKING	G.W.	N.W.
ONE SET PVC PLASTIC INJECTION MOLDING MACHINES INCLUDING AUTO LOADER AND HOPPER DRYER FOR PCV POWDER MATERIAL SA1600/600 DETAILS AS PER PROFORMA INVOICE DATED 12/05/2008 L/C NUMBER: OLC 601/21/08/93 INTERNATIONAL BANK FOR TRADE AND FINANCE ISSUANCE DATE: 080828 SHIPPER: /28307208093014 NINGBO PROCESSING ZONE NINGBO CHINA, ZIP CODE:315800 TEL: FAX:	1 SET	3 PALLETS	5800KGS	5600KGS

Authorized Signature

提单

/28307208093014

MACHINERY CO LTD, EXPORT
PROCESSING ZONE, NINGBO CHINA. ZIP CODE: 315800
TEL: FAX:

CONSIGNEE

TO THE ORDER OF THE INTERNATIONAL BANK FOR TRADE
AND FINANCE

NOTIFY PARTY

RATEB KHADEM AL JAME SONS COMPANY . DAMASCUS, SYRIA
TEL: +963118835835
FAX: +963118825510

NGBLTK10147

GLOBAL LINES
OCEAN BILL OF LADING
(For Combined Transport and Port to Port Shipment)

RECEIVED by the carrier the goods in apparent good order and condition except as otherwise note the total number containers or other packages or units enumerated below for transportation form tl place of receipt to the place of receipt to the place of delivery subject to the terms and condition hereof. One of the bills of lading must be surrendered duly endorsed in exchange for the goods delivery order. Delivery of goods will only be made on payment of all freight and charges. C presentation of this document duly endorsed to the Carrier by or on behalf of the Holder of the Bill Lading, the rights and liabilities arising in accordance with the terms and conditions hereof sha without prejudice to any rule of common law or statute rendering them binding on the Merchar become binding in all respects between the Carrier and the Holder of the Bill of Lading as though tl contract evidenced hereby had been made between them.
IN WITNESS whereof the number of original Bill of Lading stated under have been signed, ons which being accomplished, the other(s) to be void.

PRE-CARRIAGE BY	PLACE OF RECEIPT	OVERSEA OFFICE OR DESTINATION PORT AGENT
	NINGBO	***ARABIAN CARGO GROUP - SYRIA
OCEAN VESSEL / VOYAGE NO.	PORT OF LOADING	LEVEL 1 - ARNOUS BLDG - SAEED
MSC COLOMBIA V. X844R	NINGBO PORT-CHINA	KAHWAJI AVENUE - 29TH AYYAR STREET
PORT OF DISCHARGE	PLACE OF DELIVERY	DAMASCUS - SYRIA
LATTAKIA PORT SYRIA	LATTAKIA PORT SYRIA	TEL: 00963-11-2310020 FAX: 00963-11-2328420

MARKS & NUMBERS CONTAINER NUMBER . SEAL NUMBER	NUMBER AND KIND OF PACKAGES: DESCRIPTION OF GOODS	GROSS WEIGHT	MEASUREMENT
N/M	3PALLETS	5800KGS	15CBM
	PLASTIC INJECTION MOLDING MACHINES INCLUDING AUTO LOADER AND HOPPER DRYER L/C NUMBER:OLC 601/21/08/93 INTERNATIONAL BANK FOR TRADE AND FINANCE ISSUANCE DATE:080828 FREIGHT PAYBALE AT DISTENATION NAME AND ADDRESS OF THE SHIPPING COMPANY'S AGENT IN SYRIA:***		
	ON BOARD 01 NOV		
MEDU3079980/5981899	SHIPPER'S LOAD COUNT & SEAL 1X20GP FCL CY-FO		

PARTY ARS FURNISHED BY SHIPPER

TOTAL NO. OF CONTAINER(S) OR PACKAGES (IN WORDS)	SAY THREE PALLETS ONLY		

Freight & Charges	PREPAID	COLLECT
FREIGHT COLLECT		
Total Payment		

NO. OF ORIGINAL	FREIGHT PAYABLE AT
THREE	
PLACE OF ISSUE	DATE OF ISSUE
NINGBO	

SIGNED BY
CHINA GLOBAL LINES LIMITED
For and on behalf of
CHINA GLOBAL LINES LIMITED
华洋航运有限公司

AS AGENT FOR THE CARRIER GLOBAL LINES

TERMS CONTINUES ON REVERSE SIDE HEREOF

124

产地证

ORIGINAL

1. Exporter /28307208093014 IACHINERY CO. LTD. EXPORT PROCESSING ZONE NINGBO CHINA, ZIP CODE:315800 TEL: 8657486177242 FAX: 86574862218641725	Certificate No. **CCPIT 082286851** 08C3302A1261/00564* **CERTIFICATE OF ORIGIN** OF **THE PEOPLE'S REPUBLIC OF CHINA**
2. Consignee RATEB KHADEM AL JAME SONS COMPANY. DAMASCUS, SYRIA TEL: +963118835835 FAX: +963118825510	
3. Means of transport and route FROM NINGBO PORT-CHINA TO LATTAKIA PORT SYRIA BY VESSEL	5. For certifying authority use only **CHINA COUNCIL FOR THE PROMOTION OF INTERNATIONAL TRADE IS CHINA CHAMBER OF INTERNATIONAL COMMERCE**
4. Country / region of destination SYRIAN ARAB REPUBLIC	

6. Marks and numbers	7. Number and kind of packages; description of goods	8. H.S.Code	9. Quantity G. WEIGHT	10. Number and date of invoices
N/M	ONE (1) SET OF PLASTIC INJECTION MOLDING MACHINES INCLUDING AUTO LOADER AND HOPPER DRYER WE HEREBY CERTIFY TO THE EFFECT THAT THE GOODS UNDER EXPORT ARE OF CHINESE ORIGIN. THE NAME OF FACTORY OR PRODUCER OF SUCH GOODS:- MACHINERY CO. LTD L/C NUMBER: OLC 601/21/08/93 INTERNATIONAL BANK FOR TRADE AND FINANCE ISSUANCE DATE: 080828 SHIPPER: /28307208093014 MACHINERY CO LTD. EXPORT PROCESSING ZONE NINGBO CHINA, ZIP CODE:315800 TEL: 8657486177242 FAX:86574862218641725 *************************************	847710	5800KGS	2008-1259 OCT. 21, 2008

11. Declaration by the exporter The undersigned hereby declares that the above details and statements are correct, that all the goods were produced in China and that they comply with the Rules of Origin of the People's Republic of China.	12. Certification It is hereby certified that the declaration by the exporter is correct
NINGBO, CHINA OCT. 22, 2008 Place and date, signature and stamp of authorized signatory	NINGBO, CHINA OCT. 22, 2008 Place and date, signature and stamp of certifying authority

熏蒸/消毒证书

中华人民共和国出入境检验检疫

ENTRY-EXIT INSPECTION AND QUARANTINE OF THE PEOPLE'S REPUBLIC OF CHINA

正本 ORIGINAL

熏 蒸 / 消 毒 证 书

FUMIGATION/DISINFECTION CERTIFICATE

编号No.: 380021208003700

发货人名称及地址 Name and Address of Consignor	
收货人名称及地址 Name and Address of Consignee	IMPORTACIONES Y EXPORTACIONES PACIFIC LTDA.
品名 Description of Goods	WOODEN PALLET
产地 Place of Origin	NINGBO,CHINA
报检数量 Quantity Declared	-2-PIECES
标记及号码 Mark & No.	N/M
启运地 Place of Despatch	NINGBO,CHINA
到达口岸 Port of Destination	VALPARAISO,CHILE
运输工具 Means of Conveyance	BY VESSEL

THE WOODEN PALLETS HAVE BEEN FUMIGATED BY METHYL BROMIDE 56G/M^3 FOR 24HRS AT 16℃ FROM 6 TO 7 JUN.,2008.

*   *   *   *   *   *

签证地点 Place of Issue   NINGBO

签证日期 Date of Issue   8 OCT.,2008

Official Stamp

授权签字人 Authorized Officer   WU YING

签 名 Signature

中华人民共和国出入境检验检疫机关及其官员或代表不承担本证书的任何财经责任。No financial liability with respect to this certificate shall attach to the entry-exit inspection and quarantine authorities of the P. R. of China or to any of its officers or representatives.

贸促会证明

中 国 国 际 贸 易 促 进 委 员 会

China Council for the Promotion of International Trade

China Chamber of International Commerce

证 明 书

CERTIFICATE

号码 No.　　083302A0/21216

兹证明：所附第2008－1259号商业发票上的
的印章属实。

THIS IS TO CERTIFY THAT : the seal of
　　　　　　　　　　　　　　　　　　　　　on　　the
annexed COMMERCIAL INVOICE NO.2008－1259　　is
genuine.

China Council for the Promotion
of International Trade
CCPT
(18)

授权签字：
Authorized
Signature:　　*Zhu Fang Fang*

日期：2008 年 11 月 04 日
（Date : NOV. 04, 2008 ）

127

受益人证明

CERTIFICATE

DATE:OCT.21,2008

SHIPPER: /28307208093014

MACHINERY CO LTD.EXPORT PROCESSING ZONE NINGBO

CHINA,   ZIP   CODE:315800   TEL: 8657486177242

FAX:86574862218641725

L/C NUMBER: OLC 601/21/08/93

INTERNATIONAL BANK FOR TRADE AND FINANCE

ISSUANCE DATE: 080828

INVOICE NO.: 2008-1259

TO WHOM IT MAY CONCERN:

WE HEREBY CERTIFY THAT THE GOODS ARE BRAND NEW

AND IN CONFORMITY WITH THE CREDIT.

（签字省略）

船公司证明

SHIPPER: /28307208093014   MACHINERY CO

LTD.EXPORT PROCESSING ZONE NINGBO CHINA, ZIP CODE:315800

TEL: FAX:8

L/C NUMBER: OLC 601/21/08/93

INTERNATIONAL BANK FOR TRADE AND FINANCE

ISSUANCE DATE: 080828

INVOICE NO.: 2008-1259

CERTIFICATE

DATE:2008-11-01

TO WHOM IT MAY CONCERN:

B/L NO.: NGBLTK10147

THE NAME OF THE VESSEL:MSC COLOMBIA V.X844R

WE HEREBY CERTIFY THAT THE CARRYING VESSEL IS SUBJECT TO INTERNATIONAL SAFETY MANAGEMENT CODE (ISM) CARRIES VALID SAFETY MANAGEMENT CERTIFICATE (SMC) AND DOCUMENT OF COMPLIANCE (DOC) FOR THE PURPOSE OF PRESENTING THEM TO THE PORT AUTHORITIES.

For and on behalf of
CHINA GLOBAL LINES LIMITED
中洋航运有限公司

Authorized Signature(s)

受益人声明

DECLARATION

DATE: OCT.21,2008

SHIPPER: /28307208093014

MACHINERY CO LTD.EXPORT PROCESSING ZONE NINGBO

CHINA, ZIP CODE:315800 TEL:

FAX:

L/C NUMBER: OLC 601/21/08/93

INTERNATIONAL BANK FOR TRADE AND FINANCE

ISSUANCE DATE: 080828

INVOICE NO.: 2008-1259

TO WHOM IT MAY CONCERN:

WE DECLARE UNDER OUR OWN RESPONSIBILITY THAT
WE ARE NOT REPRESENTED FOR SYRIA AND THAT SYRIA IS
NOT INCLUDED IN THE TERRITORY OF ANY OTHER AGENT
WHO WOULD BENEFIT FROM ANY COMMISSION WHATEVER
IN OUR PRODUCTS IMPORTED INTO SYRIA

Authorized Signature

（签字省略）

● 任务

1. 看懂以上两笔业务的各种单据。
2. 思考装运通知和受益人证明的缮制要点。

● 链接：相关基础知识

一、装运通知内容和缮制要点

装运通知（Shipping advice），是发货人在货物装船并取得提单后，向买方或其指定的人发出的有关货物装运情况的说明，也称 Shipment details，或 Shipment declaration，或 Insurance declaration。

在以 FOB 或 CFR 术语成交时，买方为方便向保险公司进行投保，往往要求有装运通知。在以 CIF 或 CIP 价格成交时，收货人或买方要了解货物装运情况以便租订仓库、安排运输工具以做好接货的准备工作，或者筹措资金准备付款，此时也需要装运通知。

装运通知没有固定的格式，一般由发货人自行设计，主要内容包括以下 6 点。

1. 抬头：可以是买方，或者是买方指定的人或保险公司。若抬头为买方指定的保险公司，则应同时注明预保险单合同号（COVER NOTE）。

2. 日期：发送装运通知的日期，一般在货物装船后 3 天内。

3. 提单号及船名：与提单一致。

4. 预计开船日期和到达日期（ETD，ETA）：按船期表所列的日期。

5. 装运港、目的港、装运期：按合同或信用证的规定，一般与提单一致。

6. 商品描述部分：包括品名、唛头、数量、发票总值等。可以按商业发票的内容填写。

缮制装船通知应注意的事项有 6 点。

1. CFR/CPT 交易条件下拍发装运通知的必要性。如漏发通知，则货物越过船舷后的风险仍由受益人承担。

2. 通知应按规定的方式、时间、内容、份数发出。通常以电报、电传、传真或电子邮件等方式发送。一般在装运后 3 天之内发出，若信用证或合同另有规定，还须按规定时间发出，常见的有以小时为准（Within 24/48 hours）和以天数为准（Within 2 days after shipment date）两种情形。信用证规定"Immediately after shipment"（装船后立即通知），应掌握在提单后3 天之内。

3. 通知对象。应按信用证规定，具体讲可以是开证申请人、申请人的指定人或保险公司等。

4. 签署。一般可以不签署，如信用证要求"certified copy of shipping advice"，通常加盖受益人条形章。

5. 几个近似概念的区别：

Shipping advice（装运通知）是由出口商（受益人）发给进口商（申请人）的；

Shipping instructions 意思是"装运须知"，一般是进口商发给出口商的；

Shipping note/bill 指装货通知单/船货清单；

Shipping order 简称 S/O,含义是装货单/关单/下货纸(是海关放行和命令船方将单据上载明的货物装船的文件)；

Delivery note 是提货单/交货单/送货单的意思。

6. L/C 中有关装运条款举例：

(1)ORIGINAL FAX FROM BENEFICIARY TO OUR APPLICANT EVIDENCING B/L NUMBER，NAME OF SHIP，SHIPMENT DATE，QUANTITY AND VALUE OF GOODS.

(2) SHIPMENT ADVICE WITH FULL DETAILS INCLUDING SHIPPING MARKS, CARTON NUMBERS, VESSEL'S NAME, B/L NUMBER, VALUE AND QUANTITY OF GOODS MUST BE SEND TO US ON THE DATE OF SHIPMENT.

二、受益人证明等证明类文件的内容和制作

(一)受益人证明

受益人证明(Beneficiary's Certificate)，或称受益人声明(Beneficiary's statement)，以证明自己已经履行了合同义务，或者证明自己已按要求办理了某事，或证实某件事情，并达到了进口商的要求或进口国的有关规定等。

受益人证明没有固定格式，主要内容如下：

1. 受益人公司名称、地址；

2. 单据名称和出证日期；

3. 相关参考号码，如发票号码、信用证号码；

4. 证明内容 WE HEREBY CERTIFY THAT…；

5. 受益人公司签字盖章 SIGNATURE。

信用证条款举例：

1. Beneficiary's certificate certifying that the carrying steamer is not a blacklisted ship nor of Israeli nationality and she is not scheduled to call at any Israeli ports.

2. Beneficiary's certificate certifying that shipped goods have kept the size with 400mm ×400mm×200mm tiles, dimensional tolerance ＋ or － 1mm, diagonal tolerance ＋ or － 1mm, thichness ＋ or － 1mm.

3. The following documents should be sent directly to applicant by registered airmail：2 sets of typed and signed non-negotiable shipping documents including original Certificate of Origin. Beneficiary's certificate is required to certify that effect.

4. Shipment samples should be sent to the nominees by registered airmail in compliance with the terms of the relative Letter of Credit. Beneficiary's certificate is required to certify that effect.

(二)船公司证明

船公司证明(Shipping company's certificate)系信用证受益人应开证申请人的要求，请船公司出具的不同认定内容的证明：

1. 黑名单证明；

2. 航程证明（Itinerary certificate）；

3. 船长收据（Master's/Captain's Receipt）；

4. 集装箱船只证明；

5. 船龄以及船级证明；

6. 运费证明。

（三）寄单证明

1. 由出口公司或受益人出具的寄单证明。

受益人按信用证规定将有关单据寄出后，根据信用证要求出具的说明寄单情况的单据。一般包括所寄单据的名称、份数、寄出时间、寄送方式和寄送对象等。

2. 邮寄收据。

有时信用证除要求受益人出具寄单证明外，还要求随附办理邮局或快递公司承办的收据，即邮寄收据。

如信用证条款：

ORIGINAL BENEFICIARY'S SIGNED LETTER/CERTIFICATE TOGETHER WITH THE COURIERS RECEIPT CERTIFYING THAT THE FULL SET OF ORIGINAL DOCUMENTS HAVE BEEN SENT TO ×××CO. BY AIRMAIL/DHL/SPEED POST 3 DAYS AFTER B/L DATE.

（四）其他证明

1. 寄样证明（beneficiary's certificate for dispatch of shipment sample）；

2. 借记通知单（debit note）；

3. 扣佣通知书；

4. 包装、唛头方面的证明；

5. 出口地无领事证明等。

● 思考与练习

任务一：请根据项目一/模块 3 的"思考与练习"任务二所提供的交易背景，制作一份装运通知和受益人证明。

任务二：请根据项目一/模块 1 的"思考与练习"任务所要求制作的外贸合同以及项目一/模块 3 的"思考与练习"任务一所要求模拟的信用证，模拟制作一份装运通知。

模块 2　制作汇票

天下熙熙,皆为利来;天下攘攘,皆为利往。　　　　　　——司马迁

● 本模块教学目标

最终目标:能根据贸易信息制作汇票
促成目标:理解汇票的分类、作用、内容
　　　　　熟悉 UCP 600 中关于汇票的条款
　　　　　能够制作汇票

● 情景案例

机构:
外贸企业:OCEAN PLASTIC & CHEMICAL PRODUCTS CO. , LTD
　　　　　宁波欧胜塑化有限公司
人物:
小余:宁波欧胜塑化有限公司单证员
张经理:宁波欧胜塑化有限公司业务经理
背景资料:
1. 2008 年 11 月 6 日,宁波欧胜塑化有限公司外贸业务部张经理与阿拉伯联合酋长国的
　 ABC TRADING CO. , LLC 公司签订一份 36 800 PCS 唇膏(LIP BALM)的出口合
　 同,合同号为 081106。
2. 2009 年 1 月 22 日,小余在办公室制作用于议付的汇票一式两份。

汇票

凭
Drawn under _____ 信用证 L/C No. _____

日期
Dated _____ 支取 Payable with interest @ _____ % 按 _____ 息 _____ 付款

号码   汇票金额
No. _____ Exchange for _____ NING BO _____ 20 ____

见票   日 后（本 汇 票 之 副 本 未 付）付 交   金 额

At _____ sight of this FIRST of Exchange (Second of Exchange

being unPaid) Pay to the order of   the sum of

款 已 收 讫
Value received _____

此 致：
To _____

BILL OF EXCHANGE

凭   信用证

Drawn under ___HSBC BANK, DUBAI, UAE___ L/C NO. HSBC657708467464

日期

Dated ___Dec. 8th, 2008___ 支取 Payable with interest @.....%.....按.....息....付款

号码   汇票金额   宁波

NO ___09OS002___ Exchange for USD11,040.00   NINGBO ___Jan. 22nd, 2009___

见票   日后（本汇票之正本未付）付交

At ___XXX___ sight of this SECOND of Exchange (First of Exchange

being unpaid) Pay to the order of **SHANGHAI PUDONG DEVELOPMENT BANK, NINGBO** the sum of

SAY U. S. DOLLARS ELEVEN THOUSAND AND FORTY ONLY

款已收讫
Value received ___36800 PCS OF LIP BALM___

此致：

To___HSBC BANK, DUBAI, UAE___   OCEAN PLASTIC & CHEMICAL

                                   PRODUCTS CO., LTD

● 任务

1. 看懂以上的汇票。
2. 思考汇票的缮制要点。

● 链接:相关基础知识

一、汇票定义和分类

根据《英国票据法》规定,汇票(Bills of exchange or Draft)是一个人向另一个人签发的,要求即期或定期或在可以确定的将来的时间,对某人或其指定人或持票人支付一定数额金钱的无条件的书面支付委托。

（一）汇票的种类

1. 按照付款时间不同分为即期汇票、远期汇票;
2. 按照是否记载权利人分为记名汇票、无记名汇票;
3. 按照汇票流通区域不同分为国内汇票、国际汇票;
4. 按照出票人的不同分为商业汇票、银行汇票;
5. 以汇票是否跟随单据分为跟单汇票、光票。

（二）汇票当事人

尚未进入流通领域以前的基本当事人:

1. 出票人(Drawer);
2. 付款人(Drawee);
3. 收款人(Payee)。

进入流通领域后的当事人:

1. 背书人(Indorser);
2. 被背书人(Indorsee);
3. 参加承兑人(Acceptor for Honour);
4. 保证人(Guarantor);
5. 正当持票人(Holder in Due Course)。

二、汇票的制作要点

汇票制作没有规定格式,一般的汇票有如下 10 个要点即可:

1. "汇票"的字样;
2. 无条件支付的委托;
3. 一定金额;
4. 出票日期;
5. 出票地点;

6. 出票人签名；

7. 付款时间；

8. 付款地点；

9. 付款人姓名；

10. 收款人或其指定人。

如果是信用证项下，还需有：

1. 开证行名称；

2. 信用证号码；

3. 开证日期。

注意事项：

1. 汇票的付款人名称、地址是否正确；

2. 汇票上金额的大小写必须一致；

3. 付款期限要符合信用证或合同（非信用证付款条件下）规定；

4. 检查汇票金额是否超出信用证金额，如信用证金额前有"大约"一词可按 10％的增减幅度掌握；

5. 出票人、收款人、付款人都必须符合信用证或合同（非信用证付款条件下）的规定；

6. 币制名称应与信用证和发票上的相一致；

7. 出票条款是否正确，如出票所根据的信用证或合同号码是否正确，是否按需要进行了背书；

8. 汇票是否由出票人进行了签字；

9. 汇票份数是否正确，如"只此一张"或"汇票一式两份有第一汇票和第二汇票"。

三、票据行为

1. 出票（Issue）；

2. 背书（Endorsement）；

3. 提示（Presentation）；

4. 承兑（Acceptance）；

5. 付款（Payment）；

6. 拒付（Dishonour）；

7. 追索（Recourse）；

8. 保证（Guarantee/Aval）。

● 思考与练习

任务：请根据项目一/模块 3 的"思考与练习"任务二所提供的交易背景，制作一份汇票。

模块 3　进出口许可证操作

自由不是无限制的自由,自由是一种能做法律许可的任何事的权利。

——孟德斯鸠

● 本模块教学目标

最终目标:能根据贸易信息申请进出口许可证

促成目标:理解进出口许可证的作用、内容

　　　　　熟悉进出口许可证的申请手续

● 情景案例

机构:

外贸企业:NINGBO FOREIGN TRADE DEVELOPMENT CO.，LTD

　　　　宁波对外贸易发展有限公司

许可证局

人物:

小徐:宁波对外贸易发展有限公司单证员

蔡经理:宁波对外贸易发展有限公司业务经理

背景资料:

1. 2008 年初,宁波对外贸易发展有限公司蔡经理打算向美国巴尔的摩的某公司 I. C. IS-SAACS & CO.，LP 出口一批服装(9 500 件男式 T 恤衫),FOB CHINA,L/C 方式。

2. 小徐上网登录许可证局网站(http：//www. licence. org. cn),下载"纺织品出口自动许可证申请表",填写、打印、签字、盖章,附上合同正本及出口计划批件,到许可证局办理纺织品出口自动许可证。

3. 不久,小徐得到出口自动许可证正本。

出口自动许可证

中华人民共和国纺织品出口自动许可证

AUTOMATIC TEXTILES EXPORT LICENCE OF THE PEPUBLIC OF CHINA No. 5463674

1. 出口商： Exporter 4400231116247 宁波对外贸易发展有限公司	3. 出口自动许可证号 Automatic export licence No. 08-19-B25511
2. 发货人 Consignor 4400231116247 宁波对外贸易发展有限公司	4. 出口自动许可证有效截止日期： Automatic export licence expiry date 2008 年 06 月 23 日
5. 贸易方式： Terms of trade 一般贸易	8. 出口最终目的国（地区）： Country/Region of purchase 美国
6. 合同号： Contract No. 2008AUMWBS09044	9. 付款方式： Payment 信用证
7. 报关口岸： Place of clearance 宁波海关	10. 运输方式： Mode of transport 江海运输

11. 商品名称： Description of goods 化学纤维针织或钩编男 T 恤衫		商品编码： Code of goods 6109909051			
12. 规格、等级 Specification	13. 单位 Unit	14. 数量 Quantity	15. 单价（USD） Unit price	16. 总值（USD） Amount	17. 总值折美元 Amount in USD
S. M. L	件	* 9 500.00	* 2.5000	* 23 750	$ 23 750
18. 总计 Total	件	* 9 500.00		* 23 750	$ 23 750

19. 备注： Supplementary details 供货生产企业名称:金华市佳隆针织制衣厂 是否转口:否 转口国(地区):	20. 发证机关盖章： Issuing authority's stamp （纺织品出口自动许可证 专用章 浙江） 21. 发证日期： 2008 年 03 月 23 日 Licence date

● 任务

1. 看懂以上的出口许可证。
2. 思考出口许可证的缮制要点。

● 链接：相关基础知识

一、出口许可证（Export Licence）

出口许可证，是在国际贸易中根据一国出口商品管制的法令规定，由有关当局签发的准许出口的证件。实行出口许可证制是一国对外出口货物实行管制的一项措施。一般而言，某些国家对国内生产所需的原料、半制成品以及国内供不应求的一些紧销物资和商品实行出口许可证制。通过签发许可证进行控制，限制出口或禁止出口，以满足国内市场和消费者的需要，保护民族经济。此外，某些不能复制、再生的古董文物也是各国保护对象，严禁出口；根据国际通行准则，毒品和各种淫秽品也禁止出口。

根据国家规定，凡是国家宣布实行出口许可证管理的商品，不管任何单位或个人，也不分任何贸易方式（对外加工装配方式，按有关规定办理），出口前均须申领出口许可证；非外贸经营单位或个人运往国外的货物，不论该商品是否实行出口许可证管理，价值在人民币1 000元以上的，一律须申领出口许可证；属于个人随身携带出境或邮寄出境的商品，除符合海关规定自用、合理数量范围外，也都应申领出口许可证。

目前，我国实行按商品、按地区分级发证办法，执行审批并签发出口许可证的机关为：国家外经贸部及其派驻在主要口岸的特派员办事处，各省、自治区、直辖市以及经国务院批准的计划单列市的对外经贸行政管理部门。

配额许可证事务局是外经贸部的窗口单位，为了方便各出口企业申领出口许可证，增加申领出口许可证及审核签发出口许可证的透明度，现将如何申领出口许可证及出口许可证的审核签发程序介绍如下。

（一）出口许可证的签发原则

1. 实行出口许可证管理的商品，除有特殊规定外，各类出口企业出口时均应预先申领出口许可证。

2. 许可证管理商品分级发证目录，严格按外经贸部授权的范围签发出口许可证，不得交叉发证，不得超越授权的范围发证。

3. 外经贸部对出口实行计划管理的商品和主动配额管理的商品均实行出口许可证管理，各级发证机关必须按照外经贸部下达的数量发证，不得无计划、无配额或超计划、超配额签发出口许可证。

4. 各类出口商计划、配额当年有效，出口企业必须在当年12月15日（含15日）前申领出口许可证。

5. 从当年12月16日起，出口企业需要出货，可按外经贸部下达的下一年度的出口商品计划、配额或预分计划配额签发下一年度出口许可证。发证日期应填下一年1月1日，并占下一年度出口计划、配额。

(二) 出口许可证的发证机关及其发证范围

外经贸部配额许可证事务局和外经贸部驻各地特派员办事处以及外经贸部授权的各省、自治区、直辖市及计划单列市经贸委(厅)、外贸局,是国家出口许可证的发放机关。

1. 外经贸部配额许可证事务局的发证范围:

(1)按规定由外经贸部签发的出口许可证管理商品;

(2)国家部委各类进出口企业自营的实行出口许可证管理的商品;

(3)实行单轨制出口计划的进出口企业(包括其下属子公司、分公司)出口的实行出口许可证管理的商品;

(4)没有外贸经营权的中央各机关企事业单位、各群众团体及个人出境货物按海关规定需办出口许可证的物品。

2. 外经贸部驻各地特派员办事处的发证范围:

(1)按外经贸部规定由特派员办事处签发的属出口许可证管理的商品;

(2)在其业务联系地区内,地方各类进出口企业出口和实行双轨制的国家部委各类进出口企业在地方的子公司、分公司规定由特办签发的实行出口许可证管理的商品;

(3)经部批准按就近发证原则由指定特派员办事处签发的外经贸部京外直属企业出口的实行出口许可证管理的商品。

3. 各省、自治区、直辖市及计划单列市(含哈尔滨、长春、沈阳、西安、武汉、南京、成都、广州)经贸委(厅)、外贸局的发证范围:

(1)按外经贸部规定由省级发证机关签发的属出口许可证管理的商品;

(2)地方各类进出口企业及三资企业出口的属省级签发的出口许可证管理的商品;

(3)实行双轨制的国家部委各类进出口企业在该地方的分公司、子公司属省级机关签发的实行出口许可证管理的商品;

(4)没有外贸经营的各地方机关、企事业单位、群众团体及个人出境货物按海关规定需办出口许可证的物品。

(三) 出口许可证的有效期

1. 出口许可证管理商品(除另有规定外)一般实行"一批一证"制,即每一份出口许可证有效期自发证之日起最长不超过 3 个月,在有效期内只能报关使用一次,逾期货物未能出口的,在计划年度内可到原发证机关换证。

2. 下列商品不实行"一批一证"制:

(1)外商投资企业和补偿贸易项下的出口商品;

(2)大米、大豆、玉米、活猪、活牛、活羊、活家禽、冻牛肉、冻羊肉、冻猪肉、冻家禽、冻乳猪、冻乳鸽、大闸蟹、梭子蟹、粟子、鸭梨、哈密瓜、香梨、茶叶、烟花爆竹、卫生纸、抽纱、地毯、原油、成品油、煤炭共 27 种;

不实行"一批一证"制的出口商品,出口许可证有效期自发证之日起最长为 6 个月,允许多次报关使用,但最多不能超过 12 次。

3. 出口许可证一经签发,任何发证机关和出口单位都不得修改证面内容。其证面的有效期一般最迟为当年 12 月 31 日。当出口许可证需跨年度使用时,发证机关可在当年将出口许可证的有效期直接打到下一年度的 2 月底,不得再延期。

（四）申领出口许可证应提供的文件和材料

1. 各类进出口企业申领出口许可证时,应提供的一般文件和材料:

（1）出口许可证申请表,此表内容中须申领单位填写的,必须逐项不遗漏地填写清楚,并加盖申领单位公章;

（2）申领出口许可证联系单,也必须逐项填写并盖申领单位公章;

（3）有效的出口报关合同的正本复印件(必要时须提供正本原件);

（4）外经贸主管部门出口计划、配额批准文件(正本),各地方外经贸主管部门对出口计划、配额进行二次分配的批准文件(正本);

（5）第一次申领出口许可证的进出口企业,应提供外经贸部或经其授权的地方外经贸主管部门批准该企业进出口经营所需要的文件、营业执照(正本复印件)及申领出口许可证的公函;

（6）非外贸单位(指没有外贸经营权的各机关、团体和企事业单位,下同)申领出口许可证,应提供其主管部门(司、局级以上)公函;

（7）领证员证,对尚未实行领证员缺席制度的各类进出口企业,可凭该企业的公函或本人工作证、身份证申领;

（8）发证机关认为必要时,可要求申领单位提供信用证(可以是复印件,也可以是正本原件)和说明情况的信件。

2. 各种特殊情况下的申领出口许可证应提供的文件:

（1）属军民通用化学品,应提供化工部的批件;易制毒化学品应提供外经贸部的批件;重水应提供外经贸部的批件;计算机应提供外经贸部的批准的《出口计算机技术审查表》;

（2）属配额有偿招标商品,应提供各有关招标委员会下发的《申领配额有偿招标商品出口许可证证明书》;对无偿招标商品,应提供各有关招标委员会下发的中标证明书;

（3）对设限国家出口外经贸部特定海关凭"双证"验放的纺织类商品,应提供被动配额出口许可证(可是正本,也可是正本复印件);

（4）承包工程带出商品,国家部委各类进出口企业应提供外经贸部批准的项目批件及带出商品的物料清单和承包工程合同;各地方各类进出口企业应提供各地方外经贸主管部门批准的项目批件及带出的许可证商品的物料清单和承包工程合同。需带出的配额有偿招标商品按招标管理规定办理;

（5）进料加工复出口,凡占用或不占用出口配额的商品,国家部委和地方各类进出口企业应提供外经贸部和地方外经贸(委厅)主管部门批准的进料加工文件及海关的进料加工登记手册;

（6）非外贸单位出口货样时,每批货样价值高于人民币 5 000 元、不超过人民币 10 000 元的,应提供上级主管部门(司、局级以上)出具的公函;各类进出口企业,出运许可证管理的货样,每批货样价值高于人民币 5 000 元的,应按一般贸易管理规定申领出口许可证;

（7）非外贸单位主办出国展销会所带物品,凡需要在外销售或展后不带回国的,应提供外经贸部批推举办展览会的批件及展品清单。外经贸部授权的部委直属总公司主办出国展览会所带的在外销售的物品,属许可证管理商品,应提供外经贸部批准的举办展览会的批件及展品清单。

二、进口许可证(Import Licence System)

进口许可证是指进口国家规定某些商品进口必须事先领取许可证,才可进口,否则一律不准进口。

按许可证有无限制,可分为公开一般许可证和特种进口许可证。

1.公开一般许可证(Open General Licence):它对进口国别或地区没有限制,凡列明属于公开一般许可证的商品,进口商只要填写此证,即可获准进口。

2.特种进口许可证(Specific Licence):进口商必须向政府有关当局提出申请,经政府有关当局逐笔审查批准后才能进口。

实施进口许可证制度需向有关行政部门递交申请书或其他文件(为了海关目的的要求除外),作为进口到该进口方海关管辖地区的先决条件的行政程序。发放进口许可证是实行进口许可证制度的一种措施,是进口获得批准的证明文件之一。

进口许可证分为自动许可证和非自动许可证。自动许可证不限制商品进口,设立的目的也不是对付外来竞争,它的主要作用是进行进口统计。非自动许可证是须经主管行政当局个案审批才能取得的进口许可证,主要适用于需要严格数量质量控制的商品。非自动许可证的作用有:管制配额项下商品的进口,连接外汇管制的进口管制,连接技术或卫生检疫管制的进口管制。只有取得配额、取得外汇或者通过技术检查和卫生检疫,才能取得许可。进口许可证极易被乱用而成为贸易壁垒。

根据进口许可证和进口配额的关系,可分为有定额的进口许可证和无定额的进口许可证。

1.有定额的进口许可证,即先规定有关商品的配额,然后在配额的限度内根据商人申请发放许可证。

2.无定额的进口许可证,主要根据临时的政治的或经济的需要发放。

(一)许可证的受理各企业申领进口许可证时,应向发证机关提供的一般材料

1.申请单位需填制加盖公章的进口许可证申请表。

2.第一次申请进口许可证的单位,还需提供企业批准成立文件的正本复印件、法人代码证书复印件。

3.无外贸经营权及经营范围的单位,还需提供主管部门的批准文件各企业除提供上述一般材料外,申请进口许可证时,对于不同商品、不同贸易方式,还应提供各有关部门的证明文件。

(1)一般贸易进口:应提供外经贸委(计划处)与市经委共同签发的《重要工业品进口计划证明》;

(2)外商投资企业进口:一般商品提供外资委的批文,机电配额产品提供外资委或经贸部机电司的配额证明;

(3)华侨、台港澳同胞捐赠:一般配额商品应提供外经贸委(计划处)与市经委共同签发的《重要工业品进口计划证明》;

(4)其他贸易方式的进口:包括补偿贸易、边境小额贸易、利用国外政府贷款或国际金融组织贷款、无偿援助、经贸往来赠送、劳务承包调回、加工贸易、租赁贸易进口等等,其应提供的材料同一般贸易。

（二）许可证的审核、签发

1. 审核许可证申请表填写是否规范，内容与证明文件是否一致。

2. 审核证明文件是否有效。

3. 审核进口经营单位是否有该商品的进口经营权，经办人审核无误后，在初审栏内签发意见，交处领导核发。

（三）许可证的打印、存档

1. 审核通过后，进行许可证的打印，打证人员应按许可证流水号做好证书的登记。

2. 打印中出现的错证、废证，应及时登记并注明原因。

3. 打印后校对、盖章。值班人员按规定将留存联、许可证申请表及证明文件一起登记存档。每月结束后，值班人员负责整理一个月的留存联，检查许可证流水号是否连续，有否存在断号的情况。遇到值班人员因故请假时，由指定的人员代其保管留存联。值班人员同代保管员之间应做好交接工作，值班人员请假期满后，代保管员须与值班人员做好移交工作。

● 思考与练习

任务：请根据项目一/模块 1 的"思考与练习"任务所要求制作的外贸合同以及项目一/模块 3 的"思考与练习"任务一所要求模拟的信用证，模拟制作一份出口许可证。

模块 4　电汇方式下全套单据制作

我们要让电变得无比便宜，以至于只有富人才会点蜡烛。

——托马斯·爱迪生

● 本模块教学目标

电汇方式下能根据贸易信息制作全套结汇单据

● 情景案例

机构：

外贸企业：宁波保税区益友国际贸易有限公司

人物：

小李：宁波保税区益友国际贸易有限公司单证员

郑经理：宁波保税区益友国际贸易有限公司业务经理

背景资料：

1. 2009 年 2 月 13 日，宁波保税区益友国际贸易有限公司外贸业务部郑经理与墨西哥某公司签订一份 400 个标价机（PRICE LABELER）的出口合同。

2. 小李在办公室制作、补齐、整理客户清关用单据：发票、装箱单、航空运单等。

形式发票

NINGBO FREE TRADE ZONE YEAYOO
IND'L & INT'L TRADING CO., LTD.

RM 709, LIUTING STAR BUSINESS MANSION, NO. 299-22, CANGSONG RD.,
NINGBO CHINA 315012
TEL: +86-574-87160701   FAX: +86-574-87160702

PROFORMA INVOICE

TO: Simarc
Geranio 272-A
Colonia Santa Marí a Insurgentes
Codigo Postal: 06430
Delegación: Cuahutemoc
México, D.F.

NO.: VNO29006R
DATE: FEB 13 2009

PORT OF LOADING: NINGBO, CHINA   PORT OF DESTINATION: MEXICO

ITEM	NAME OF COMMODITY & SPECIFICATION	QUANTITY		UNIT PRICE			AMOUNT	
				FOB NINGBO				
1	**PRICE LABELER**							
84-444006	8 DIGITS, RED	200	PC	@	USD	1.275	USD	255.000
84-444006	8 DIGITS, BLUE	200	PC	@	USD	1.275	USD	255.000
					SUB TOTAL:		USD	510.00
	AIR FREIGHT CHARGE FROM NINGBO TO MEXICO CITY						USD	1150.00
	TOTAL:						USD	1660.00

MADE IN CHINA

TOTAL SAY U.S. DOLLARS ONE THOUSAND SIX HUNDRED AND SIXTY ONLY.

宁波保税区益友国际贸易有限公司
FREE TRADE ZONE YEAYOO IND'L & INT'L TRADING CO.,LTD.

购销合同

工矿产品购销合同（编号 VNO29006）合同签约地：宁波

供方：＊＊＊＊＊＊＊制品有限公司　　　　　　　（TEL：0579-856＊＊＊88　FAX：0579-856＊＊＊31）

需方：宁波保税区益友国际贸易有限公司　　　　（TEL：0574-87160701　FAX：0574-87160702）

一、产品名称、规格及型号、数量、单价及总金额：

名　称	客编号	工厂编号	数　量	单价（含税含运费到宁波北仑仓库）	金　额
标价机	84-444006	W-550 ES	1 000 个/30 箱 500 个红色、 500 个蓝色	3.200	3 200.00
单色装入外箱，红色 5 箱，蓝色 5 箱		共 10 箱	总金额：3 200.00		

总金额：人民币叁仟贰佰元整。（RMB 3 200.00）

二、交货时间、地点、方式：2009 年 3 月 5 日前一次交清，货送上海指定外贸仓，交货前由需方提供详细进仓地址（方式：汽车运输）运费由供方负担。

三、包装要求：按工厂标准的 MOTEX 彩盒包装（跟 VNO29001 合同一样），其中 W-550 ES（用新料做的）中的链条根据需方要求（工厂有模具的）；机器内装一个国产墨水，另外配一个国产墨水；包装上无工厂信息及中文文字。用透明封箱带加封（及加封外箱四周），且外箱也须用白色打包带包装。

四、唛头：　　　　　　　　　　　　　　侧唛：ITEM NO.：84-444006

　　　　　　　　　　　　　　　　　　　DESC.：PRICE LABELLER

　　　　　　　　　　　　　　　　　　　COLOR：BLUE/RED（根据实际颜色）

　　　　　　　　　　　　　　　　　　　QTY.：50 PCS

　　　　　　　　　　　　　　　　　　　G. W.：KGS

　　　　　　　　　　　　　　　　　　　N. W.：KGS

　　　　　　　　　　　　　　　　　　　MEAS.：××CM

五、质量要求：1.产品大小符合工厂规格，质量按供方标准产品样品。2.出货前请速寄出货样一式 2 份（出货样不要从大货中取出）。

六、供方产品质量保证期：1.外商收货半年内，如发现由于质量原因部分或全部产品无法使用，可以将无法使用的产品退回，由需方负责清关后退给供方。供方需将原货款退回需方，并由供方承担因退货引起的海运费、保险费、理关费、国内运输费等费用。2.外商收货之日以货物离开中国港口 40 天后计算。

七、结算方式及期限：需方在收到供方回签合同，验货合格后，在收到供方正确的增值税发票并出货时，将全部货款支付于供方。

八、违约责任：按国家相关法律规定，由违约方承担相应责任。

九、解决合同纠纷的方式：友好协商，协商不成，交由宁波仲裁委员会仲裁。

十、其他约定事项：

供方：（签章）　　　　　　　　　　　　需方：（签章）宁波保税区益友国际贸易有限公司

代理人：　　　　　　　　　　　　　　　地址：宁波市苍松路 299 弄 22 号 709 室

代理人：　　　　　　　　　　　　　　　代理人：

电话：　　　　　　　　　　　　　　　　电话：0574-87160701

传真：　　　　　　　　　　　　　　　　传真：0574-87160702

日期：2009 年　月　日　　　　　　　　日期：2009 年 2 月 10 日

报关单

JG02

中华人民共和国海关出口货物报关单

预录入编号：　　　　　　　　　　　海关编号：

出口口岸 SHANGHAI		备案号		出口日期		申报日期	
经营单位		运输方式 BY AIR	运输工具名称			提运单号	
发货单位 **3302260298** 浙江天时国际经济技术合作有限公司		贸易方式 GENERAL		征免性质		结汇方式 T/T	
许可证号		运抵国(地区) MEXICO	指运港 MEXICO			境内货源地 宁波	
批准文号 701452943		成交方式 FOB	运费	保费		杂费	
合同协议号		件数	包装种类 8 CTNS	毛重(公斤) 176.00		净重(公斤) 160.00	生产厂家
集装箱号		随附单据					
标记唛码及备注							

项号	商品编号	商品名称、规格型号	数量及单位	最终目的国(地区)	单价	总价	币制	征免
1	9611000090	PRICE LABELER 标价价机	**400PCS** 个	160 KGS 千克	MEXICO	2.6250	420.00	USD

税费征收情况

录入员	录入单位	兹声明以上申报无讹并承担法律责任	海关审单批注及放行日期(签章)	
报关员			审单	审价
单位地址		申报单位(签章)	征税	统计
邮编 电话 填制日期			查验	放行

装箱单

NINGBO FREE TRADE ZONE YEAYOO
IND'L & INT'L TRADING CO., LTD.

RM 709, LIUTING STAR BUSINESS MANSION, NO. 299/22, CANGSONG RD.,
NINGBO CHINA 315012
TEL: +86-574-87160701   FAX: +86-574-87160702

PACKING LIST

TO:

NO.: VNO29006C
DATE: MAR 05 2009

PORT OF LOADING:SHANGHAI ,CHINA　　　　　　　　　　　　　　　　PORT OF DESTINATION: MEXICO

ITEM	DESC.	QTY./UNIT		PACKING			MEAS.(CBM)	G.W.(KG)	N.W.(KG)
				INNER	MASTER	CTNS			
1	PRICE LABELER								
84-444006	8 DIGITS, RED	200	PC		50	4	@70X63X26/0.46	@22/88	@20/80
84-444006	8 DIGITS, BLUE	200	PC		50	4	@70X63X26/0.46	@22/88	@20/80
				TOTAL:		8	0.92CBM	176KGS	160KGS
	TOTAL SAY EIGHT CARTONS ONLY.								

航空运单

139PVG08094461

Shipper's Name and Address	Shipper's Account Number	Not Negotiable **Air Waybill** Issued by	AEROMEXICO AEROVIAS DE MEX, PASEO DE LA MEXICO CITY 06500 MEXICO
NINGBO FREE TRADE ZONE YEAYOO IND'L & INT'L TRADING CO., LTD. TEL:+86 0574- 87160701			

Consignee's Name and Address	Consignee's Account Number
SIMARC,. GERANIO 273-A COLONIA SANTA MARIA INSURGENTES CODIGO POSTAL:06430 DELEGACION CUAHUTEMOC MEXICO D.F	

Copies 1, 2 and 3 of this Air Waybill are originals and have the same validity.

It is agreed that the goods described herein are accepted in apparent good order and condition (except as noted) for carriage SUBJECT TO THE CONDITIONS OF CONTRACT ON THE REVERSE HEREOF. ALL GOODS MAY BE CARRIED BY ANY OTHER MEANS INCLUDING ROAD OR ANY OTHER CARRIER UNLESS SPECIFIC CONTRARY INSTRUCTIONS ARE GIVEN HEREON BY THE SHIPPER, AND SHIPPER AGREES THAT THE SHIPMENT MAY BE CARRIED VIA INTERMEDIATE STOPPING PLACES WHICH THE CARRIER DEEMS APPROPRIATE. THE SHIPPER'S ATTENTION IS DRAWN TO THE NOTICE CONCERNING CARRIER'S LIMITATION OF LIABILITY. Shipper may increase such limitation of liability by declaring a higher value for carriage and paying a supplemental charge if required.

Issuing Carrier's Agent Name and City	Accounting Information/Also Notify
SGH/ETS/SHA	FREIGHT PREPAID

Agent's IATA Code	Account No.

Airport of Departure (Addr. of first Carrier) and requested Routing	Reference Number	Optional Shipping Information
SHANGHAI		

to	By First Carrier Routing and Destination	to	by	to	by	Currency	CHGS WT/VAL CODE PPD COLL	Other PPD COLL	Declared Value for Carriage	Declared Value for Customs
MEX	AM					CNY	PP	PP	NVD	NCV

Airport of Destination	Requested Flight/Date		Amount of Insurance	INSURANCE - If Carrier offers insurance, and such insurance is requested in accordance with the conditions thereof, indicate amount to be insured in figures in box marked 'Amount of Insurance'.
MEXICO CITY	AM99	MAR 08	NIL	

Handling Information

NO SOLID WOOD IN PACKING MATERIAL

SCI

(For USA only) These commodities, technology or software were exported from the United States in accordance with the Export Administration Regulations. Diversion contrary to USA law prohibited.

No. of Pieces RCP	Gross Weight	kg lb	Rate Class Commodity Item No.	Chargeable Weight	Rate Charge	Total	Nature and Quantity of Goods (incl. Dimensions or Volume)
8	167.0	K	Q	167.0	40.89	6828.63	PRICE LABELER VOL:0.516CBM

Prepaid	Weight Charge	Collect		Other Charges
6828.63				AWC:50.00 BMY:501.00 PGC:167.00

	Valuation Charge		

	Tax		

	Total Other Charges Due Agent			Shipper certifies that the particulars on the face hereof are correct and that INSOFAR AS ANY PART OF THE CONSIGNMENT CONTAINS DANGEROUS GOODS, SUCH PART IS PROPERLY DESCRIBED BY NAME AND IS IN PROPER CONDITION FOR CARRIAGE BY AIR ACCORDING TO THE APPLICABLE DANGEROUS GOODS REGULATIONS.

	Total Other Charges Due Carrier		
718.00			

SGH/ET/SHA
Signature of Shipper or his Agent

Total Prepaid	Total Collect
7546.63	

Currency Conversion Rates	cc charges in Dest. Currency

2009-03-07   SHANGHAI

For Carriers Use only at Destination	Charges at Destination	Total Collect Charges

Executed on (Date)   at (Place)   Signature of Issuing Carrier or its Agent

ORIGINAL 2 (FOR CONSIGNEE)

空运保函

空运出口非危货物保函

致：上海浦东国际机场货运站有限公司

本公司需通过航空运输下述货物，并保证下列货物不会对航空运输安全产生任何不良影响。特此声明无。如有不符，我公司愿意承担因此引起的所有责任及一切法律后果。

1、中文品名：标价机
   （需与海关报关单品名一致）
2、英文品名：PRICE LABELER
   （需与航空运单或与其所附清单品名一致）
3、件数：8　重量：176.0　目的港：MEX
4、产品用途描述：
   用于打印数字，符号

5、产品构成（制作材料及内含物质，需详细说明）：
   塑料制品，手动的标价机

本产品无油、无毒、无害、无电池，无马达，无放射性，无制冷剂，无氟利昂，无液体，无氧气发生装置，无气体，无压力，无酒精，无药物，无汞，无磁性，如有问题我司愿承担责任

生产厂家全称（须加盖公章）：
联系人：

24 小时应急联系电话：0574-87161352　　　　手机：13967833551

以下由空运代理公司填写：

主运单号：　　　　　　　　　　　分运单号（如有）：

本公司确认上述货主所托运之货物内容及描述准确，保证上述货物在空运过程中不会不利于航空运输安全。我司愿意承担因向浦东机场货运站不实申报所引起的所有责任及法律后果。

代理公司全称（须加盖公章）：

三字代码：

联系人：

24 小时应急联系电话：　　　　　　手机：

● 任务

1. 看懂以上的全套业务单据。
2. 思考电汇方式下单据的缮制要点。

● 思考与练习

任务：请根据下列电汇方式下的外贸合同以及相关信息，制作全套结汇单据。

资料一　相关信息：

(1) INVOICE NO.：XD1234

(2) PACKING：12 SETS TO ONE CARTON

G. W. /N. W.：@8/7KGS MEASUREMENT：@60×50×30(CM)

(3) VESSEL NAME AND VOY. NO.：LONGSHEN V678

B/L ISSUED BY CHANGHAN SHIPPING AGENT 李运金

(4) B/L NO.：COSCU06888

(5) ON BOARD DATE：MAY 8，2008

H. S. CODE：6211339019

资料二　外贸合同：

SALES CONTRACT

(1) THE SELLSES：　　　　　　　　　　　　　　　　　　S/C NO. OPCP08008

OCEAN PLASTIC & CHEMICAL PRODUCTS CO.，LTD　　DATE：MAR. 27TH，2008

(2) ADDRESS：1101－1105 SHANGDONG NATIONALS，

#1926 CANGHAI RD.，NINGBO，315040，CHINA

TEL：0574-×××××××　　FAX：0574-×××××××

E-MAIL：Christina@163. com

(3) THE BUYERS：TONNY PRODUCTS PLC

(4) ADDRESS：BERSTOFSGADE 48，ROTTERDAM，THE NETHERLANDS

TEL：+(31)74 12 37 08　　FAX：+(31)74 12 37 09

E-MAIL：chila@tvl. com. ntl

THE SELLERS AGREE TO SELL AND THE BUYERS AGREE TO BUY THE UNDERMEN-
TIONED GOODS ACCORDING TO THE TERMS AND CONDITIONS AS STIPULATED BELOW

NAME OF COMMODITY & SPECIFICATION	QUANTITY	UNIT PRICE	TOTAL VALUE
JOGGING SUIT			CFRC3% AMSTERDAM
Art. No. KB5200	840 sets	EUR 15. 20	EUR 12 768. 00
Art. No. KP6300	600 sets	EUR 12. 50	EUR 7 500. 00
Art. No. KY5200	600 sets	EUR 10. 60	EUR 6 360. 00
TOTAL：	2 040 sets		EUR 26 628. 00

(5) PACKING:

PACKED IN CARTONS OF 12 SETS

(6) SHIPPING MARKS:

TONNY/XD06008/AMSTERDAM/NO. 1—UP

(7) PORT OF SHIPMENT:

ANY CHINESE PORT

(8) PORT OF DESTINATION:

AMSTERDAM

(9) TIME OF SHIPMENT:

NOT LATER THAN MAY 31ST, 2008

(10) TERMS OF PAYMENT:

30% T/T IN ADVANCE, THE OTHERS 70% T/T AFTER SHIPMENT.

(11) FORCE MAJEURE:

The Sellers shall not be held responsible if they, owing to Force Majeure causes, fail to make delivery with-in the time stipulated in the contract or can't deliver the goods. However, in such a case the sellers shall inform the Buyers immediately by cable. The Sellers shall send to the Buyers by registered letter at the request of the Buyers a certificate attesting the existence of such a cause or causes issued by China Council for the Promotion of International Trade of by a competent Authority.

(12) DISCREPANCY AND CLAIM:

In case discrepancy on the quality of the goods is found by the Buyers after arrival of the goods at the port of destination, claim may be lodged within 30 days after arrival of the goods at the port of destination. While for quantity discrepancy, claim may be lodged within 15 days after arrival of the goods at the port of destination, being supported by Inspection certificate issued by a reputable public surveyor agreed upon by both party. The Sellers shall, then consider the claim in the light of actual circumstances. For the losses due to natural cause or causes falling within the responsibilities of the Ship-owners or the Underwriters. The sellers shall not consider any claim for compensation. In case the Letter of Credit does not reach the Sellers within the time stipulated in the Contract, or under FOB price terms Buyers do not send vessel to appointed ports or the Letter of Credit opened by the Buyers does not correspond to the Contract terms and the Buyers fail to amend thereafter its terms by telegraph within the time limit after receipt of notification by the Sellers, the Sellers shall have right to cancel the contract or to delay the delivery of the goods and shall have also the right to lodge claims for compensation of losses.

(13) ARBITRATION:

All disputes in connection with the contract or the execution thereof, shall be settled articable by negotiation. In case no settlement can be reached, the case under dispute may then be submitted to the "China International Economic and Trade Arbitration Commission" for arbitration. The arbitration shall take place in China and shall be executed in accordance with the provisional rules of Procedure of the said Commission and the decision made by the Commission shall be accepted as final and binding upon both parties for setting the disputes. The fees, for arbitration shall be borne by the losing party unless otherwise awarded.

THE SELLERS:	THE BUYERS:
OCEAN PLASTIC & CHEMICAL	TONNY PRODUCTS PLC
PRODUCTS CO. , LTD	ROTTERDAM THE NETHERLAND

模块 5 托收方式下全套单据制作

银行系统比正规军队更难对付。　　　　　　　　——托马斯·杰弗逊

● 本模块教学目标

托收方式下能根据贸易信息制作全套结汇单据

● 情景案例

机构:

外贸企业:宁波保税区益友国际贸易有限公司

人物:

小李:宁波保税区益友国际贸易有限公司单证员

郑经理:宁波保税区益友国际贸易有限公司业务经理

背景资料:

1. 2008 年 6 月 14 日,宁波保税区益友国际贸易有限公司外贸业务部郑经理与波兰某公司签订一份 9 600PCS 起钉器(STAPLES REMOVER)的出口合同。

2. 小李在办公室制作、补齐、整理客户清关用单据:发票、装箱单、提单、产地证等。

托收委托书

To: Shanghai Pudong Development Bank　　　　　　　　　　　　　　**Offshore Banking Unit**

| Application number: | (For Bank use only) | Date(day/month/year) |

APPLICATION FOR EXPORT TRANSACTION

We present the following documents ("**Documents**") for:

- ☑ issuing or nominated bank's payment under the documentary credit below ("**DC**") without any financing (checking of documents is ☐ required ☐ not required)
- ☐ your negotiation under the DC by way of advancing funds or agreeing to advance funds under the DC　　☐ your advance under ☐ D/P ☐ D/A
- ☐ your purchase of a draft accepted by you under the DC　　☐ drawee's payment without financing under ☐ D/P ☐ D/A
- ☐ your prepayment of a deferred payment undertaking incurred by you under the DC
- ☐ your advance under the DC' where the DC is not available with you

Financing under DC	Financing under DP/DA Bills
Currency and Amount:	Currency and Amount:
Finance Period:　　　　Interest Rate:	Finance Period:　　　　Interest Rate:

Drawer/Beneficiary *(Full Name and Address)*
NINGBO FREE TRADE ZONE YEAYOO IND'L & INT'L TRADING CO., LTD

Name of Contact Person *(Mr/Mrs/Miss/Ms)*
MISS MOU

Contact Telephone Number　0574-87161452　　(Ext.

Drawee/Applicant
TAURUS TRADE PAWEL DYMUS
UL. KLAUDYNY 4-40
01-684 WARSIAWA

Facsimile Number　　　　Telephone Number

Payment Terms (eg at sight, 30 days sight, etc)　D/P at sight

Invoice Number　IN028026-2C

Account Number to be debited for all Bank Charges　OSA 1143 639445173

Bills of Lading/Air Waybills/Parcel Post No.　HKHKG4210812013

▼ Please mark number of documents attached

Draft		Insce. Policy/Cert.	
Commercial Invoice	3	Signed Bs/Lading	3
Customs Invoice		Non-neg Bs/Lading	3
Packing/Weight List	3	Parcel Post Receipt	
Survey Report		Air Waybill	

Other documents
FORM A　　1+1C

Bill Currency and Amount　USD 1200.00

Other instructions

Proceeds Disposal
- ☐ Deduct......................from Pre-export Advance Number ....
- ☐ Credit our account number.........................under exchange contract(if applicable).
- ☐ Apply proceeds to settle the drawing under the Back-to-Back DC.
- ☐ Apply proceeds to settle the drawing under the D/P or D/A (............days) bills.
- ☐ Others:

☐**LETTER OF CREDIT**　Issuing Bank and DC Number

Available with...
by.......................

For Back-to-Back DC (if applicable)
A back-to-back DC(No.............) has been issued by you against the support of this DC.

☐**DOCUMENTARY COLLECTION**
Name and address of Collecting Bank:
BANK ZAOJODWI WBK SA 5-12TH FLOOR 61-894 POZNAN POLAND
or any bank nominated or designated by Shanghai Pudong Development Bank

INSTRUCTIONS to Collecting Bank (Please put a tick in the appropriate boxes)

A	Release Documents against PAYMENT ("D/P")	G	COLLECT charges from the DRAWEES
B	Release Documents against ACCEPTANCE ("D/A")	H	DEDUCT charges from the PROCEEDS
C	ACCEPTANCE/PAYMENT may be postponed until arrival of carrying vessel	I	Collect interest@...........% p.a. from drawees from date of.................until date of...................
D	Any communication between the Collecting Bank and Shanghai Pudong Development Bank ☐ by telecommunication ☐ by airmail		
E	PROTEST for Non-acceptance and/or Non-payment	J	WAIVE Interest,expenses and/or collection
F	DO NOT PROTEST	K	DO NOT WAIVE charges if refused

(NOTE: If no instructions are given regarding protest the Bank will assume that protest is NOT required)

宁波保税区益友国际贸易有限公司
NINGBO FREE TRADE ZONE YEAYOO IND'L & INT'L TRADING CO.,LTD
S.V.

Authorised Signature(s) and Chop (if required)

THIS APPLICATION IS SUBJECT TO THE TERMS AND CONDITIONS PRINTED OVERLEAF.

For Bank Use Only							
Amount		Interest Rate	DC	○ Not Restricted	○ Confirmed	○ Lost/Fraudulent Status
Period	Date of Proceed Granted	Repayment Date		○ Restricted	○ Without Recourse	
Other instructions			Approval by	1st Check by	2nd Check by	

发票

NINGBO FREE TRADE ZONE YEAYOO
IND'L & INT'L TRADING CO., LTD

RM 709, LIUTING STAR BUSINESS MANSION, NO. 299-22, CANGSONG RD.,

NINGBO CHINA 315012

TEL: +86-574-87160701   FAX: +86-574-87160702

COMMERCIAL INVOICE

TO: Taurus Trade Pawel Dymus
Ul. Klaudyny 4/40
01-684 Warszawa
POLAND

NO.: VNO28026-2C
DATE: JUN 30 2008

PORT OF LOADING: NINGBO, CHINA   PORT OF DESTINATION: GDYNIA, POLAND

ITEM	DESC. & SPECIFICATION	QUANTITY	UNIT PRICE	AMOUNT
			CFR GDYNIA	
1 STR9055	**STAPLES REMOVER**	9600 PC	@ USD 0.125	USD 1200.00
	TOTAL:			**USD 1200.00**

TOTAL SAY U.S. DOLLARS ONE THOUSAND TWO HUNDRED ONLY.

宁波保税区益友国际贸易有限公司
NINGBO FREE TRADE ZONE YEAYOO IND'L & INT'L TRADING CO.,LTD.

装箱单

NINGBO FREE TRADE ZONE YEAYOO
IND'L & INT'L TRADING CO., LTD.

RM 709, LIUTING STAR BUSINESS MANSION, NO. 299/22, CANGSONG RD.,

NINGBO CHINA 315012

TEL: +86-574-87160701, 87160901 FAX: +86-574-87160702

PACKING LIST

TO:

NO.: VNO28026-2C
DATE: JUN 30 2008

PORT OF LOADING: NINGBO, CHINA   PORT OF DESTINATION: GDYNIA, POLAND

ITEM	DESC.	QTY.	PACKING			MEAS.	G.W.	N.W.	
			INNER	MASTER	CTNS				
1 STR9055	STAPLES REMOVER	9600 PC		480	20	@42*26.5*30/0.67	@14/280	@12/240	42
	TOTAL:				20	0.67CBM	280KGS	240KGS	

TOTAL SAY TWENTY CARTONS ONLY.

SHIPPING MARKS:
TAURUS - TRADE
ROZSZYWACA Z BIOKADA (480SZT)
STR9055
GDYNIA
C/N0:1-20

宁波保税区益友国际贸易有限公司
NINGBO FREE TRADE ZONE YEAYOO IND'L & INT'L TRADING CO.,LTD.

提单

020962

KAIYUAN SHIPPING CO., LTD   **BILL OF LADING**

SHIPPER		
NINGBO FREE TRADE ZONE YEAYOO IND'L & INT'L TRADING CO., LTD. TEL:+86 0574 - 87160701	B/L NO. ANL8NBP8050 - 1	DOCUMENT NO.
	EXPORT REFERENCES	
CONSIGNEE TO ORDER	FORWARDING AGENT - REFERENCES	
	PORT OF LOADING NINGBO CHINA	PORT OF DESTINATION GDYNIA POLAND
	POINT AND COUNTRY OF ORIGIN	
NOTIFY PARTY TAURUS TRADE PAWEL DYMUS UL KLAUDYNY 4/10 01-684 WARSZAWA	SHIPCO TRANSPORT SP.Z.O.O. UL. PULASKIEGO 6. 4TH FLOOR 81 368 GDYNIA POLAND TEL:+48 58 621 8817 FAX:+48 58 621 8742	
PRE-CARRIAGE BY	PLACE OF RECEIPT	
OCEAN VESSEL/VOY NO. CMA CGM VOLTAIRE V. FM068	PORT OF LOADING NINGBO	ONWARD INLAND ROUTING
PORT OF DISCHARGE GDYNIA	PLACE OF DELIVERY GDYNIA	FINAL DESTINATION (FOR THE MERCHANTS REFERENCE ONLY)

CONTAINER NO./SEAL NO. MARKS AND NUMBERS	NO. OF PKGS OR CONTAINERS	KIND OF PACKAGES, DESCRIPTION OF GOODS	GROSS WEIGHT (KGS)	MEASUREMENT (CBM)
TAURUS-TRADE ROZSZYWACZ Z BIOKADA (480SZT) STR9055 GDYNIA CTN:1-20	20CARTONS	STAPLES REMOVER	380KGS	0.67CBM
BMOU2052767/ANL765710 20GP		LCL CFS-CFS		

ORIGINAL

Particulars furnished by the Merchant

TOTAL NO. OF PACKAGES OR CONTAINERS (IN WORDS)	SAY TWENTY CARTONS ONLY

FREIGHT AND CHARGES	RATED AS	RATE	PER	PREPAID	COLLECT
				FREIGHT PREPAID	
DOMESTIC ROUTING/EXPORT INSTRUCTIONS				KAIYUAN SHIPPING CO., LTD	

LADEN ON BOARD THE VESSEL
DATE 09 JUL 2008
PLACE OF B/L ISSUE NINGBO
NO. OF ORIGINAL B(s)/L SIGNED THREE
DATE OF B(s)/L ISSUED 09 JUL 2008

KAIYUAN SHIPPING CO., LTD
AS CARRIER

Received the said in measurement good order and condition, and, as far as ascertained by reasonable means of checking, as specified above unless otherwise stated. Terms of bill of lading continued on reverse side thereof. In witness whereof, three(3) original Bills of Lading have been signed all of this tenor and date one of which being accomplished the others to stand void. The surrender of the original order bill of lading properly endorsed shall be required before the delivery of the property. Inspection of property covered by this bill of lading will not be permitted unless provided by law or unless permission is endorsed on this original bill of lading or given in writing by the shipper. Attention of shipper The terms and conditions of the order bill of lading under which this shipment is accepted are printed on the back hereof. Note, unless otherwise specified the charges listed above do not include customs duties, taxes, customs clearance charges and similar non transportation charges which are for the account of the cargo.

通关单

中华人民共和国出入境检验检疫
出境货物通关单

编号： 310300208287163000

1. 发货人 浙江天时国际经济技术合作有限公司 ZHEJIANG TEAMS INTERNATIONAL ECONOMIC & TECHNICAL COOPERATION CO.,LTD.			5. 标记及号码 IMPORTER:COOL MARKETING PRODUKT:KREDKI DO TWARZY QUANTITY:4040 PCS NR OF CARTON:4 CTN SIZE OF CARTON:34*32*40 CM WEIGHT OF CARTON:13.5/11.5 KG
2. 收货人 *** COOL MARKETING COMPANY			
3. 合同/信用证号 VN○28066C /***		4. 输往国家或地区 波兰	
6. 运输工具名称及号码 飞机 ***	7. 发货日期 2008.12.03		8. 集装箱规格及数量 ***
9. 货物名称及规格 蜡笔 *** *** （以下空白）	10. H.S. 编码 9609900000 *** *** （以下空白）	11. 申报总值 *596美元 *** *** （以下空白）	12. 数/重量、包装数量及种类 *4040套， *46千克， *4纸箱 （以下空白）

13. 证明

上述货物业经检验检疫，请海关予以放行。

本通关单有效期至 二○○九 年 一 月 四 日

签字： 日期： 2008 年 11 月 05 日

14. 备注

Ⅰ 7078669   ① 货物通关   印刷流水号：I7078669   [2-2(2000.1.1)]

报关单

JG02

中华人民共和国海关出口货物报关单

预录入编号： 海关编号：

出口口岸 NINGBO		备案号		出口日期	申报日期
经营单位 3302260298		运输方式 BY SEA	运输工具名称		提运单号
发货单位 浙江天时国际经济技术合作有限公司		贸易方式 GENERAL		征免性质	结汇方式 T/T
许可证号	运抵国(地区) 波兰		指运港 格丁尼亚		境内货源地 宁波
批准文号 114093936	成交方式 CFR	运费		保费	杂费
合同协议号	件数	包装种类 20 CTNS	毛重(公斤) 280.00		净重(公斤) 240.00
集装箱号	随附单据				生产厂家
标记唛码及备注					

项号	商品编号	商品名称、规格型号	数量及单位	最终目的国(地区)	单价	总价	币制	征免
1	82032000	SRAPLES REMOVER 起钉器	9600 PCS 台	波兰	0.1121	1076.00	USD	

税费征收情况

录入员	录入单位	兹声明以上申报无讹并承担法律责任	海关审单批注及放行日期(签章)	
报关员			审单	审价
单位地址		申报单位	征税	统计
邮编	电话	填制日期	查验	放行

商检换单

出境货物换证凭条

转单号	380300208003482T 1355		报检号		380300208019710	
报检单位	宁波海田国际货运有限公司					
品　名	蜡笔					
合同号	VNO 28066C			H.S.编码		9609900000
数(重)量	4 040 套	包装件数	4 纸箱	金额		596 美元

评定意见:

贵单位抽检的该批货物,经我局检验检疫,已合格。请执此单到上海局本部办理出境验证业务。本单有效期截止于 2009 年 01 月 02 日。

宁海局本部 2008 年 11 月 03 日

● **任务**

1. 看懂以上的全套业务单据。
2. 思考托收方式下单据的缮制要点。

● **思考与练习**

任务:请根据下列托收方式下的货物明细单,制作全套结汇单据。

出口货物明细单

出口商名称地址:ZHEJIANG MACINERY & EQUIPMENT IMP&EXP CORP.
NO. 23, XIAOWEN STREET, NINGBO CHINA

进口商名称地址:HONGYU COMPANY
RM. 201, MINTAI BUILDING SINGAPORE

合同号码:CQMYG000851　　　发票号码:YSDSS09652

签约日期:2008.7.1　　发票日期:2008.10.8　　装运日期:2008.10.8

起运地:宁波　　　　目的地:SINGAPORE　　提单日期:2008.10.10

贸易性质:一般　　　贸易条件:CIF　　　　付款方式:D/P SIGHT

货物名称规格	数量 (SET)	包装 (CASE)	尺 码 (CM)	毛重 (KG)	净重 (KG)	单价 (USD)	总值 (USD)
DIESEL ENGINE							
DE801	20	CASE	86×70×66	110	98	275	5 500
DE802	20	CASE	86×70×66	110	98	284	5 680
DE803	15	CASE	92×120×84	154	120	454	6 810
DE804	15	CASE	88×160×70	188	146	720	10 800
	70			562	462		28 790

运输标志:HONGYU/SINGAPORE/C/NO. 1—UP

包装:每台装一个木箱

提单收货人:TO ORDER OF SHIPPER　提单被通知人:按进口商填

保险代理人:TAIPING INSURANCE CO.

　　　　　　BLDG. 210 QUEEN STREET SINGAPORE

代收行:THE SINGAPORE COMMERCIAL　BANK

分批装运:不准　　　　　转运:不准

运费:预付　USD22/运费吨　　计费标准:"M"

船名:CHANGQING V. 8　　　提单号码:7425　保险单号码:8725014

险别:ALL AND WAR RISK　　加成:10%　　费率:0.14%

模块6　信用证方式下全套单据制作

你必须以诚待人,别人才会以诚相报。　　　　　　　——李嘉诚

● 本模块教学目标

信用证方式下能根据贸易信息制作全套结汇单据

● 情景案例

机构:
外贸企业:宁波保税区益友国际贸易有限公司
人物:
小李:宁波保税区益友国际贸易有限公司单证员
郑经理:宁波保税区益友国际贸易有限公司业务经理
背景资料:
1. 2007年9月19日,宁波保税区益友国际贸易有限公司外贸业务部郑经理与波兰某公司签订一份圆珠笔(BALL PEN)的出口合同。
2. 小李在办公室制作、补齐、整理客户清关用单据:发票、装箱单、提单、普惠制产地证、客户装船授权函等。

信用证

上海浦東發展銀行
SHANGHAI PUDONG DEVELOPMENT BANK

LETTER OF CREDIT ADVICE

OUR REF : EX940107003777

DATED : 2007-9-24

TO: NINGBO FREE TRADE ZONE YEAYOO IND'L & INT'L TRADING CO.,LTD

致：宁波保税区益友国际贸易有限公司

ISSUING BANK: BANCO DE SABADELL, S.A.
开证行 08201 SABADELL

RECEIVED VIA:
转递行/转让行

L/C NO : 5228314148300
信用证编号

L/C AMOUNT : USD11751.40
信用证金额

WE HAVE PLEASURE IN ADVISING YOU THAT WE HAVE RECEIVED FROM THE ABOVE BANK THE CAPTIONED CREDIT, IN FULL DETAILS, CONTENTS OF WHICH ARE AS PER THE ATTACHED. PLEASE NOTE THAT UNLESS OTHERWISE STAMPED ON THE ATTACHED CREDIT, THIS CREDIT DOES NOT BEAR OUR CONFIRMATION NOR INVOLVE ANY UNDERTAKING(S) ON OUR PART. THIS ADVICE AND THE ATTACHED (AND ANY SUBSEQUENT AMENDMENT) MUST ACCOMPANY ALL PRESENTATIONS. IN THE CASE OF MESSAGES RECEIVED BY CABLE OR TELEX, WE ACCEPT NO RESPONSIBILITY OR LIABILITY FOR ANY ERRORS, OMISSION OR DELAYS IN THE TRANSMISSION OF THE CABLE OR TELEX.

IF YOU FIND ANY TERMS IN THIS CREDIT YOU ARE UNABLE TO COMPLY WITH OR ANY ERRORS IN YOUR NAME AND /OR ADDRESS, PLEASE COMMUNICATE (DIRECT WITH YOUR) BUYERS IMMEDIATELY WITH A VIEW TO ARRANGING ANY DEFINED AMENDMENTS AND THUS AVOID DIFFICULTIES WHICH WOULD OTHERWISE ARISE WHEN DOCUMENTS ARE PRESENTED.

我行荣幸的通知贵公司，兹收到来自上述银行的全电信用证，信用证内容附后。

提请贵公司注意，除非我行在随附的信用证上盖章注明，否则我行对该证不加具保兑，也不承担任何责任。

此信用证通知及随附的信用证，包括今后可能有的信用证修改，在所有交单中都应一并提交。若收到的信息以电报或电传方式发送，则我行对电报和电传传递过程中发生的任何错误、遗漏和延迟都不负有可何责任。

请于到而实随附的信用证，若您发现有无法执行的条款或您的名称、地址有错误，请迅速与买方取得直接联系，安排其进行修改，以避免将来在交单时可能遇到的困难。

FOR SHANGHAI PUDONG DEVELOPMENT BANK
上海浦东发展银行

This Letter of Credit is subject to UCP LATEST VERSION

SHANGHAI PUDONG DEVELOPMENT BANK NINGBO BRANCH NO 21 JIANGXIA STREET NINGBO P.R.C CHINA P.C 315000
TEL. NO.:0574-87268062 FAX NO.:0574-87268808 TLX:370105 SWIFT BIC:SPDBCNSH342

162

Eximbills Enterprise Incoming Swift

Message Type:700
Send Bank:BSABESBBXXX
         BANCO DE SABADELL, S.A.
         08201 SABADELL
Recv Bank:SPDBCNSH342
         SHANGHAI PUDONG DEVELOPMENT BANK
         315000 NINGBO
User Name:H000664   Print Times:1
Print Date:2007 09 24 16:28:59   MIR:070921BSABESBBAXXX3861010266

:27:[Sequence of Total]
    1/1
:40A:[Form of Documentary Credit]
    IRREVOCABLE
:20:[Documentary Credit Number]
    5228314148300
:31C:[Date of Issue]
    070921
:40E:[Applicable Rules]
    UCP LATEST VERSION
:31D:[Date and Place of Expiry]
    080109 VALENCIA (SPAIN)
:50:[Applicant]
    WELLSEASON, S.L.
    CTRA. ADEMUZ, KM. 15,700
    46184 SAN ANTONIO DE BENAGEBER(VALE
    SPAIN
:59:[Beneficiary]
    /ACC. 940 114 980 000 00 575
    NINGBO FREE TRADE ZONE YEAYOU IND'L
    AND INT'L TRADING CO. LTD. RM709,
    LIUTING STAR BUSINESS MANSION, N. 299
    .22, CANGSONG RD., NINGBO, CHINA 315012
:32B:[Currency Code, Amount]
    USD11751,4
:39A:[Percentage Credit Amount Tolerance]
    00/00
:41A:[Available With...By...]
    BSABESBBXXX
    BY PAYMENT
:43P:[Partial Shipments]
    NOT ALLOWED
:43T:[Transshipment]
    ALLOWED
:44A:[Take in Charge Dispatch FM/Place of RCPT]
    NINGBO
:44B:[Final Desti/Trans to/Place of Delivery]
    VALENCIA PORT, SPAIN
:44D:[Shipment Period]
    NOT BEFORE DECEMBER 10TH 2007 AND NOT LATER THAN DECEMBER 25TH
    2007.
:45A:[Description of Goods and/or Services]
    DELIVERY TERMS FOB NINGBO (INCOTERMS 2000)
    COVERING:
    4042 DISPLAYS OF 34 PENBALL AS PER OUR ORDER N. 317 AS PER
    PROFORMA INVOICE N. VN027055 AND VN027055F.
:46A:[Document Required]
    SIGNED COMMERCIAL INVOICE IN THREE FOLD.
    .PACKING LIST IN THREE FOLD DETAILED BY CONTAINER.
    .CERTIFICATE OF ORIGIN GSP FORM A IN ONE ORIGINAL AND ONE COPY
    ISSUED BY CHINA AUTHORITY. NOT LATER THAN B/L DATE, OTHERWISE
    STATING CLAUSE ISSUED RETROSPECTIVELY.
    .FULL SET OF OCEAN CLEAN ON BOARD BILL OF LADING, ISSUED BY
    CASA CHINA(NINGBO OFFICE) IS ACCEPTABLE,MARKED FREIGHT COLLECT,TO
    THE ORDER AND BLANK ENDORSED AND NOTIFY WELLSEASON S.L. CTRA
    ADEMUZ KM.15, 46184 SAN ANTONIO DE BENAGEBER VALENCIA SPAIN.
    .COPY OR PHOTOCOPY AUTHORIZATION LETTER FOR PRODUCTION THAT WILL
    BE PROVIDED BY WELLSEASON. S.L. AFTER RECEIPT OF THE SAMPLES.

:47A:[Additional Conditions]
+ PLS. DO NOT SEND ANY DRAFT
THIRD PARTY DOCUMENTS SHOWING DIFFERENT ROUTING, INVOICE NUMBER
AND DATE ARE ACCEPTABLE.
GSP FORM 'A' CERTIFICATE SHOWING THIRD PARTY EXPORTER, SHIPPING
ROUTE, DIFFER FROM B/L, INVOICE NO. AND DATE DIFFER ACCEPTABLE.
THE VALIDITY OF THIS L/C IS CONDITIONED TO THE REMITTANCE FROM
THE BENEFICIARY OF 1 SAMPLE OF EACH DESIGN AND REFERENCE FOR THE
APPROVAL OF THE APPLICANT BEFORE TO START THE MASS PRODUCTION.
AND ALSO IS CONDITIONED TO THE SENDING OF 5 DISPLAYS OF EACH
REFERENCE BY AIR DELIVERY AS ADVANCED PRODUCTION BEFORE THE
SHIPMENT BENEFICIARY'S CERTIFICAT TO THIS EFFECT IS REQUIRED.
+ A CHARGE OF EUR 95.00 (IN THE CURRENCY OF THE CREDIT) WILL BE
DEDUCTED FOR EACH PRESENTATION BEARING DISCREPANCIES.

:71B:[Charges]
ALL BANKING CHARGES
OUTSIDE THE ISSUING BANK,
INCLUDING REIMBURSEMENT CHARGES
ARE FOR BENEFICIARY'S ACCOUNT.

:48:[Period for Presentation]
DOCUMENTS TO BE PRESENTED NOT
LATER THAN 15 DAYS FROM SHIPMENT
DATE, BUT WITHIN L/C VALIDITY.

:49:[Confirmation Instructions]
WITHOUT

:78:[Instructions to the Paying Bank]
UPON RECEPTION OF DOCUMENTS STRICTLY IN ACCORDANCE WITH CREDIT
TERMS WE SHALL CREDIT YOU AS PER YOUR INSTRUCTIONS.

:72:[Sender to Receiver Information]
PLEASE ADVISE URGENTLY TO BEN.
AT 21 JIANG XIA STREET, NINGBO
BRANCH.

:999:[null]
IM99010707553324 0 9401
{5:{MAC:E5D14E8E}{CHK:28B8DAAF79851}}{S:{SAC:}{COP:P}}

发票 1

NINGBO FREE TRADE ZONE YEAYOO
IND'L & INT'L TRADING CO., LTD.

RM 709, LIUTING STAR BUSINESS MANSION, N. 299.22, CANGSONG RD.,
NINGBO , CHINA 315012
TEL: +86-574-87160701   FAX: +86-574-87160702

COMMERCIAL INVOICE

TO: WEB SEASON S.L

NO.: VNO27055
DATE: DEC 20 2007
L/C NO.: 5228314148300

PORT OF LOADING: NINGBO

PORT OF DESTINATION: VALENCIA PORT, SPAIN

ITEM	NAME OF COMMODITY & SPECIFICATION	QUANTITY	UNIT PRICE	AMOUNT
				FOB NINGBO PORT
1 043179#	BALL PEN OUR REF. BAP8909 DISPLAY 24 BOLIGRAFOS CON CAJA BETTY DUN-14 CARTON -- DUN-14 INNER BOX -- EAN-13 PIECE -- 8414778431799	2021 BOX	@ USD 2.462	USD 4975.70
045205#	DISPLAY 24 BOLIGRAFOS BETTY BOOP DUN-14 CARTON -- DUN-14 INNER BOX -- EAN-13 PIECE -- 8414778452053	2021 BOX	@ USD 2.462	USD 4975.70
		TOTAL:		USD 9951.40

TOTAL SAY U.S. DOLLARS NINE THOUSAND NINE HUNDRED FIFTY ONE
AND CENTS FORTY ONLY.

MARKS: DELIVERY TERMS : FOB NINGBO (INCOTERMS 2000)
COVERING
4042 DISPLAYS OF 24 PENBALL AS PER OUR ORDER N. 317 AS PER
PROFORMA INVOICE N. VNO27055 AND VNO27055F.

宁波保税区益友国际贸易有限公司

NINGBO FREE TRADE ZONE YEAYOO IND'L & LNT'L TRADING CO.,LTD.

郑平

发票 2

NINGBO FREE TRADE ZONE YEAYOO
IND'L & INT'L TRADING CO., LTD.

RM 709, LIUTING STAR BUSINESS MANSION, N. 299.22, CANGSONG RD.,
NINGBO , CHINA 315012
TEL +86-574-87160701   FAX: +86-574-87160702

COMMERCIAL INVOICE

TO： WELLSEASON, S.L.

NO.：　VNO27055F
DATE：　DEC 20 2007
L/C NO.：　5228314148300

PORT OF LOADING: NINGBO　　　　　　PORT OF DESTINATION: VALENCIA PORT, SPAIN

ITEM	NAME OF COMMODITY & SPECIFICATION	QUANTITY	UNIT PRICE	AMOUNT
			FOB NINGBO PORT	
2	BALL PEN OUR REF. BAP8909			
043179#	FILM ARTWORK CHARGE FOR THE PEN	1 SET	@ USD 800.000	USD 800.00
	FILM ARTWORK CHARGE FOR THE BOX AND DISPLAY	2 SET	@ USD 50.000	USD 100.00
045205#	FILM ARTWORK CHARGE FOR THE PEN	1 SET	@ USD 800.000	USD 800.00
	FILM ARTWORK CHARGE FOR THE BOX AND DISPLAY	2 SET	@ USD 50.000	USD 100.00
		TOTAL:		USD 1800.00

TOTAL SAY U.S. DOLLARS ONE THOUSAND AND EIGHT HUNDRED ONLY.

宁波保税区益友国际贸易有限公司
NINGBO FREE TRADE ZONE YEAYOO IND'L & LNT'L TRADING CO.,LTD.

装箱单

NINGBO FREE TRADE ZONE YEAYOO
IND'L & INT'L TRADING CO., LTD.
RM 709, LIUTING STAR BUSINESS MANSION, N. 299.22, CANGSONG RD.,
NINGBO, CHINA 315012
TEL: +86-574-87160701   FAX: +86-574-87160702

PACKING LIST

TO：

NO.：　VNO27055
DATE: DEC 20 2007
L/C NO.: 5228314148300

PORT OF LOADING: NINGBO　　　　　　PORT OF DESTINATION: VALENCIA PORT, SPAIN

ITEM	DESC.	QTY./UNIT	PACKING INNER	PACKING MASTER	CTNS	MEAS.(CBM)	G.W.(KG)	N.W.(KG)
1	BALL PEN OUR REF. BAP8909							
043179#	DISPLAY 24 BOLIGRAFOS CON CAJA BETTY	2016 BOX	18BOXES	36BOXES	56	@63.5X50.5X33.6/6.03	@17/952	@15/840
	DUN-14 CARTON --	5 BOX	TO BE SHIPPED BY AIR FREIGHT					
	DUN-14 INNER BOX --							
	EAN-13 PIECE -- 8414778431799							
045205#	DISPLAY 24 BOLIGRAFOS BETTY BOOP	2016 BOX	18BOXES	36BOXES	56	@63.5X50.5X33.6/6.03	@17/952	@15/840
	DUN-14 CARTON --	5 BOX	TO BE SHIPPED BY AIR FREIGHT					
	DUN-14 INNER BOX --							
	EAN-13 PIECE -- 8414778452053							
	TOTAL:				112	12.06CBM	1904KGS	1680KGS

TOTAL SAY ONE HUNDRED AND TWELVE CARTONS ONLY.

Remarks:
SHIPPING MARKS
M.L.S A
VALENCIA
Referancia
Cantixtades PCS
Peso neto Kgs
Peso bruto Kgs
Medidas: cmsX cmsX cms
C/NO:
MADE IN CHINA

宁波保税区益友国际贸易有限公司
NINGBO FREE TRADE ZONE YEAYOO IND'L & LNT'L TRADING CO.,LTD.

提单

Shipper NINGBO FREE TRADE ZONE YEAYOO IND'L AND INT'L TRADING CO..LTD.RM709 LIUTING STAR BUSINESS MANSION, N.299.22,CANGSONG RD,NINGBO, CHINA 315012	Country or Origin	Bill of Lading No NH/VLC-217460A
	F/Agent Name & Ref. SPACE CARGO VALENCIA CALLE MENORCA ,17-ENTRESUELO 46023 VALENCIA	Shipper's Ref

Consignee(If 'To Order' so indicate)
TO THE ORDER

TEL:34-96-3303306 /FAX: 04-96-3310904

CASA
CHINA
CASA CHINA LIMITED
(As Carrier)

Notify Party(No claim shall attach for failure to notify)
WELLSEASON S.L.
CTRA.ADEMUZ KM.15,
46184 SAN ANTONIO DE BENAGEBER
VALENCIA SPAIN.

Place of Receipt	Port of Loading NINGBO		
Vessel V.V801R MSC TOMOKO	Port of Discharge VALENCIA	Place of Delivery VALENCIA	No.of original Bills of Loading THREE (3)

Marks & Numbers	No.of Pkgs. or Shipping Units	Description of Goods & Pkgs.	Gross Weight	Measurements
SHIPPER'S LOAD, COUNT & SEAL SAID TO CONTAIN : CRXU4383919/6134305 40'(112CTNS/1904KGS/12.060CBM) DETAIL AS PER ATTACHED LIST		112 CTNS DETAIL AS PER ATTACHED LIST ORIGINAL	KGS 1904.000	CBM 12.060
	112 CTNS	SHIPPED ON BOARD : 25/12/200		
Total		Temperature Control PART OF ONE (1X40') CONTAINER ONLY. Instructions:		

Freight Details, Charges etc: CFS/CY FREIGHT COLLECT	Excess Value Declaration: Refer to Clause 6(4)(B)+(C) on reverse side

RECEIVED by the Carrier the Goods as specified above in apparent good order and condition unless otherwise stated, to be transported to such place as agreed, authorised or permitted herein and subject to all the terms and conditions appearing on the front and reverse of this Bill of Lading to which the Merchant agrees by accepting this Bill of Lading, any local privileges and customs notwithstanding.

The particulars given above as stated by the shipper and the weight, measure, quantity, condition, contents and value of the Goods are unknown to the Carrier.

In WITNESS where of one(1) original Bill of Lading has been signed if not otherwise stated above, the same being accomplished the other(s), if any ,to be void.If required by the Carrier one (1) original Bill of Lading must be surrendered duly endorsed in exchange for the Goods or delivery order.

SHANGHAI   25/12/2007

Place and date of issue
Signed on behalf of the Carrier:

AS CARRIER

by _____

提单附件

```
                        **************
                        ATTACHED LIST
                        **************

  B/L NO            : NB/VLC-217460A              PAGE :    1

  VESSEL / VOYAGE   : MSC TOMOKO V.V801R

  DESTINATION       : VALENCIA
```

CONTAINER NO	SEAL NO	TYPE	CLASS	MODE	PKGS	KGS	CBM
CRXU4383919	6134305	GP	40	CY/CY	112	1904.000	12.060

MARKS & NUMBERS	PKGS	DESCRIPTION OF GOODS
M.I.S.A. VALENCIA REFERENCIA: CANTIDADES: PCS PESO NOTO: KGS PESO BRUTO: KGS MEDIDAS:CMSX CMSX CMS C/NO: MADE IN CHINA	112 CTNS	DELIVERY TERMS: FOB NINGBO (INCOTERMS 2000) COVERING: 4042 DISPLAYS OF 24 PINBALL AS PER OUR ORDER N 317 AS PER PROFORMA INVOICE N.VN027055 AND VN027055F.

```
                          --------
                          112 CTNS
                          ========
```

FORM A

ORIGINAL

1. Goods consigned from (Exporter's business name, address, country)	Reference No.
NINGBO FREE TRADE ZONE YEAYOO IND'L AND INT'L TRADING CO., LTD. RM709, LULTING STAR BUSINESS MANSION, N.200, 22 CANGSONG RD., NINGBO, CHINA315012	G073800037500028 **GENERALIZED SYSTEM OF PREFERENCES** **CERTIFICATE OF ORIGIN** (Combined declaration and certificate) FORM A

2. Goods consigned to (Consignee's name, address, country)	Issued in THE PEOPLE'S REPUBLIC OF CHINA (country)
WELLSEASON, S.L. CTRA. ADEMUZ, KM. 15,700 46184 SAN ANTONIO DE BENAGEBER (VALE SPAIN	See Notes overleaf

3. Means of transport and route (as far as known)	4. For official use
FROM NINGBO TO VALENCIA PORT, SPAIN BY SEA	

5. Item number	6. Marks and numbers of packages	7. Number and kind of packages; description of goods	8. Origin criterion (see Notes overleaf)	9. Gross weight or other quantity	10. Number and date of invoices
I	M.I.S.A. VALENCIA REFERENCIA: CANTIDADES: PCS PESO NOTO: KGS PESO BRUTO: KGS MEDIDAS:CMSX CMSX CMS C/NO: MADE IN CHINA	ONE HUNDRED AND TWELVE (112) CTNS OF BALL PEN *** *** *** *** *** *** FOB NINGBO (INCOTERMS 2000) 4042 DISPLAYS OF 24 PENBALL AS PER OUR ORDER N.317 AS PER PROFORMA INVOICE N. VNO27055 AND VNO27055F.	"P"	4042BOXES	VNO27055 DEC. 20, 200

11. Certification It is hereby certified, on the basis of control carried out, that the declaration by the exporter is correct.	12. Declaration by the exporter The undersigned hereby declares that the above details and statements are correct; that all the goods were produced in **CHINA** (country) and that they comply with the origin requirements specified for those goods in the Generalized System of Preferences for goods exported to **SPAIN** (importing country)
NINGBO, CHINA DEC. 20, 2007 Place and date, signature and stamp of certifying authority	NINGBO CHINA DEC. 20, 2007 Place and date, signature of authorized signatory

S 66358385

000000294355?

确认函

Ctra. Ademuz, Km. 15,700
46184 San Antonio de Benagéber
(Valencia) SPAIN

WELLSEASON S.L.

THE AUTHORIZATION LETTER FOR THE PRODUCTION

We WELLSEASON. S.L. Acknowledge the remittance from the beneficiary of 1 sample of each design and reference for approval of us before to start the mass production. And also is conditioned to the sending of 5 displays each reference by air delivery as advanced production before the shipment. Have been sent to us by

Our Supplier: NINGBO FREE TRADE ZONE YEAYOO IND'L & INT'L TRADING CO., LTD.

Production of the items enclosed in our ORDER No 317

According with the Proforma invoice no: VNO27055 and VNO27055F

Items subject to the L/C number: 5228314148300

We acknowledge the receipt of the above mentioned samples and give our authorization and consent to the mass production of this order and his shipment.

Yours Sincerely,
Benaguacil 18 December de 2007.

授权函

Wellseason, S.L.

TO: NINGBO FREE TRADE ZONE YEAYOO IND'L & INT'L TRADING CO.,LTD

ATTN: Mr Vion   DATE: 18 December / 07

Dear Mr Vion,

We WELLSEASON, S.L. ISSUE THIS LETTER TO CERTIFY THAT WE KNOW AND GIVE OUR AUTHORIZATION TO SHIP ON BOARD THE FOLLOWING ORDER:

- OUR SUPPLIER: NINGBO FREE TRADE ZONE YEAYOO IND'L & INT'L TRADING CO., LTD

- SHIPMENT OF OUR ORDER: 317

- ACCORDING WITH PROFORMA INVOICE: VNO27055 and VNO27055F

- FORWARDER COMPANY: CASA CHINA LTD.

- PORT OF CHARGE: NINGBO

- L/C NUMBER IS: 5228314148300

If you need any further information, please do not hesitate to contact us.
Best regards,

MARIAN DOLZ

托运单

宁波保税区益友国际贸易有限公司

托运人 NINGBO FREE TRADE ZONE YEAYOO IND'L & INT'L TRADING CO., LTD. RM 709, LIUTING STAR BUSINESS MANSION, NO. 299-22, CANGSONG RD.,NINGBO CHINA 315012 TEL +86 0574- 87160701	出口货物托运单		
收货人 TO THE ORDER	环球国际货运七部		
	联系人一：俞经理 /小徐		
	电话：87327113		
	传真：87302127		
通知人 WELLSEASON S L 46184 SAN ANTONIA DE BENAGEBER VALENCIA SPAIN.	托运单号	YEA071220	
	委托日期	2007-12-20	
	合同号码	VN027055	
	信用证号	5228314148300	
	运输方式	BY SEA	
	是否转运	NO	
	是否分批	NO	

一程船名		起运港	NINGBO, CHINA	装船日期	
二程船名		转运港		海运费USD	FREIGHT COLLECT
正本提单	3	目的港	VALENCIA	包干费RMB	0
副本提单	3	ETD		ETA	

标志和号码	货品名称	件数及包装	毛重	体积
1 BALL PEN		112CTNS	1904KGS	12.06CBM

SHIPPING MARKS M. I. S. A. VALENCIA Referencia: Cantidades: PCS Peso noto: Kgs Peso bruto: Kgs Medidas: cms cmsX cms C/NO: MADE IN CHINA	特约事项
	船期： 2007-12-25
	箱型/数量:拼箱
	进仓或拖卡：进仓

宁波保税区益友国际贸易有限公司
地址:宁波市海曙区苍松路299弄22号柳汀星座商务楼709室
电话：+86-574-87161352   传真：+86-574-87160702
联系人：牟丽君

(托运人签章)

场站收据

Shipper (发货人)		D/R No. (编号)		欧航
CASA CHI LTD (NINGBO OFFICE) 1108-110 CHINA H.C CENTRE NO.717 ZHONGXING ROAD,NINGBO CHINA		JMCCN/NO1313S-A NB-701-120323		
		货主编号： CLNB No.9210932		
Consignee (收货人) SPACE CARGO VALENCIA TEL: 34-96-3303306 /FAX: 34-96-3310904		装 货 单 场站收据副本	第 一 联	
Notify Party (通知人) SPACE CARGO VALENCIA TEL: 34-96-3303306 /FAX: 34-96-3310904		Received by the Carrier the Total number of containers or other packages or units stated below to be transported subject to the terms and conditions of the Carrier's regular form of Bill of Lading (for Combined Transport or Port to Port shipment) which shall be deemed to be incorporated herein.		
Pre-carriage by (前程运输)	Place of Receipt (收货地点)	Date(日期):		
Ocean Vessel (船名) Voy. No.(航次) MS TOMA V371	Port of Loading (装货港)		场站章	
Port of Discharge (卸货港) B3/LO	Place of Delivery (交货地点)		Final Destination for the Merchant's Refere (目的地)	

Container No. Seal No. (封志号) Marks & Nos. (集装箱号) (唛头与号码) (保证与号码)	No .of contai- ners or p'kgs (箱数或件数)	Kind of Packages: Description of Goods (包装种类与货名)	Gross Weight 毛重(公斤)	Measurement 尺码(立方米)
N/M	112 CTNS PLASTIC BOX		1304.000	

TOTAL NUMBER OF CONTAINERS OR PACKAGES (IN WORDS) 集装箱数或件数合计(大写)						CRXU4383919
Container No. (箱号)	Seal No. (封志号)	Pkgs. (件数)	Container No. (箱号)	Seal No. (封志号)	Pkgs. (件数)	

报关单号： 310320070537981869

集装箱号：
CRXU4383919

集装箱数： 1

打印日期：2007-12-00

By Terminal Clerk (场站员签字)

FREIGHT & CHARGES	Prepaid at (预付地点)	Payable at (到付地点)	(交地点)
	Total Prepaid (预付总额)	No.of Original B(s)4. (正本提单份数)	

报关单

JG02

中华人民共和国海关出口货物报关单

预录入编号：　　　　　　　　　　　海关编号：

出口口岸 NINGBO		备案号		出口日期	申报日期
经营单位 浙江天时国际经济技术合作有限公司　3302916004		运输方式 BY SEA	运输工具名称		提运单号
发货单位 浙江天时国际经济技术合作有限公司		贸易方式 GENERAL		征免性质	结汇方式 T/T
许可证号	运抵国(地区) 西班牙		指运港 VALENCIA		境内货源地
批准文号 087336754	成交方式 FOB	运费		保费	杂费 宁波
合同协议号	件数	包装种类 112 CTNS	毛重(公斤) 1904.00		净重(公斤) 1680.00
集装箱号	随附单据			生产厂家	
标记唛码及备注					

项号	商品编号	商品名称、规格型号	数量及单位	最终目的国(地区)	单价	总价	币制	征免
1	96081000	BALL PEN 圆珠笔	316008 PCS 支	VALENCIA	0.0285	9020.00	USD	

税费征收情况

录入员	录入单位	兹声明以上申报无讹并承担法律责任	海关审单批注及放行日期(签章)	
报关员			审单	审价
单位地址		申报单位(签章)	征税	统计
邮编　　电话		填制日期	查验	放行

174

● 任务

1. 看懂以上的全套业务单据。
2. 思考信用证方式下单据的缮制要点。

● 思考与练习

任务：请根据下列某信用证业务资料一、二、三，制作全套结汇单据。

资料一　信用证：

MT700 ························· ISSUE OF A DOCUMENTARY CREDIT ·······················

SEQUENCE OF TOTAL	27	：1/1
FORM OF DOCUMENTARY CREDIT	40A	：IRREVOCABLE
DOCUMENTARY CREDIT NUMBER	20	：XT173
DATE OF ISSUE	31C	：080510
DATE AND PLACE OF EXPIRY	31D	：DATE 080630 PLACE CHINA
APPLICANT	50	：YIYANG TRADING CORPORATION 88 MARAHALL AVE DONCASTER VIC 3108 CANADA
ISSUING BANK	52A	：NATIONAL PARIS BANK 24 MARSHALL VEDON-CASTERMONTREAL, CANADA
BENEFICIARY	59	：NINGBO IMPORT & EXPORT TRADE CORPORATION 1321 ZHONGSHAN ROAD, NINGBO, CHINA
CURRENCY CODE, AMOUNT	32B	：CURRENCY USD AMOUNT 32 800.00
AVAILABLE WITH … BY …	41D	：ANY BANK BY NEGOTIATION
DRAFTS AT …	42C	：SIGHT
DRAWEE	42A	：NATIONAL PARIS BANK
PARTIAL SHIPMENT	43P	：PROHIBITED
TRANSSHIPMENT	43T	：PROHIBITED
LOADING/DISPATCH/TAKING IN CHARGE/FM	44A	：NINGBO
FOR TRANSPORTATION TO …	44B	：MONTREAL, CANADA
LATEST DATE OF SHIPMENT	44C	：080620
DESCRIPTION OF GOODS/SERVICES	45A	：

CHINESE GREEN TEA AS PER S/C No. TXT264 CIF MONTREAL

DOCUMENTS REQUIRED：　　　　46A：

　　＋ SIGNED COMMERCIAL INVOICE IN 2 ORIGINAL AND 4 COPIES.

　　＋ PACKING LIST IN 1 ORIGINAL AND 4 COPIES.

　　＋ CERTIFICATE OF ORIGIN GSP CHINA FORM A, ISSUED BY THE CHAMBER OF COMMERCIAE OR OTER AUTHORITY DULY DETITLED FOR THIS PURPOSE.

　　＋ FULL SET OF NEGOTIABLE INSURANCE POLICY OR CERTIFICATE AND BLANK EN-

DORSED FOR 110 PERCENT OF THE INVOICE AVLUE COVERING ALL RISKS

+ FULL SET OF B/L (3 ORIGINAL AND 5 COPIES) CLEAN ON BOARD, MADE OUT TO ORDER OF SHIPPER AND BLANK ENDORSED AND MARKED "FREIGHT PREPAID" AND NOTIFY APPLICANT.

+ ONE FULL SET OF NON-NEGOTIABLE SHIPPING DOCUMENTS MUST BE SENT TO THE APPLICANT BY AIR COURIER WITHIN 3 DAYS AFTER SHIPMENT AND BENEFICIARY'S CERTIFICATE TO THIS EFFECT IS REQUIRED.

+ COPY OF TELEX/FAX ADVICE, ADDRESSED TO APPLICANT BY BENEFICIARY WITHIN THREE DAYS AFTER SHIPMENT DATE BEARING THE FOLLOWING DETAILS: DATE OF SHIPMENT, NUMBER OF B/L, NAME OF SHIPPING COMPANY, AND VESSEL, QUANTITY, WEIGHT AND DESCRIPTION OF SHIPPED GOODS, SHIPPING MARKS AND NUMBERS, NUMBER OF CONTAINER, PORT OF LOADING AND E. T. D. , PORT OF DESTINATION AND E. T. A.

CHARGES 71B: ALL BANKING CHARGES OUTSIDE CANADA ARE FOR BENEFICIARY'S ACCOUNT

PERIOD FOR PRESENTATION 48: DOCUMENTS MUST BE PRESENTED WITHIN 15 DAYS AFTER THE DATE OF SHIPMENT BUT WITHIN THE VALIDITY OF THE CREDIT.

CONFIRMATION INSTRUCTION 49: WITHOUT

SENDER TO RECEIVER INFO 72: THIS LC IS SUBJECT TO UCP ICC PUB. NO. 600. THIS IS OPERATIVE INSTRUCMENT AND NO MAIL CONFIRMATION WILL FOLLOW.

资料二 其他信息：

(1) INVOICE NO. : TX0522

(2) INVOICE DATE: JUN. 01, 2008

(3) PACKING

	G. W/kgs	N. W/kgs	MEAS/(m³)
ART NO. 005	7/CTN	5/CTN	0. 2/CTN
ART NO. 006	6/CTN	5/CTN	0. 2/CTN
ART NO. 007	6/CTN	5/CTN	0. 2/CTN

PACKED IN 20' CONTAINER (集装箱号:GATU0506118)

(4) H. S. CODE: 5802.3090

(5) POLICY NO. : XH043101984

(6) FREIGHT FEE: USD815

(7) INSURANCE FEE: USD984

(8) REFERENCE NO. : 20080819

(9) B/L NO. : HJSHB142939

(10) B/L DATE: JUN. 10, 2008

(11) VESSEL: NANGXING V. 086

资料三　外贸合同：

宁波进出口贸易公司

NINGBO IMPORT & EXPORT TRADE CORPORATION

SALES CONFIRMATION

1321 ZHONGSHAN ROAD NINGBO，CHINA

Tele：0574-65788877

Fax：0574-65788876

TO：YIYANG TRADING CORPORATION　　　　S/C NO.；TXT264

　　88 MARAHALL AVE　　　　　　　　　DATE：MAY.1ˢᵗ，2008

　　DONCASTER VIC 3108，CANADA

We hereby confirm having sold to you the following goods on terms and conditions as stated below

MARKS & No.	DESCRIPTIONS OF GOODS	QUANTITY	U/ PRICE	AMOUNT
YIYANG MONTREAL C/No. 1-66	CHINESE GREEN TEA ART No. 005 ART No. 006 ART No. 007 Packed in 66 cartons	100 KGS 110 KGS 120 KGS	CIF MONTREAL USD 110.00 USD 100.00 USD 90.00	USD 11 000.00 USD 11 000.00 USD 10 800.00

PACKING：PACKED IN 66 CARTONS OF 5 KILOGRAMS EACH

LOADING PORT：NINGBO

DESTINATION：MONTREAL

PARTIAL SHIPMENT：PROHIBITED

TRANSHIPMENT：PROHIBITED

PAYMENT：L/C AT SIGHT

INSURANCE：FOR 110 PERCENT OF THE INVOICE VALUE COVERING ALL RISKS

TIME OF SHIPMENT：LATEST DATE OF SHIPMENT 080620

THE BUYER：　　　　　　　　　　　　THE SELLER：

YIYANG TRADING CORPORATION　　NINGBO IMPORT & EXPORT TRADE CORPORATION

模块 7　信用证案例分析

成功的秘诀有三条:第一,尽量避免风险,保住本金;第二,尽量避免风险,保住本金;第三,坚决牢记第一、第二条。　　　　——巴菲特的投资名言

● 本模块教学目标

最终目标:了解信用证业务风险,熟悉 UCP 600
促成目标:了解信用证风险
　　　　熟悉 UCP 600

● 情景案例

例 1:伪造信用证诈骗案

河南某外贸公司曾收到一份以英国标准麦加利银行伯明翰分行(STANDARD CHARTERED BANK LTD. BIRMINGHAM BRANCH, ENGLAND)名义开立的跟单信用证,金额为 USD 37 200.00 元,通知行为伦敦国民西敏寺银行(NATIONAL WESTMINSTER BANK LTD, LONDON)。

因该证没有像往常一样经受益人当地银行专业人员审核,发现几点可疑之处:

1. 信用证的格式很陈旧,信封无寄件人地址,且邮戳模糊不清,无法辨认从何地寄出;

2. 信用证限制通知行——伦敦国民西敏寺银行议付,有违常规;

3. 收单行的详细地址在银行年鉴上查无;

4. 信用证的签名为印刷体,而非手签,且无法核对;

5. 信用证要求货物空运至尼日利亚,而该国为诈骗案多发地。

根据以上几点,银行初步判定该证为伪造信用证,后经开证行总行联系查实,确是如此,从而避免了一起伪造信用证件诈骗。

例 2:盗用第三家银行密押的诈骗案

某中行曾收到一份由加拿大 AC 银行 ALERTA 分行电开的信用证,金额约 100 万美元,受益人为安徽某进出口公司。银行审证员发现该证存在以下疑点:

1. 该证没有加押证实,仅在来证开注明"本证将由××行来电证实"。

2. 该证装效期在同一天,且离开证日不足一星期。

3. 来证要求受益人发货后,速将一套副本单据随同一份正本提单用 DHL 快邮寄给申请人。

4. 该证为见票 45 天付款,且规定受益人可按年利率 11% 索取利息。

5. 信用证申请人在加拿大,而收货人却在新加坡。

6. 来证电传号不合常理。针对这几个疑点,该中行一方面告诫公司"此证密押未符,请暂缓出运",另一方面,赶紧向总行国际部查询,回答"查无此行"。稍后,却收到署名"美洲银行"的确认电,但该电文没有加押证实,于是该中行设法与美洲银行驻京代表处联系,请示协助催晒,最后得到答复"该行从未发出确认电,且与开证行无任何往来"。至此,终于证实这是一起盗用第三家银行密押的诈骗案。

例 3:信用证软条款案 1

某中行曾收到一份由香港 KP 银行开出的金额为 USD 1 170 000.00 元的信用证,受益人为广西某进出口公司,出口货物为木箱。来证有如下软条款:THIS CREDIT IS NON-OPERATIVE UNLESS THE NAME OF CARRYING VESSELHAS BEEN AP-PROVED BY APPLICANT AND TO BE ADVISED BY L/C OPENING BANK IN-FORM OF AN L/C ANENDMENT TO BENEFICIARY。中行在将来证通知受益人时提醒其注意这一"软条款",并建议其修改信用证,以避免可能出现的风险。后来,经磋商,申请人撤销该证,另由香港 IB 银行开出同一金额、同一货物、同一受益人的信用证,但证中仍有这样的"软条款":SHIPMENT CAN ONLY BE EFFECTED UPON RECEIPT OF AN AMENDMENT OF THIS CREDIT ADVISING NAME OF CARRYING VESSE/AND SHIPMENT DATE。可谓"换汤不换药",主动权仍掌握在申请人手中,而受益人却面临若申请人拒发装运通知,则无法提交全套单据给银行议付的风险,此时,该中行了解到与该进出口公司联营的某工贸公司已将 40 万元人民币质保金汇往申请人深圳的代表,而且该进出口公司正计划向其申请人民币打包贷款 600 万元作订货之用。于是,该中行果断地采取措施,一方而暂停向该公司贷款,另一方面敦促其设法协助工贸公司追回质保金。后经多方配合,才免遭损失。

例 4：信用证软条款案 2

辽宁某贸易公司与美国某企业签订了销往香港的 5 万立方米花岗岩合同,总金额高达 1 950 万美元,买方通过香港某银行开出了上述合同下的第一笔信用证,金额为 195 万美元。信用规定:货物只能待收到申请人指定船名的装运通知后装运,而该装运通知将由开证行随后经信用证修改书方式发出(SHIPMENT CAN ONLY BE EFFECTED UP-ON RECEIPT OF APPLIANT'S SHIPPING INSTRUCTIONS THROUGH L/C O-PENING BANK NOMINTING THE NAME OF CARRYING VESSEL BY MEANS OF SUBSEQUENT CREDIT AMENDMENT)。该贸易公司收到来证后,即将质保金 260 万元人民币付给了买方指定代表,装船前,买方代表来产地验货,以货物质量不合格为由,拒绝签发"装运通知",致使货物滞留产地,中方公司根本无法发货收汇,损失十分惨重。

例 5：信用证软条款案 3

某中行曾收到香港 BD 金融公司开出的以海南某信息公司为受益人的信用证,金额为 USD 992 000.00 元,出口货物是 20 万台照相机。信用证要求发货前由申请人指定代表出具货物检验证书,其签字必须由开证行证实,且规定 1/2 的正本提单在装运后交予申请人代表。在装运时,申请人代表来到出货地,提供了检验证书,并以数张大额支票为抵押,从受益人手中拿走了其中一份正本提单。后来,受益人将有关支票委托当地银行议付,但结果被告知"托收支票为空头支票",而申请人代表出具的检验证书签名不符,纯属伪造。更不幸的是,货物已被全部提走,下落不明。受益人蒙受重大损失,有苦难言。

例 6：信用证涂改伪造案

江苏某外贸公司曾收到一份由香港客商面交的信开信用证,金额为 318 万美元。当地中行审核后,发觉该证金额、装交期及受益人名称均有明显涂改痕迹,于是提醒受益人注意,并立即向开证行查询,最后查明此证是经客商涂改,交给外贸公司,企图以此要求我方银行向其开出 630 万美元的信用证,以便在国外招摇撞骗。事实上,这是一份早已过期失效的旧信用证。幸亏我方银行警惕性高,才及时制止了这一起巨额信用证诈骗案。

例7：伪造保兑信用证案

某中行曾收到一份由印尼雅加达亚欧美银行（ASIAN UERO-AMERICAN BANK, JAKARTA, INDONESIA）发出的要求纽约瑞士联合银行保兑的电开信用证，金额为600万美元，受益人为广东某外贸公司，出口货物是200万条干蛇皮。但查银行年鉴，没有该开证行的资料，稍后，又收到苏黎世瑞士联合银行的保兑函，但其两个签字中，仅有一个相似，另一个无法核对。此时，受益人称货已备妥，急待装运，以免误了装船期。为慎重起见，该中行一方面劝阻受益人暂不出运，另一方面抓紧与纽约瑞士联合银行和苏黎世瑞士联合银行联系查询，先后得到答复"从没听说过开证行情况，也从未保兑过这一信用证，请提供更详细资料以查此事"。至此，可以确定，该证为伪造保兑信用证，诈骗分子企图凭以骗我方出口货物。

例8：诈骗议付行押汇款案

2000年6月，A公司向B银行提交了由B银行所在地C银行通知的信用证和一套信用证项下单据，该信用证金额为604 500.00美元。经审核后，B银行发现此证系由电传开立，按惯例电传开证应加具密押，密押经通知行核查相符，即可证明电开信用证的真实性。此证注明没有密押，但加盖了C银行的通知章。根据UCP500的规定，C银行已将该证通知A公司，即认同了该信用证的表面真实性。在该证真实的前提下，B银行又对该证项下单据进行了合理、审慎的审核。经审核，B银行发现此套单据存在不符点。首先，信用证单据条款要求"FULL SET OF CLEAN ON BOARD BILL OF LADING（全套清洁已装船提单）"，而A公司提供的是NEGOTIABLE FIATA BILL OF LADING 简称FBL（运输行出具运输单据），即以FBL代替B/L。其次，信用证要求提单以开证行为抬头，而A公司在FBL后做空白背书。B银行按惯例向A公司提示不符点，并向A公司提出两种处理方案：一是由A公司提交以开证行为抬头的B/L，撤换原来的FBL；二是由B银行向开证行电提上述不符点，待对方同意后再行寄单。

A公司表示货物已装船，无法再由船公司出具B/L，接受第二种方案。于是B银行立即向开证行电提上述不符点，并要求开证行尽快给予答复。在这之后的三天内，B银行一直没有收到开证行的回复。三天后，A公司向B银行提示由C银行通知的该证的修改书，该修改书写明删除由申请人出具检验证这一不利于A公司的软条款，同时将单据条款修改为B/L或FBL。A公司表示，此项修改已删除该信用证的软条款，并且B/L或FBL二者具备其一即可，这已经表明申请人和开证行接受电提的不符点，已经达到了B银行的要求，所以A公司要求办理出口押汇，且押汇金额仅为10万美元，远低于信用证金额。B银行并没有听信A公司的一面之辞，反而提出了疑问：按照惯例，如果开证行接受上述不符点，它应该在电传中明确表示申请人接受上述不符点，不日将付款，并将这一内容以电传方式通知B银行，而不是采用信用证修改的方式通知，更不应该将此修改发给C银行。这些违反常规的做法引起了B银行的警惕，B银行坚持等待开证行的电传通知，在此期间，将单据留存，既不寄单，也不为A公司办理出口押汇。五天后，开证行开立电传通知，声明申请人拒绝接受上述不符点，此时A公司已不见踪影。至此，这起诈骗案已真相大白。事后据B银行调查，该信用证项下的货物并未如A公司所述已装船，而是留在A公司所在国境内，并没有出口。

例9：单货不一致案

几家外省公司向该省一私营工厂购锡锭，工厂将铝锭外包锡，假冒锡锭交货，诈骗了多个出口商和信誉卓著的进口商，进口商被骗后通过驻中国使馆交涉，影响了我国的外贸形象。进出口商之所以上当的根本原因是提单是真实的，而工厂当地的权威机构的检验人员收受贿赂，协同作案，为假货出具了检验证。形式真实但内容虚假的商检证危害性很大，但发案可能性还是非常小的。再说，作为融资银行，也不可能面面俱到地落实贸易背景的真实性，如果进口商、出口商、开证行的信誉俱佳，货物行情也看好，银行办理融资基本上是降低了风险，即使是有信贷员跟贷，碰到上述的案子，也不大可能识破骗局。这类假单风险，除非银行事先落实资产保全措施，否则必须在单据方面做到严格相符。所以，单据的质量对银行押汇资金的安全回收是至关重要的，任何时候，单据相符都是银行资金安全的重要保障。

例10：合同内容缺陷案

某制造商签订了一项以安特卫普船边交货（FAS Antwerp）为价格条件提供重型机械的巨额合同，由不可撤销保兑跟单信用证付款，信用证规定提供商业发票及买方签发的已在安特卫普提货的证明。货物及时备妥装运，但到达安特卫普后买方却不提货，由于卖方未收到买方的证明，无法根据信用证收到货款。经过长达一年的交涉，卖方虽然得到赔偿，但仍受到巨大损失。这就是卖方与国际商会联系并对跟单信用证制度作为付款保证提出异议的原因。在签约前，卖方曾与他的通汇银行联系，得到如下答复："跟单信用证对买卖双方都是一种安全的支付工具。"

卖方根据上述要求作了安排，他取得了不可撤销的保兑信用证，已采取了一切必要措施取得了充分的付款保证，但使他失望的是，实际中付款全无保障。因此，该公司向国际商会提出质疑：信用证制度有缺陷吗？

例11：假单据案

某外贸公司与香港公司达成了一笔1 019公吨镀锡铁皮和镀锌薄板，金额约20万美元的交易。支付条件为即期信用证，规定为2月和3月。不久，中国银行广州分行很快开出了信用证，规定了商品的名称、规格、数量、重量和装运期等。中国船运公司应托运人请求，向其发运了48个集装箱，供其装货和加封。3月24日承运人签发了"已装船"的清洁提单，3月25日，香港方寄单至中国银行，并且香港的中国船运公司"海星"号轮到达黄埔港。集装箱明显完好，封条未动。但启封以后，发现箱内只有充满脏水的铁桶，没有镀锡铁皮和镀锌薄板。3月30日，收货人立即将该欺诈行为通知了中国银行，并要求其通知指定的议付银行。但中国银行收到一份香港银行打来的电传，说已根据提示汇票和单据支付了货款。这时，外贸公司发现商业发票与提单两者不符：即信用证内的商品发票中要求规格为50厘米，而提单内规格为50毫米。4月14日，我方提出，香港议付银行可以行使追索权，向出口商索回货款。3天以后，中国银行又收到香港议付银行的电传，说中国银行提出偿还货款的要求超过了允许的合理时间，因此，要求中国银行（开证行）立即偿付，中国银行无奈作了偿付。

例 12：发票佣金折扣案

国外来信用证的金额为："about USD 4 200, less 5% commission and 5% allowance (dis.)."信用证要求的商品是女式衬衫，单价为每件 2.10 美元，CIF London，共 2 000 件，我们应怎样缮制出口发票金额呢？

【分析】应首先核对信用证，如果与信用证相符，按商业习惯做法在缮制出口发票时，应在总金额（单价×数量）中先扣除 5% 优惠（折扣）得出一个毛净价，然后在此基础上再扣除 5% 佣金，得出净价。具体制单如下：

Ladies Blouses

2 000 pieces @ USD 2.10　4 200.00

Less 5% allowance 210.00

---

　　　　　　　　　　　　　　　　　　3 990.00

Less 5% commission：199.50

CIF London net：USD 3 790.50

在既有折扣又有佣金的交易中，我们应掌握先扣除折扣，然后再计扣佣金，因为折扣部分是不应支付佣金的。

例 13：发票金额超过信用证金额案

中方某公司与美国某公司达成一项出口交易。后我方收到美国花旗银行开来的信用证，证上最大金额为 15 000 美元，但我方在装运出口时，实装不同规格、不同单价的货品的总金额为 15 042 美元，超出了信用证允许的最大金额，议付行不同意接受，而我经办人员以该外商资信较好为由，认为区区小数不会计较，遂具保请银行寄单，后果由出口人负责。结果遭到开证行的拒付。请问，在本项交易中我方应吸取什么教训？

例 14：虚假海运单据案

1996 年 3 月 4 日，原告厦门象屿保税区中包物资进出口有限公司（以下称"中包公司"）与被告香港千斤一国际有限公司（下称"千斤一公司"）签订了一份购销总价值 225 万美元、7 500 吨热轧卷板的合同。合同约定起运港黑海港，目的港中国镇江港，采用分批装运方式履行。合同签订后，中包公司于同年 7 月 1 日依约开出受益人为千斤一公司、金额为 60 万美元增减 5%、代号为 FIBXM96698-XG 的远期不可撤销信用证，信用证规定货物装运时间不迟于 1996 年 7 月 15 日，付款日期为 1997 年 1 月 14 日，后更改信用证交货地点为中国福州马尾港。

被告千斤一公司在议付期内向议付行交付了全套单据。原告于 1996 年 7 月 18 日向开证行福建兴业银行厦门分行保证承兑而取得了全套单据，该行于同月 25 日对外承兑。千斤一公司取得承兑汇票后转让给了英国伦敦的一家公司。原告中包公司取得的海运提单载明：承运船舶为被告里舍勒公司所属"卡皮坦·坡克福斯基（KAPITAN POLK-OVSKIY）"轮，发货人 "ALKORADVANCED LTD"，数量 165 捆，重量 2 149.50 吨，价值 644 850 美元,装运港依切利夫斯克(ILYICHEVSK),目的港中国福州马尾港,装船期 1996 年 6 月 26 日,提单签发日期 1996 年 6 月 26 日。该提单表明,是被告香港永威船务有限公司(下称"永威公司")代被告里舍勒公司签发,但不是里舍勒公司的格式提单,提单的抬头名称也不是永威公司。"卡皮坦·坡克福斯基"轮到达福州马尾港后,原告持上述提单前往提货,但该轮并无该票货物。原告中包公司认为被告方提供的装运单据和提单都是虚假的,故起诉至厦门海事法院,请求判令其与千斤一公司的购销合同及海运单据无效,并撤销信用证,不予支付信用证项下款项,并由千斤一公司连带赔偿其损失。

厦门海事法院经审理查明:里舍勒公司系在利比亚登记的航运公司,"卡皮坦·坡克福斯基"轮为其所有(该轮在本案诉讼期间因另案被扣押于马尾港)。该公司未委托永威公司为其代理船舶,也未授权永威公司代其签发提单。"卡皮坦·坡克福斯基"轮与 1996 年 5 月 24 日至 6 月 31 日在依利切夫斯克港装运 24 860.627 吨货物,但未装载原告所持提单上的货物。"卡皮坦·坡克福斯基"轮本航次福州代理称其未接到有关收货人为原告的委托。

厦门海事法院 1996 年 12 月 21 日判决如下:(1)原告中包公司与被告千斤一公司签订的购货合同无效,被告永威公司 1996 年 6 月 26 日签发的 9A 号提单等相关单证无效。中包公司申请开立的千斤一公司为受益人的 FIBXM96698-XG 号信用证项下款项不予支付。(2)千斤一公司和永威公司连带赔偿中包公司开立和更改信用证的银行费用人民币 9 103.03 元,限于本判决生效后十日内支付。(3)驳回中包公司对里舍勒的诉讼请求。

例 15:拒绝修改信用证案

1997 年 1 月 10 日,芝加哥 F 银行向 A 银行开立了一笔金额为 15 783 美元的即期信用证。该证装船期分别为 2 月 25 日和 3 月 8 日,受益人为 B 市某外贸公司,货物名称为铁钉。

2 月 12 日,A 银行收到该信用证项下第一次修改,要求将装船期分别提前至 2 月 15 日和 2 月 24 日,并修改货物描述等内容。A 银行立即与受益人联系,请求答复。受益人于 2 月 19 日向 A 银行发出书面确认,拒绝修改,A 银行即向 F 行发出同样内容的电报。3 月 3 日受益人交单,A 银行经审核无误后议付单据,并按开证行要求寄单索汇。A 银行编号为 BP95I1327/97。3 月 13 日,A 银行收到 F 银行电报,称该单据迟装并超过有效期,以此拒付并准备退单。

经查,此笔单据的装船日为 2 月 25 日,交单日为 3 月 3 日,完全符合修改前信用证的要求。据此,A 银行据理力争,反驳 F 银行提出的不符点。

此后,F 银行又多次来电坚持上述不符点,并两次将单据退回 A 银行,但 A 银行毫不退让,又两次将单据重寄开证行。由于 A 银行有理有力的反驳,F 银行最终于 4 月 25 日付款。

例16：空头货物案

在 A 市的中国某进出口 X 公司与澳大利亚某贸易公司 Y 签订了一份贸易合同,由 Y 公司向 X 公司出口一批国内紧俏的物资,货物拟于 1999 年 7 月 15 日运至 A 市。X 公司向 Z 银行申请开出跟单信用证,该信用证未指定具体的议付行。后来,货运期将至,X 公司怀疑 Y 公司有诈,要求银行拒绝同意向议付行议付。Y 公司找了个担保公司,该担保公司承诺,货已经装船并发往目的港。事后,申请人通知开证行授权议付行议付。议付行是 U 国际银行,该银行接到授权后,即按 UCP500 的要求于次日向受益人 Y 公司放款。后来,买方 X 公司一直未收到来自 Y 公司的货物,于是以受益人欺诈为由向 A 地法院申请保全令,要求法院冻结 Z 银行开出的信用证项下款项(但事实上,此时开证行已经同意议付行议付,并且议付行已经将有关款项发放给受益人)。A 地法院经审理,作出裁决：Y 公司的欺诈行为成立,Y 公司应按其与 X 公司的协议履行其义务；撤销 Z 银行信用证项下的付款义务。后来,U 国际银行不服判决而上诉,上诉法院仍然维持了原判决,于是该银行试图在其所在地的外国法院起诉我国 Z 银行。Z 银行接到 U 银行的主张后,才意识到有可能在外国的未来诉讼中被裁决败诉,并可能导致当地分支机构的财产被强制执行。

例17：签字样本不符案

1998 年 9 月 8 日,湖南省华隆进出口总公司(华隆公司)授权下属独立法人海南省华隆进出口光峰公司(光峰公司)办理进出口结算和开立信用证业务。1998 年 12 月 10 日,光峰公司与江门市篷江区计委物资总公司(江门公司)签订进口代理开证协议书约定：由光峰公司代理江门公司向银行办理开立信用证等事宜。同日,光峰公司向中国农业银行湖南省分行(开证行)申请开立信用证。12 月 22 日,开证行开立了远期 80 天不可撤销跟单信用证。信用证的开证申请人为华隆公司,受益人为潮连物资(香港)有限公司(潮连公司),通知行为香港南洋商业银行。信用证条款第 48A 第 3 条约定："由申请人发出之货品收据,申请人之签字必须与开证银行持有之签字样式相符。"12 月 31 日,华隆公司证实收到信用证项下货物并由光峰公司的工作人员易峰在货物收据上签名。受益人潮连公司将信用证项下的单据提交给开证行,要求付款。开证行审单后发现,华隆公司预留在银行的信用证项下货物收据签字样本为"武斌"的签字,而受益人提供的货物收据上的签名却是"易峰"。1999 年 1 月 26 日以货物收据上的签字与开证行持有之式样不同为由予以拒付,同时将拒付通知了信用证实际的开证申请人光峰公司。

本案涉及的另外一份相似的信用证是开证行于 1999 年 1 月 15 日开立的不可撤销跟单信用证,金额为 302 280 美元。该信用证第 2 条约定："由申请人发出之货物收据申请人之签字必须与开证银行持有之签字样式相符。"华隆公司在开证行预留的货物收据签字样本为：在同一张样本上盖有两个华隆公司印章,其中一个章附有"武斌"的签名,另一个章附有"易峰"的签字。1999 年 1 月 31 日,华隆公司证实收到信用证项下货物并由光峰公司的易峰在货物收据上签名,货物金额为 331 956.24 美元。受益人将信用证项下的单据提交给开证行要求议付。开证行审单后发现受益人提交的货物单据只有华隆公司印章和易峰一人签字,遂于 1999 年 2 月 26 日以"货物收据上之签署有异于开证银行所持的签署样式"为由予以拒付,并通知了光峰公司。

而受益人认为单证相符,开证行不当拒付,遂起诉开证行,要求其兑付信用证。

例 18：冻结货物买卖案

1993 年 11 月 23 日，B 公司与香港 D 有限公司签订了进口 2 500 吨船板的合同，按照合同规定，B 公司以每吨 330 美元（CIF 价）从 D 公司购进 2 101 件甲板，共计总金额 82.5 万美元，目的口岸为黄浦港。

合同订立后，B 公司立即请求 A 银行开出了以 D 公司为受益人的不可撤销的 150 天远期信用证，信用证金额为 82.5 万美元，编号为 L/C593BB717。D 公司收到信用证后，于 1993 年 12 月 30 日将提单及其他单据通过议付行 E 银行香港分行提交 A 银行承兑，B 公司通过 A 银行于 1994 年 1 月 3 日接受单据，并表示承兑。1994 年 1 月 25 日，当 B 公司持单前往黄浦港提取货物时，发现该货物早于 1993 年 11 月 9 日被西安市中级人民法院因 D 公司与陕西省五矿公司的纠纷而明令查封。B 公司为此数次与 D 公司联系均未有结果。B 公司遂与黄浦港务公司协商。黄浦港务公司考虑到西安中级人民法院尚有部分货物未查封，于是允许 B 公司提走剩余船板，但还有 724 件价值 292 683.72 美元的船板始终未能提取。

为此，B 公司于 1994 年 3 月 30 日向中国国际经济贸易仲裁委员会提出仲裁申请并要求法院进行财产保全。A 市中级人民法院以 D 公司隐瞒真相，确属恶意欺诈为由，下达冻结裁定书，冻结 A 银行开具的 L/C593BB717 信用证及该证载明的部分金额 516 028.72 美元。

1994 年 12 月 12 日，中国国际经济贸易仲裁委员会做出裁决书：D 公司未能提供充分证据证明其在订立合同前或订立合同时已向 B 公司披露了货物被查封的情况，故 B 公司有权解除合同中 D 公司尚未履行部分，同时要求 D 公司对其违法行为给 B 公司造成的损害承担相应的赔偿责任。1995 年 3 月 25 日，B 公司与 D 公司就执行仲裁裁决达成和解协议，A 市中级人民法院亦对此做出执行裁定：B 公司必须支付货款 225 390 美元及其利息，但将 L/C593BB717 号信用证项下余额 292 638.72 美元及利息冻结，直至 D 公司依和解协议提供相应货物之时止。

例 19：空头支票换正本提单案

某中行曾收到香港 BD 金融公司开出的以海南某信息公司为受益人的信用证，金额为 USD 992 000.00 元，出口货物是 20 万台照相机。信用证要求发货前由申请人指定代表出具货物检验证书，其签字必须由开证行证实，且规定 1/3 的正本提单在装运后交予申请人代表。在装运时，申请人代表来到出货地，提供了检验证书，并以数张大额支票为抵押，从受益人手中拿走了其中一份正本提单。后来，受益人将有关支票委托当地银行议付，但结果被告知："托收支票为空头支票，而申请人代表出具的检验证书签名不符，纯属伪造"。更不幸的是，货物已被全部提走，下落不明。受益人蒙受重大损失，有苦难言。

例 20：可转让信用证案

1997 年 1 月 30 日,中国银行寄出某可转让信用证下 14 票单据,金额共 USD 1 223 499.12。单寄新加坡某转证行,由新加坡的第一受益人换单后将单转寄德国的原始开证行要求付款。2 月 14 日,中国银行收到新加坡银行转来的德国银行的拒付电。拒付原因两点。第一,动物健康证缺少名称;第二,正本提单弄混。中国银行查信用证及单据留底,认为：1. 信用证对动物健康证名称规定为英文名称,仅在括号内显示德文名称。提交的单据未显示括号内的德文名称,但显示了括号外的英文名称。因此,即使不符也是非实质上的不符,德国银行借此拒付理由不充分。2. 单据留底记录表明,提单提交新加坡银行时完整无缺,没有问题。单据是否为新加坡银行搞混不得而知。因此,正本提单即使搞混也不是中国银行的责任。据此,中国银行向新加坡银行发出反拒付电报,新加坡银行在回电中声明已将中国银行电文内容转达德国开证行听候回复,同时声明作为转证行本身对单据的拒付和最终的付款与否不负责任。其后,中国银行通过新加坡银行再次发出反拒付的电文,要求开证行付款,但从新加坡银行得到的回电都说正在与德国开证行联系,开证行坚持不符点成立,拒绝付款。鉴于通过新加坡银行无法解决问题,中国银行曾几次直接给德国开证行发电,催促付款。但德国开证行在回电中声明,既然它的信用证是开给新加坡的转证行的,中国银行无权直接与开证行联系。

此后,中国银行也就无法与德国银行进行交涉。最终,此业务通过部分退单,部分无单放货的方式解决。作为出口商的我国外贸公司也丧失了信用证项下收款的保障。

● 任务

1. 分析上述案例。
2. 思考信用证风险应如何规避。

● 链接：相关基础知识

一、信用证方式下贸易双方面临的风险

信用证业务要求贸易双方严格遵守信用证条款,信用证的当事人必须受 UCP600 的约束才能起到其应有的作用,买卖双方只要有一方未按条款办事,或利用信用证框架中的缺陷刻意欺诈,则信用证项下的风险就会由此产生。

（一）进口商面临的主要风险

1. 出口商交货严重违反贸易合同的要求。

由于信用证是一项自足的文件,独立于买卖合同之外。信用证当事人的权利和义务完全以 L/C 条款为依据。银行对于买卖合同履行中出现的问题（如货物品质、数量不符）概不负责。若出口商以次充好,以假冒真,只要出口商提供的单据与 L/C 相符,出口商照样可得

到货款,而深受其害的则是进口商。

2.出口商伪造单据骗取货款。

UCP 600 规定"银行对单据下述方面不负责任:形式、完整性、准确性、真伪、法律效力等。银行对单据所代表的货物在下述方面不负责任:货品、数量、重量、状况、包装、交货、存在与否"。这一规定为不法商人伪造单据骗取货款提供了方便。

3.卖方勾结承运人出具预借提单或倒签提单,或勾结其他当事人如船长等将货物中途卖掉。

(二)出口商面临的风险

1.由于交货期、交货数量、规格等不符点而造成的风险。

在具体业务操作过程中,常常发生出口方未按信用证条款规定交货的情况,如品质不符,数量与信用证规定有异,逾期交货等,任何一个不符点都可能使信用证失去其保证作用,导致出口商收不到货款;即使出口方完全按信用证规定出货,但由于疏忽而造成单证不符,也同样会遭到开证行拒付。

2.因软条款而导致的风险。

有"软条款"的信用证开证人可以任意、单方面使单据与信用证不符,即使受益人提交了与信用证规定相符的单据,也可解除其付款责任。这种信用证实质上是变相的可撤销的信用证。

常见的软条款有以下几种:

(1)船公司、船名、目的港、起运港或收货人、装船日期等须待开证人通知或征得开证人同意,开证行将以修改书的形式另行通知;

(2)货物备妥待运时须经开证人检验,开证人出具的货物检验书上签字应由开证行证实或和开证行存档的签样相符;

(3)货到目的港后须经开证人检验才履行付款责任;

(4)信用证暂不生效:本证暂不生效,待进口许可证签发后或待货样经开证人确认后通知生效。

这些软条款,有些是进口商为保护自己的利益而采取的措施,有些则是恶意欺诈的前奏曲,但无论其初衷如何,这些限制性条款都有可能对受益人的安全收汇构成极大威胁。带有软条款的信用证,其支付完全操纵在进口商手中,从而可能使出口商遭受损失。

3.进口商利用伪造、变造的信用证绕过通知行直接寄出口商,引诱出口商发货,骗取货物。

4.正本提单直接寄进口商。

有些目的港如香港、日本等地,由于路途较近,货物出运后很快就抵达目的港。如卖方同意接受信用证规定"1/3 正本提单径寄客户,2/3 提单送银行议付"的条款,则为卖方埋下了风险的种子。因为三份正本提单中任何一份生效,其他两份自动失效。如果一份正本提单直接寄给客户,等于把物权拱手交给对方。客户可以不经银行议付而直接凭手中的提单提走货物。如果寄送银行的单据有任何不符点而收不到货款,银行将不承担责任。实质上这是将银行信用自动降为商业信用。

5.进口商申请开立不合格信开证,并拒绝或拖延修改,或改用其他付款方式支付。

此时卖方若贸然发货,将造成单证不符或单货不符的被动局面。

6. 开证行倒闭或无力偿付信用证款项。

此时，出口商只能凭借买卖合同要求进口商付款，须承担商业信用风险。

二、信用证风险的防范措施

信用证绝不是一种无懈可击的支付方式，银行信用不可能完全取代商业信用，也不可能完全避免商业风险，必须注意对信用证项下风险的防范。

（一）加强信用风险管理，重视资信调查

外贸企业应建立客户信息档案，定期或不定期客观分析客户资信情况。在交易前通过一些具有独立性的调查机构仔细审查客户的基本情况，对其注册资本、盈亏情况、业务范围、公司设备，开户银行所在地址、电话和账号、经营作风和过去的历史等，进行必要的调查评议，选择资信良好的客户作为自己的贸易伙伴。在交易中，经常与业务员沟通交流，对业务员在交易过程中产生的疑点、难点问题给予指导帮助。交易后以应收未收账作为监控手段，防止坏账的产生，这样，可以最大可能地避免风险，为业务的顺利进行起到积极的作用。

（二）努力提高业务人员素质，保持高度的警惕性

认真学习专业知识，不断提高业务水平，是外贸业务人员防止风险的关键。随着竞争的日趋激烈，瞬息万变的市场对业务人员提出更多更高的要求，贸易做法也越来越灵活多变，业务上如果不熟，碰到问题看表面而不看实质，对风险缺乏充分的估计，盲目乐观，很容易造成巨大损失。从以往的应收未收账的案例分析，绝大多数是由于业务员工作马虎，忽视风险而造成的。

（三）信用证业务的特点决定了单据对整笔业务完成的重要性

"单单相符，单证相符"是信用证的基本要求，正确交单议付则是最后结算的基础。作为进口方，可在信用证中加列自我保护条款，可要求出口商提供由权威机构（如 SGS 等）出具检验证书，也可派人亲自验货并监督装船，以保证获得满意的进口货物。另外，作为受益人，加强催证、审证、改证工作，认真审核信用证，仔细研究信用证条款可否接受，并向客户提出改证要求。在制单过程中，必须严格遵守"单单相符，单证相符"原则，以防产生不符点，影响安全收汇。

（四）开证行应认真审查开证申请人的付款能力，严格控制授信额度，对资信不高的申请人要提高保证金比例，落实有效担保

通知行应认真核对 L/C 的密押或印签，鉴别其真伪。议付行应认真仔细审核议付单证，确保安全及时收汇。

总之，信用证作为国际结算的主要方式，给了买卖双方更大的安全保障。但在具体信用证业务操作中，要清醒地认识到信用证中可能存在的风险，增强风险防范意识，预防在先，以利业务的顺利进行，避免不必要的损失。

● 思考与练习

任务：请思考汇款、托收方式下的业务风险，并形成讨论发言稿。

项目九：与银行、外管、税务等部门的沟通

模块 1 审单、交单和不符点单据操作

谨慎比大胆要有力量得多。　　　　　　　　　　　　——雨果

● **本模块教学目标**

最终目标：能审核单据、处理不符点单据
促成目标：能审核单据、处理不符点单据
　　　　　熟悉 UCP 600 中关于寄单、审单、交单议付的条款
　　　　　熟悉审单方法和技巧
　　　　　熟悉不符点单据的处理方法

● **情景案例 1**

> **机构：**
> 外贸企业：OCEAN PLASTIC & CHEMICAL PRODUCTS CO.，LTD
> 　　　　　宁波欧胜塑化有限公司
> 银行：SHANGHAI PUDONG DEVELOPMENT BANK 上海浦东发展银行
> **人物：**
> 小余：宁波欧胜塑化有限公司单证员
> 张经理：宁波欧胜塑化有限公司业务经理
> 黄小姐：上海浦东发展银行宁波分行国际业务部职员
> **背景资料：**
> 1. 2008 年 11 月 6 日，宁波欧胜塑化有限公司外贸业务部张经理与阿拉伯联合酋长国的
> 　　ABC TRADING CO.，LLC 公司签订一份 36 800 PCS 唇膏(LIP BALM)的出口合同，
> 　　合同号为 081106。
> 2. 1 月 22 日上午，小余将全套结汇单据带到中国银行宁波分行国际业务部。小余："黄小
> 　　姐，要是审单没问题，今天下班前把单据寄出去吧。"黄小姐："没问题。"
> 3. 银行寄单，下午下班前 Fedex 投递员来到银行办公室，工作人员填寄单函。将提单正本
> 　　及其他文件寄给开证银行。投递员将寄单回执给银行工作人员。
> 4. 小余在银行寄单后，向黄小姐索取寄单信息，发 E-mail 给进口商。

● **情景案例** 2

机构：

工贸企业：宁波机械有限公司

贸促会（CCPIT）

中国太平洋财产保险股份有限公司

货运代理：宁波市海润国际货运代理有限公司

承运人（船公司）：中海集装箱运输浙江有限公司

银行：中国银行宁波北仑分行

人物：

小白：宁波机械有限公司单证员

贾经理：宁波机械有限公司业务经理

背景资料：

1. 2007 年 9 月 18 日,宁波机械有限公司外贸业务部贾经理与阿联酋某公司签订了一份注塑机的出口合同,CIF JEBEL ALI, UAE。11 月 22 日收到信用证。

2. 2008 年 1 月 30 日—2 月 8 日,小白在办公室制作、补齐、整理客户清关用单据。

  制作：商业发票、装箱单等。

  整理：产地证、保险单、提单等。

中国银行 股份有限公司
BANK OF CHINA LIMITED

NINGBO BRANCH,BEILUN SUB-BRANCH
BL05
ADDRESS: NO. 245 HUASHAN ROAD, BEILUN,
NINGBO,CHINA

信 用 证 通 知 书
NOTIFICATION OF DOCUMENTARY CREDIT

TELEX: 37014 BOCBL
FAX:0574-86896653
TEL: 0574-86896653

2007-11-22

TO 致: 6052600	如需垂询或协助请引我编号→	AD92A0...
	PLEASE QUOTE OUR REF. NO.	
CO.LTD.	如有查询或需协助,欢迎致电86896653.	
	注意:贵司交单议付请附客户交单委托书并扼要填写.	
NINGBO CHINA	如需押汇请附押汇申请书 顺祝!	

ISSUING BANK 开证行 8001373	TRANSMITTED TO US THROUGH 转递行
HSBC BANK MIDDLE EAST (THE BRITISH BANK OF THE MIDDLE EAST) DUBAI	REF NO.

L/C NO. 信用证号	DATED 开证日期	AMOUNT 金额	EXPIRY PLACE 有
DPCDEI074569	2007-11-19		LOCAL
EXPIRY DATE 效期	TENOR 期限	CHARGE 未付费用	CHARGE BY 费用
2008-01-10	0 DAYS		BENE
RECEIVEDVIA来证方式	AVAILABLE 是否生效	TEST/SIGN印押是否相符	CONFIRM 我行是
SWIFT	VALID	YES	REFUSE

DEAR SIRS, 迳启者:
WE HAVE PLEASURE IN ADVISING YOU THAT WE HAVE RECEIVED FROM THE A/M BANK A(N) LETTER
CREDIT. CONTENTS OF WHICH ARE AS PER ATTACHED SHEET(S).
THIS ADVICE AND THE ATTACHED SHEET(S) MUST ACCOMPANY THE RELATIVE DOCUMENTS WHEN
PRESENTED FOR NEGOTIATION.
兹通知贵司,我行收自上述银行信用证一份,现随附通知.贵司交单时,请将本通知书及信...
一并提示.

REMARK 备注:
   PLEASE NOTE THAT THIS ADVICE DOES NOT CONSTITUTE OUR CONFIRMATION OF THE ABOVE L/C N...
DOES IT CONVEY ANY ENGAGEMENT OR OBLIGATION ON OUR PART.

THIS L/C CONSISTS OF   SHEET(S),INCLUDING THE COVERING LETTER AND ATTACHMENTS(S)...
本信用证连同面函及附件共   纸.

IF YOU FIND ANY TERMS AND CONDITIONS IN THE L/C WHICH YOU ARE UNABLE TO COMPLY WITH AND OR AN
ERROR(S), IT IS SUGGESTED THAT YOU CONTACT APPLICANT DIRECTLY FOR NECESSARY AMENDMENT(S
TO AVOID ANY DIFFICULTIES WHICH MAY ARISE WHEN DOCUMENTS ARE PRESENED.
如本信用证中有无法办到的条款及/或错误,请迳与开证申请人联系,进行必要的修改,以排...
时可能发生的问题.

THIS L/C IS ADVISED SUBJECT TO the applicable UCP rules (issued by the ICC) as stipulated in the credit.
本信用证之通知系遵循信用证中提及的国际商会跟单信用证统一惯例.

YOURS FAITHFULLY,
FOR BANK OF CHINA

```
NOV22 11:27:58                                      LOGICAL TERMINAL HI71
                        ISSUE OF A DOCUMENTARY CREDIT        PAGE 00001
                                                            FUNC ZJNBBPRQ
                                                            UMR  33274692
S. WGACK   PTS765I AUTH OK, KEY DIGEST, BKCHCNBJ BBMEABAD RECORD
BASIC HEADER       F  01 BKCHCNBJA92A 1580 607822
APPLICATION HEADER O 700 1644 071121 BBMEABADAXXX 7142 796873 071121 2044 N
                                    *HSBC BANK MIDDLE EAST LIMITED
                                    *DUBAI
USER HEADER            SERVICE CODE    103:
                      BANK. PRIORITY  113:
                      MSG USER REF.    108: 073250307581
                      INFO. FROM CI    115:
SEQUENCE OF TOTAL     *27  : 1 / 1
FORM OF DOC. CREDIT   *40 A : IRREVOCABLE
DOC. CREDIT NUMBER    *20  : DPCDEI074569
DATE OF ISSUE         31 C : 071119
APPLICABLE RULES      *40 E : UCP LATEST VERSION
                           /
EXPIRY                *31 D : DATE 080110 PLACE CHINA
APPLICANT             *50  : RAWASY AL KHALEEJ PLASTIC IND.
                             P O BOX 28089
                             SHARJAH
                             U A E
BENEFICIARY           *59  :

AMOUNT                *32 B :            CURRENCY USD AMOUNT 55.500,00
MAX. CREDIT AMOUNT    39 B : NOT EXCEEDING
AVAILABLE WITH/BY     *41 D : BANK OF CHINA LTD
                             NINGBO BRANCH NINGBO
                             NINGBO BRANCH
                             139 YAOXING JIE
                             BY NEGOTIATION
DRAFTS AT ...         42 C : REF FIELD 47A CLAUSE 12.
DRAWEE                42 D : ISSUING BANK
PARTIAL SHIPMENTS     43 P : NOT ALLOWED
TRANSHIPMENT          43 T : ALLOWED
PORT OF LOADING       44 E :
                             NINGBO PORT, CHINA
PORT OF DISCHARGE     44 F :
                             JEBBL ALI PORT, DUBAI, UNITED ARAB EMIRATES
LATEST DATE OF SHIP.  44 C : 071225
DESCRIPT. OF GOODS    45 A :
                             CIF JEBBEL ALI PORT, DUBAI, UAE
                             PLASTIC INJECTION MOLDING MACHINE.
                             ALL OTHER DETAILS AS PER PROFORMA INVOICE NO. 2007/01 DATED
                             18SEP2007.
DOCUMENTS REQUIRED    46 A :
                             1.SIGNED COMMERCIAL INVOICE IN QUADRUPLICATE MENTIONING:
                             A)RELEVANT HARMONISED SYSTEM COMMODITY CODE NUMBER(S)
                             APPLICABLE TO THE PRODUCTS SHIPPED UNDER THIS CREDIT.
                             B)NAME AND ADDRESS OF THE MANUFACTURERS/PRODUCERS/EXPORTERS.
                             CERTIFYING:
                             C) THAT THE GOODS SHIPPED ARE GUARANTEED FOR A PERIOD OF 14
                             MONTHS FROM THE DATE OF B/L.
                             2. FULL SET OF 3/3 ORGINALS AND 2 NON NEGOTIABLE COPIES OF
                             CLEAN 'ON BOARD' OCEAN/MARINE BILLS OF LADING MADE OUT TO THE
                             ORDER OF SHIPPER, ENDORSED IN BLANK, MARKED 'FREIGHT PREPAID' AND
                             NOTIFY APPLICANT AND HSBC BANK  MIDDLE EASTLTD, P O BOX 66,
                             DUBAI, UAE QUOTING THIS DOCUMENTARY CREDIT NUMBER.
                             3. A CERTIFICATE OF ORIGIN STATING THAT THE GOODS ARE OF CHINA
                             ORIGIN AND THE FULL NAME AND ADDRESS OF THE MANUFACTUER/PRODUCER
                             AND EXPORTER SIGNED BY THE CHINA COUNCIL FOR THE PROMOTION OF
```

S.W.I.F.T打印稿－1

INTERNATIONAL TRADE. A CERTIFICATE OF ORIGIN INCORPORATED IN THE
INVOICE WILL NOT BE ACCEPTABLE.
4.PACKING LIST IN TRIPLICATE.
5.A MARINE INSURANCE POLICY OR CERTIFICATE ISSUED IN NEGOTIABLE
FORM IN THE CURRENCY OF THIS DOCUMENTARY CREDIT FOR FULL CIF
VALUE PLUS 10 PERCENT FROM WAREHOUSE TO WAREHOUSE COVERING
INSTITUTE CARGO CLAUSE (A), INSTITUTE WAR CLAUSES(CARGO) AND
INSTITUTE STRIKE CLAUSES (CARGO) WITH CLAIMS IF ANY PAYABLE IN
DUBAI, UAE IRRESPECTIVE OF PERCENTAGE.
6. A CERTIFICATE FROM THE SHIPPING COMPANY OR THEIR AGENT STATING
THAT THE GOODS ARE SHIPPED ON CONFERENCE/REGULAR LINE VESSELS:
I) THAT ARE EXEMPTED FROM THE 'SOLAS' CONVENTION CERTIFICATION
REQUIREMENT AND IS NOT REQUIRED TO HAVE A CERTIFICATE OF
CONFORMITY TO THE ISM CODE OR THAT HAVE A CURRENT ISM CODE
CERTIFICATE, IF THE CARRYING VESSEL IS SUBJECT TO 'SOLAS'.
II) COVERED BY THE INSTITUTE CLASSIFICATION CLAUSE.
III)THAT ARE ALLOWED BY THE ARAB AUTHORITIES TO CALL AT ARABIAN
PORTS AND NOT SCHEDULED TO CALL AT ANY ISRAEL PORT DURING ITS
VOYAGE TO THE U.A.E.
7. A SIMPLE RECEIPT SIGNED BY THE BENEFICIARY ON THEIR LETTER
HEAD. THIS DOCUMENT IS REQUIRED ONLY FOR THE ADVANCE PAYMENT OF
20PCT OF THIS DC (I.E USD 11,100/-) AS PER CLAUSE NO.12A OF
FIELD 47A.

ADDITIONAL COND.   47 A:

1. THE ORIGINAL INVOICE AND THE ORIGINAL CERTIFICATE OF ORIGIN
MUST BE ATTESTED/LEGALISED BY THE UAE EMBASSY/ CONSULATE IN THE
BENEFICIARY'S COUNTRY OR IN ITS ABSENCE BY THE NEAREST UAE
EMBASSY/CONSULATE.
2. PRESENTATION OF DOCUMENTS WITHOUT LEGALISATION BY UAE EMBASSY
OR CONSULATE IS ACCEPTABLE PROVIDED EACH INVOICE SHOWS A
DEDUCTION IN LINE WITH THE LOCAL GOVERNMENT REGULATIONS ON GROSS
INVOICE VALUE AS PER THE FOLLOWING SCHEDULE:
RANGES FROM (USD)   TO (USD)   FEES IN (USD)
OR EQUIVALENT   OR EQUIVALENT   OR EQUIVALENT

. 4,604 AND OVER 0.2 PERCENT OF EACH INVOIC VALUE
PLUS (USD28/- OR EQUIVALENT) FLAT FOR CERTIFICATE OF ORIGIN NOT
LEGALISED.
3. BILLS OF LADING MUST EVIDENCE THE FOLLOWING:
A) THE NAME, ADDRESS AND TELEPHONE NUMBER OF THE CARRYING
VESSEL'S AGENT IN THE COUNTRY OF DESTINATION.
B) SHIPPING MARKS: RAWASYPLAS
4. ALL DOCUMENTS MUST BE ISSUED IN ENGLISH LANGUAGE.
5. TRANSHIPMENT ALLOWED EXCEPT IN ISRAEL.
6.A SUM OF   DISCREPANCY FEE PLUS   (COST OF EACH
TELEX) (OR EQUIVALENT) WILL BE/ SHOULD BE DEDUCTED FROM THE
REIMBURSEMENT CLAIM FOR EACH PRESENTATION OF DISCREPANT DOCUMENTS
UNDER THIS DOCUMENTARY CREDIT. NOTWITHSTANDING ANY INSTRUCTIONS
TO THE CONTRARY, THIS CHARGE SHALL BE FOR THE ACCOUNT OF
BENEFICIARY, EVEN IF SOME OR ALL CHARGES ARE FOR THE ACCOUNT OF
APPLICANT

NEGOTIATE ANY BILL DRAWN UNDER THIS CREDIT UNDER RESERVE OR
AGAINST AN INDEMNITY, ALL DISCREPANCIES MUST BE ADVISED BY TELEX
TO THE OPENING BANK FOR ACCEPTANCE OR REFUSAL AND REIMBURSEMENT
CLAIMED ONLY AFTER ACCEPTANCE OF DISCREPANCIES BY THE OPENING
BANK.
8. UNDER NO CIRCUMSTANCES MAY A BANK LISTED IN THE ARAB-ISRAELI
BOYCOTT BLACKLIST BE PERMITTED TO NEGOTIATE DOCUMENTS UNDER
THIS DOCUMENTARY CREDIT.
9. IN ACCORDANCE WITH THE PROVISIONS OF ARTICLE 16 C III OF
UCP600,IF WE GIVE NOTICE OF REFUSAL OF DOCUMENTS PRESENTED UNDER
THIS CREDIT WE SHALL HOWEVER RETAIN THE RIGHT TO ACCEPT A WAIVER
OF DISCREPANCIES FROM THE APPLICANT AND, SUBJECT TO SUCH WAIVER
BEING ACCEPTABLE TO US, TO RELEASE DOCUMENTS AGAINST THAT WAIVER
WITHOUT REFERENCE TO THE PRESENTER PROVIDED THAT NO WRITTEN
INSTRUCTIONS TO THE CONTRARY HAVE BEEN RECIEVED BY US FROM THE
PRESENTER BEFORE THE RELEASE OF THE DOCUMENTS. ANY SUCH RELEASE
PRIOR TO RECEIPT OF CONTRARY INSTRUCTIONS SHALL NOT CONSTITUTE A
FAILURE ON OUR PART TO HOLD THE DOCUMENTS AT THE PRESENTER'S RISK
AND DISPOSAL, AND WE WILL HAVE NO LIABILITY TO THE PRESENTER IN
RESPECT OF ANY SUCH RELEASE.
10. ALL PARTIES SHOULD NOTE THAT BECAUSE OF SANCTIONS IMPOSED WE
AND OTHER PARTIES MAY BE UNABLE IN RELATION TO THIS DOCUMENTARY
CREDIT TO PROCESS OR ENGAGE IN TRANSACTIONS INVOLVING A
SANCTIONS BREACH. THE SANCTIONS HAVE BEEN IMPOSED BY UN, EU,
US AND OTHER AUTHORITIES WHICH MAY REQUIRE INFORMATION
DISCLOSURE. WE AND OTHER PARTIES SHALL NOT BE LIABLE FOR ANY
LOSS, DAMAGE OR DELAY ARISING IN CONNECTION WITH THE ABOVE
MATTERS. PLEASE CONTACT US IF CLARIFICATION IS REQUIRED.
11. BENEFICIARY'S CONTACT DETAILS:
TEL:
FAX:
12. PAYMENT TERMS
A) 20 PCT OF THE DC VALUE (   ) PAYABLE IN ADVANCE
AGAINST PRESENTATION OF A SIMPLE RECEIPT AS SPECIFIED UNDER
FIELD 46A CLAUSE NO. 7
B) 20 PCT OF THE DC VALUE WILL BE PAID AFTER 90 DAYS FROM B/L
DATE
C) 20 PCT OF THE DC VALUE WILL BE PAID AFTER 180 DAYS FROM B/L
DATE.
D) 20 PCT OF THE DC VALUE WILL BE PAID AFTER 270 DAYS FROM B/L
DATE.
E) 20 PCT OF THE DC VALUE WILL BE PAID AFTER 360 DAYS FROM B/L
DATE.
CLAUSE 12-B),C),D) AND E) WILL BE PAID AS SPECIFIED ABOVE UPON
PRESSENTATION OF THE SHIPPING DOCUMENTS AS SPECIFIED UNDER FIELD
46A CLAUSE NO: 1 TO 6.
13. REIMBURSEMENTS UNDER THIS CREDIT ARE SUBJECT TO THE UNIFORM
RULES FOR BANK TO BANK REIMBURSEMENTS UNDER DOCUMENTARY CREDITS,
ICC PUBLICATION NO 525.
15. YOU MAY ADD CONFIRMATION TO THIS CREDIT IF REQUESTED BY THE
BENEFICIARY. IN CASE CONFIRMATION IS ADDED DRAFTS MUST BE DRAWN
ON THE CONFIRMING BANK. CONFIRMATION CHARGES ARE ON ACCOUNT OF
THE BENEFICIARY (THIS CLAUSE OVERRIDES FIELD 49 OF THIS DC).
DETAILS OF CHARGES   71 B : ALL CHGS OUTSIDE COUNTRY OF ISSUE
                           FOR ACCOUNT OF BENEFICIARY/EXPORTER
                           CONFIRMATION CHARGES ARE FOR
                           ACCOUNT OF BENEFICIARY/EXPORTER

ISSUE OF A DOCUMENTARY CREDIT

MT 0700

PAGE 00004
FUNC ZJNBBPRQ
UMR 33274692

PRESENTATION PERIOD 48 : WITHIN 14 DAYS AFTER THE DATE OF
SHIPMENT BUT WITHIN THE VALIDITY OF
THE CREDIT

CONFIRMATION *49 : CONFIRM

REIMBURSING BANK 53 D : HSBC BANK USA NA
REIMBURSEMENT NEWARK
500 STANTON CHRISTIANA ROAD S OPS 1
NEWARK DE 19713-2107 U S A

INSTRUCTIONS 78 :
1. PROVIDED DOCUMENTS CONFORM TO THE TERMS OF THIS DOCUMENTARY
CREDIT, UPON MATURIY, PLS CLAIM REIMBURSEMENT (LESS
RIEMBURSEMENT CHGS) TO THE DEBIT OF OUR ACCOUNT: 000 04527 6
SWT: MRMDUS33 WITH THE NOMINATED REIMBURSING BANK UNDER SWIFT
ADVISE TO US.
2. THE AMOUNT OF EACH NEGOTIATION MUST BE ENDORSED ON THE REVERSE
OF THIS CREDIT AND THE NEGOTIATING BANK'S COVERING SCHEDULE TO
CERTIFY THE SAME.

SEND. TO REC. INFO. 72 : ALL DOCUMENTS SHOULD BE DESPATCHED
IN ONE LOT BY COURIER TO, HSBC BANK
MIDDLE EAST LTD, TRADE SERVICES,
IMPORT DEPT, P O BOX 66, DUBAI,
UNITED ARAB EMIRATES.

TRAILER ORDER IS <MAC:> <PAC:> <ENC:> <CHK:> <TNG:> <PDB:>
MAC: BB504FA4
CHK: 19D681933E8D

现场验放报关单

主页　　中华人民共和国海关出口加工区出境货物备案清单

预录入编号：618749201　　　　海关编号：　311120080618749201

出口口岸 北仑海关 (3104)	备案号： H31117000023		出口日期 2008-02-01		申报日期 2008-02-01
经营单位 3302530004	运输方式 汇海运输	运输工具名称 XINXIAMEN/0053W		提运单号 8NGB.JEA3AP995	
发货单位 3302530004	贸易方式 区内加工货物 (5015)		征免性质 ()		结汇方式 信用证(L/C)
许可证号	运抵国(地区) 阿联酋 (138)	指运港 迪拜 (1543)		境内货源地 宁波出口加工区 (33025)	
批准文号	成交方式 CIF	运费 502/2350/3	保费 502/73.26/3		杂费 0/0/0
合同协议号 2007-1560	件数 2	包装种类 托盘	毛重(公斤) 11700		净重(公斤) 11500
集装箱号 CCLU4350842 * 1 (2)	随附单据		生产厂家		
标记唛码及备注 311120082107001343 FOB USD53076.74 报关员 31000709					

项号	商品编号	商品名称、规格型号	数量及单位	最终目的国(地区)单价		总价	币制	征免
1 [581]	8477101090 0707012020622	注塑机	1 台	阿联酋 (138)	24500 用途：加工返销		美元	全免
2 [582]	8477101090 0707020020711	注塑机	1 台	阿联酋 (138)	31000 用途：加工返销		美元	全免

税费征收情况

录入员 王盈莹　录入单位 宁波保税区依迪计算机服务有限公司	兹声明以上申报无讹并承担法律责任 该单已审结 *EDI报关* 审结时间：2008-2-1 申报单位(签章) 宁波保税区瑞成报关有限公司 报关专用章 2008-2-1	海关审单批注及放行日期(签章)	
报关员 俞东		审单	
单位地址		征税	
邮编 315010　电话 13805842324 填制日期宁波(5)		查验	

宁波海关监制

出口产品明细表

出口单位		合同评审号	0703362 (2007-1560)	
		信用证号	DPCDEI074569	
		信用证金额		
客户名称	RAWASY AL KHALEEJ PLASTIC IND.P O BOX 28089 SHARJAH UAE	合同金额		4万现款
		合同付款方式	20%为定金，余款分四次付清，一年期信用证。	
开证行	HSBC BANK MIDDLE EAST(THE BRITISH BANK OF THE MIDDLE EAST)DUBAI	价格条款	C&F	
发票抬头		箱型	40″GP	箱量	1
提 单 收货人	TO ORDER	目的港/国家	DUBAI/U.A.E	
		最终目的地	U.A.E	
		装运期限	080118	有效期限	080118
		可否转运		可否分批	
提 单 通知人	SAME AS APPLICANT	运费	预付	目的地到付
		其他单据要求		

机器型号	数量	预付款数	报关发票金额	客户发票金额
	1	20%为定金		
	1			

业务员姓名		制表日期	080116
备注			

COMMERCIAL INVOICE

Buyers: RAWASY AL KHALEEJ PLASTIC IND. P O BOX 28089 SHARJAH U A E	Shipping Marks &Numbers: RAWASYPLAS
Invoice Number: 2007-1560	Date: Jan.30,2008
From: NINGBO PORT, CHINA	L/C No.: DPCDEI074569
To: JEBEL ALI PORT, DUBAI,UNITED ARAB EMIRATES	Payment :

Descriptions	Q'ty	Unit Price	Amount
		CIF JEBEL ALI PORT, DUBAI, UAE	
PLASTIC INJECTION MOLDING MACHINE	1 SET		
	1 SET		
	2 SETS		
ALL OTHER DETAILS AS PER PROFORMA INVOICE NO. 2007/01 DATED 18SEP2007. A) RELEVANT HARMONISED SYSTEM COMMODITY CODE NUMBER(S) APPLICABLE TO THE PRODUCTS SHIPPED UNDER THIS CREDIT:847710 B)NAME AND ADDRESS OF THE MANUFACTURERS/PRODUCERS/EXPORTERS: CO., LTD. EXPORT PROCESSING ZONE NINGBO CHINA WE HEREBY CERTIFYING: C) THAT THE GOODS SHIPPED ARE GUARANTEED FOR A PERIOD OF 14 MONTHS FROM THE DATE OF B/L.			

PACKING LIST

Buyers: RAWASY AL KHALEEJ PLASTIC IND. P O BOX 28089 SHARJAH U A E			Shipping Marks &Numbers: RAWASYPLAS		
Invoice Number: 2007-1560			Date: Jan. 30, 2008		
From: NINGBO PORT, CHINA			L/C No.: DPCDEI074569		
To: JEBEL ALI PORT, DUBAI,UNITED ARAB EMIRATES			Payment :		

Descriptions	Q'ty	PACKING	G.W.	N.W.	DIMENSION
PLASTIC INJECTION MOLDING MACHINE					
	1 SET	1 PALLET	4700KGS	4600KGS	12CBM
	1 SET	1 PALLET	7000KGS	6900KGS	18CBM
	2 SETS	2 PALLETS	11700KGS	11500KGS	30CBM
ALL OTHER DETAILS AS PER PROFORMA INVOICE NO. 2007/01 DATED 18SEP2007.					

中国太平洋财产保险股份有限公司
CHINA PACIFIC PROPERTY INSURANCE CO.,LTD.

客户服务电话：95500

ADAD0701085978

货物运输保险单
CARGO TRANSPORTATION INSURANCE POLICY

保险单号(Policy No):

ANIB96024208Q000085Y

中国太平洋财产保险股份有限公司（以下称承保人）根据被保险人的要求，在被保险人向承保人缴付约定的保险费后，按照本保险单承保保险别和背面所载条款与下列特款承保下述货物运输险，特立本保险单。

This Policy of Insurance witnesses that China Pacific Property Insurance Company Limited (hereinafter called "The Underwriter") at the request of the Insured named hereunder and in consideration of the agreed premium paid to the Underwriter by the Insured, undertakes to insure the undermentioned goods in transportation subject to the conditions of this Policy as per the Clauses printed overleaf and other special clauses attached herein.

被保险人(Insured):

标记: Marks & Nos.	包装与数量 Quantity	保险货物项目 Description of Goods	保险金额: Amount Insured
As per Invoice No. 2007-1560	2 PALLETS	PLASTIC INJECTION MOLDING MACHINE	

总保险金额: Total Amount Insured (USD)SIXTY-ONE THOUSAND FIFTY ONLY

费率: Rate	AS ARRANGED	保费: Premium	AS ARRANGED	免赔额%率: Deductible Franchise	

开航日期: Slg. on or abt. As per B/L

装载运输工具: Per conveyance S. XIN XIA MEN 0053W

运输路线: 自 Route From NINGBO PORT CHINA 经 By 至 JEBEL ALI PORT, DUBAI UNITED ARAB EMIRATES

承保险别:
FROM WAREHOUSE TO WAREHOUSE COVERING INSTITUTE CARGO CLAUSE(A), INSTITUTE WAR CLAUSES (CARGO) AND INSTITUTE STRIKE CLAUSES (CARGO) IRRESPECTIVE OF PERCENTAGE.

所保货物，如遇出险，本公司凭第一正本保险单及其他有关证件给付赔款；如发生本保险单项下负责赔偿的损失或事故，应立即通知下述代理人查勘。

Claims, if any, payable on surrender of the first original of the Policy together with other relevant documents. In the event of accident whereby loss or damage may result in a claim under this Policy, immediate notice applying for survey must be given to Agent as mentioned hereunder.

Maritime & Mercantile International (Private) Ltd.

P.O.Box 70 Dubai, United Arab Emirates
Tel. 971-4-3038590, 3038593,3038500 Fax.3345176 Telex. 45425 GRAY EM E-mail:survey.&claims@iss-shipping.com, harry.karanassos@iss

中国太平洋财产保险股份有限公司
CHINA PACIFIC PROPERTY INSURANCE CO., LTD.

开发区支公司
KFQ

授权签发
AUTHORIZED SIGNATURE
地址：新平明州路172号 (公司签章 Stamp)
Address 172 Mingzhou Road, Xinqi Beilun.
电话： 36887948 传真
Tel Fax

赔款偿付地点 DUBAI,UAE IN USD
Claim payable at

核保		制单		经办 徐莲珍	签单日期 January 31, 2008

总公司地址 Address of Head Office: 中国上海市银城中路190号 190 Central Yincheng Road,Shanghai,China 电话(Tel): 021-58776688 邮政编码(Postcode): 200120 网址: WWW.CPIC.COM.CN

ORIGINAL

1. Exporter NINGBO	Certificate No. **CCPIT 074144691**
	08C3302A1261/00046*
	CERTIFICATE OF ORIGIN
	OF
	THE PEOPLE'S REPUBLIC OF CHINA
2. Consignee RAWASY AL KHALEEJ PLASTIC IND. P.O. BOX 28089 SHARJAH U.A.E.	
3. Means of transport and route FROM NINGBO PORT CHINA TO JEBEL ALI PORT DUBAI, UNITED ARAB EMIRATES BY SEA	5. For certifying authority use only
	CHINA COUNCIL FOR THE PROMOTION OF INTERNATIONAL TRADE IS CHINA CHAMBER OF INTERNATIONAL COMMERCE
4. Country / region of destination UNITED ARAB EMIRATES	

6. Marks and numbers	7. Number and kind of packages; description of goods	8. H.S.Code	9. Quantity G. WEIGHT	10. Number and date of invoices
RAWASYPLAS	TWO (2) PALLETS OF PLASTIC INJECTION MOLDING MACHINE WE HEREBY STATE THAT THE GOODS ARE OF CHINA ORIGIN. THE FULL NAME AND ADDRESS OF THE MANUFACTUER/PRODUCER AND EXPORTER: LTD. EXPORT PROCESSING ZONE NINGBO CHINA **************************************	847710	11700KGS	2007-1560 JAN. 30, 2008

11. Declaration by the exporter The undersigned hereby declares that the above details and statements are correct, that all the goods were produced in China and that they comply with the Rules of Origin of the People's Republic of China. NINGBO, CHINA JAN. 31, 2008 Place and date, signature and stamp of authorized signatory	12. Certification It is hereby certified that the declaration by the exporter is correct. NINGBO CHINA JAN. 31, 2008 Place and date, signature and stamp of certifying authority

1. Ship...

B/L NO. 3NGBJEA3AP995
HRC

中海集装箱运输(香港)有限公司
CHINA SHIPPING CONTAINER LINES (HONG KONG) CO., LTD.

Cable : CSHKAC   Telex : 87986 CSHKAHX

Port-to-Port or Combined Transport

BILL OF LADING

RECEIVED in external apparent good order and condition, except otherwise noted. The total number of containers or other packages or units shown in this Bill of Lading receipt, is said by the shipper to contain the goods described above, which description the carrier has no reasonable means of checking and is not part of the Bill of Lading. One original Bill of Lading should be surrendered, except clause 22 paragraph 5, in exchange for delivery of the shipment. Signed by the consigned or duly endorsed by the holder in due course. Whereupon the other original(s) issued shall be void. In accepting this Bill of Lading, the Merchants agree to be bound by all the terms on the face and back hereof as if each had personally signed this Bill of Lading.

WHEN the Place of Receipt of the Goods is an inland point and is so named herein, any notation of "ON BOARD" "SHIPPED ON BOARD" or words to like effect on this Bill of Lading shall be deemed to mean on board the truck, trail car, air craft or other inland conveyance (as the case may be), performing carriage from the Place of Receipt of the Goods to the Port of Loading.

SEE clause 4 on the back of this Bill of Lading (Terms continued on the back hereof Read Carefully)

2. TO THE ORDER OF SHIPPER

3. Notify Party (Carrier not to be responsible for failure to notify)

RAWASY AL KHALEEJ PLASTIC IND.
P.O.BOX 28089 SHARJAH U A E
HSBC BANK MIDDLE EASTLTD.P O BOX 66,DUBAI,UAE

4. Pre-carriage by*	5. Place of Receipt*	
6. Ocean Vessel XIN XIA MEN Voy.No. 0053 W	7. Port of Loading NINGBO PORT CHINA	**ORIGINAL**
8. Port of discharge JEBEL ALI PORT,DUBAI,UNITED ARAB EMIRATES	9. Place of Delivery* JEBEL ALI PORT,DUBAI,UNITED ARAB EMIRATES	10. Final Destination (of the goods set the ship)

11. Marks & Nos. RAWASYPLAS	12. No. of containers or P'kgs.	13. kind of Packages : Description of Goods	14. Gross Weight kgs 11700 KGS	15. Measurement 30 CBM
		SHIPPER'S LOAD, COUNT & SEAL		
		SAID TO CONTAIN		
	2			
		PALLETS		
		PLASTIC INJECTION MOLDING MACHINE	1X40'GP	
		THE DOCUMENTARY CREDIT		
		NUMBER:DPCDEI074569	CY-CY	
		THE NAME,ADDRESS AND TELEPHONE NUMBER	FREIGHT PREPAID	
		OF THE CARRYING VESSEL'S AGENT IN THE		
		COUNTRY		
		OF DESTINATION:CHINA SHIPPING (UAE) AGENCY		
		L.L.C		
		P.O.BOX 62578, DUBAI		
		2/F SHARAF TRAVEL BLDG,	CCLU4350342/082265/40'G	
		NEXT TO RAMADA HOTEL,BUR DUBAI		
		UNITED ARAB EMIRATES		
		TEL NO: +971 4 352 6633		
		FAX NO: +971 4 352 6622		
		E-MAIL: DUBAI@CNSHIPPINGUAE.COM		

16. Description of Contents for Shipper's Use Only (CARRIER NOT RESPONSIBLE)

17. TOTAL NO. CONTAINERS OR PACKAGES (IN WORDS)	SAY TWO(2)PALLETS ONLY.

18. FREIGHT & CHARGES	19. Revenue Tons	20. Rate	21. Per	22. Prepaid	23. Collect
CHINA SHIPPING (UAE) AGENCY L.L.C. P.O. Box 62578, Dubai 2/F Sharaf Travel Bldg, Next to Ramada Hotel, Bur Dubai United Arab Emirates Tel No: +971 4 352 6633 Fax No: +971 4 352 6622 EMAIL: dubai@cnshippinguae.com	ON BOARD				

CHINA SHIPPING CONTAINER LINES CO.,LTD.(ZHEJIANG)

(3) GENERAL MANAGER
AS AGENT FOR THE CARRIER

24. Ex. Rate:	25. Prepaid at	26. Payable at	27. Place and NINGBO/HONGKONG
	28. Total prepaid in	29. No. of Original THREE	Signed for the Carrier

DATE FEB 08,2008

BY ....

CHINA SHIPPING CONTAINER LINES (HONG KONG) CO., LTD. STANDARD FORM 9701
* Applicable Only When Document Use as a Combined Transport Bill of Lading

NO. 700503354

● 任务

1. 审核以上的全套结汇单据。
2. 思考审单工作要点。

● 链接:相关基础知识

审单方法和不符点单据的处理

(一)审单原则

1. 严格一致。

所谓严格一致的原则,是指在单据和信用证条款之间,一个字与一个字、一个字母与一个字母的相符,即使是拼写错误,也构成单证不一致,单据就像是信用证的"镜子影像"。

2. 实质一致。

所谓实质一致的原则,是允许单据有差异,只要差异不损害申请人,或不违反法庭自身对于"合理、公平、善意"概念的解释即可。

(二)审单工作方法

1. 横审法

"横审"是根据信用证的条款逐字逐句地审核各种单据的内容,做到"单证一致"。

2. 纵审法

"纵审"是以商业发票为中心,与其他单据相对照,要求单据与单据之间所共有的项目相互一致,即"单单一致"。

(三)信用证项下的不符点

1. 信用证项下的不符点。

不符点(Discrepancy)是指信用证项下受益人所提交的单据表面出现的一处或多处不符合信用证的条款或条件的错误。

当单据出现不符点时,信用证的开证行就可以免除付款的责任。

2. 指定银行对于单据不符的处理。

(1)将所有单据退还给提交人更改,以便在信用证有效期内和最迟交单期内再次交单。

(2)仅仅退还不符单据。让提交人更改,以便在信用证有效期内和最迟交单期内再次交单。

(3)在交单人授权下将信用证项下的不符单据以等待批准方式寄送给开证行,要求该行审查和批准接受单据或拒绝接受单据。

(4)将所有单据退还交单人,请交单人采取直接行动寄单给开证行。

(5)如果交单人准许,以电报、电传或电讯发至开证行,要求凭不符单据授权付款、承兑或议付。

(6)从受益人或其所在银行出具赔偿担保信,凭以议付、付款或承兑,该信保证如果开证行拒绝接受不符单据和拒绝偿付时，任何议付、付款、承兑金额连同利息和有关费用将由担保信出具人偿还。

（7）根据实际经验，并征得收益人同意，办理"保留权利"的付款、承兑或议付，即如果开证行凭着不符单据而拒绝偿付时，银行保留对收益人的追索权。

（8）寄单托收。

3. 开证行对于单据不符的处理。

UCP 600 第十六条提到不符单据、放弃及通知：

a. 当按照指定行事的指定银行、保兑行（如有的话）或者开证行确定交单不符时，可以拒绝承付或议付。

b. 当开证行确定交单不符时，可以自行决定联系申请人放弃不符点。然而这并不能延长第十四条 b 款所指的期限。

c. 当按照指定行事的指定银行、保兑行（如有的话）或开证行决定拒绝承付或议付时，必须给予交单人一份单独的拒付通知。

该通知必须声明：i. 银行拒绝承付或议付；及 ii. 银行拒绝承付或者议付所依据的每一个不符点；及 iii. a)银行留存单据听候交单人的进一步指示；或者 b)开证行留存单据直到其从申请人处接到放弃不符点的通知并同意接受该放弃，或者其同意接受对不符点的放弃之前从交单人处收到其进一步指示；或者 c)银行将退回单据；或者 d)银行将按之前从交单人处获得的指示处理。

d. 第十六条 c 款要求的通知必须以电讯方式，如不可能，则以其他快捷方式，在不迟于自交单之翌日起第五个银行工作日结束前发出。

e. 按照指定行事的指定银行、保兑行（如有的话）或开证行在按照第十六条 c 款 iii 项 a)或 b)发出了通知后，可以在任何时候将单据退还交单人。

f. 如果开证行或保兑行未能按照本条行事，则无权宣称交单不符。

g. 当开证行拒绝承付或保兑行拒绝承付或者议付，并且按照本条发出了拒付通知后，有权要求返还已偿付的款项及利息。

● 思考与练习

任务：根据信用证审核单据内容，找出五个不符点。

信 用 证 通 知 书
ADVICE OF A LETTER OF CREDIT

致TO:
贝发集团股份有限公司
BEIFA GROUP CO LTD

日期DATE:8 SEPTEMBER 2009

我行编号OUR REF:83009110020439

信用证编号（L/C No）:M923539

开证日期(Issuing Date):7 SEPTEMBER 2009

信用证金额（Amount）:USD 138,595.02

信用证效期(Date of Expiry): 14 NOVEMBER 2009

最后装船期(Latest Shipment Date): 30 OCTOBER 2009

开证行 (Issuing Bank):BANCO SANTANDER,S.A. INSTITUCIONDE BANCA MULTIPLE,GROUPFINANCIERO SANTANDER,S.A.

兹通知信用证一份，内容见附件。
WE HAVE PLEASURE IN ADVISING YOU A DOCUMENTARY CREDIT WHICH IS ATTACHED TO THIS ADVISING LETTER.
如贵公司发现本信用证有无法办到的条款和条件，或发现信用证存在错误，请直接与开证申请人联系，进行必要的修改，以避免在交单时产生困难。
IF YOU FIND ANY TERMS AND CONDITIONS IN THE L/C WHICH ARE UNABLE TO COMPLY WITH, OR IF YOU FIND ANY ERROR(S), IT IS SUGGESTED THAT YOU CONTACT THE APPLICANT DIRECTLY FOR NECESSARY AMENDMENT(S) SO AS TO AVOID ANY DIFFICULTIES WHICH MAY ARISE WHEN DOCUMENTS ARE PRESENTED.
本通知不构成我行其他任何责任和义务。

OUR ADVICE OF THE ABOVE L/C CONVEYS NO FURTHER ENGAGEMENT OR OBLIGATION ON OUR PART.
本信用证的通知依照国际商会《跟单信用证统一惯例》（2007年修订版）第600号出版物。
THIS ADVICE IS SUBJECT TO UNIFORM CUSTOMS AND PRACTICE FOR DOCUMENTARY CREDITS. (2007 REVISION) ICC PUBLICATION NO.600.

中国建设银行股份有限公司
CHINA CONSTRUCTION BANK CORPORATION

签章
AUTHORIZED SIGNATURES

1/4   OUR REF. 83009110020439

```
MT700
SENDER:
BMSXMXMM
BANCO SANTANDER, S.A. INSTITUCION
DE BANCA MULTIPLE, GROUP
FINANCIERO SANTANDER, S.A.
RECEIVER:
PCBCCNBJNPX
CHINA CONSTRUCTION BANK
NINGBO BR. INTL DEPT.
L/C ARRIVAL DATE: 8 SEPTEMBER 2009
27:  SEQUENCE OF TOTAL
     1/1
40A: FORM OF L/C (Y/N/T)
     IRREVOCABLE
20:  DOCUMENT CREDIT NO
     M923539
31C: DATE OF ISSUE
     090907
40E: APPLICABLE RULES
     UCP LATEST VERSION
31D: DATE AND PLACE OF EXPIRE
     091114CHINA
50:  APPLICANT
     OFFICE DEPOT DE MEXICO, SA DE CV
     JUAN SALVADOR AGRAZ NO. 101
     COL. SANTA FE DEL. CUAJIMALPA
     DE MORELOS, MEXICO. D.F.
59:  BENEFICIARY
     BEIFA GROUP CO LTD
     NO 298 JIANGNAN EAST ROAD BEILUN
     NINGBO 315801 CHINA
     TEL 86 574 8618 6680
32B: CURRENCY CODE, AMOUNT
     USD138595,02
39A: PERCENTAGE CREDIT AMOUNT
     05/05
41A: AVAILABLE WITH..BY
     PCBCCNBJNPX
     BY DEF PAYMENT
42P: DEFFERED PAYMENT DETAILS
     60 DAYS AFTER PRESENTATION
43P: PARTIAL SHIPMENT
     ALLOWED
43T: TRANSSHIPMENT
     ALLOWED/PERMITIDOS
44E: PORT OF LOADING
```

2/4   OUR REF. 83009110020439

NINGBO CHINA
44F: PORT OF DISCHARGE
MANZANILLO COL. MEXICO OR LAZARO CARDENAS MICH. MEXICO
44B: PLACE OF FINAL DESTIN.
MEXICO CITY
44C: LATEST DATE OF SHIPMENT
091030
45A: DESCRIPTION OF GOODS
+ WRITING INSTRUMENT
46A: DOCUMENTS REQUIRED
+ 1 ORIGINAL AND 3 COPIES OF COMMERCIAL INVOICE DATED AND
SHOWING INCOTERM FOB AND RFC ODM950324V2A
+ 1 ORIGINAL AND 4 COPIES OF FCR CONSIGNED AND NOTIFY TO: OFFICE
DEPOT DE MEXICO S.A. DE C.V. ODM950324V2A, JUAN SALVADOR AGRAZ
NO. 101 COL. SANTA FE DELEGACION CUAJIMALPA DE MORELOS C.P.
05300 MEXICO D.F. TEL 52 46 40 00 FAX 52 46 40 00 EXT 3000.
MARKED FREIGHT COLLECT.
+ 1 ORIGINAL AND 3 COPIES OF PACKING LIST
+ 1 ORIGINAL AND 3 COPIES OF CERTIFICATE OF ORIGIN ISSUED BY THE
GOVERNMENT OF THE ORIGIN COUNTRY PRODUCT.
+ 1 ORIGINAL AND 3 COPIES OF CERTIFICATE OF QUALITY
+ 1 ORIGINAL OF BENEFICIARY'S LETTER INDICATING THIS SHIPMENT
HAS NO SOLID WOOD PACKING MATERIAL AND CETIFYING THAT COPIES OF
ALL THE REQUIRED DOCUMENTS WERE SENT TO OFFICE DEPOT DE MEXICO
SA DE CV IN ATTENTION TO JOSE LUIS MARTINEZ CORONEL BY SPECIAL
COURIER SERVICE SHIPMENTS.
47A: ADDITIONAL CONDITIONS
+ BENEFICIARY MUST PRESENT AN EXTRA PHOTOCOPY OF ALL DOCUMENTS
REQUIRED IN THIS L/C FOR BANCO SANTANDER (MEXICO) S.A. FILE.
+ CERTIFICATE OF ORIGIN SHOWING DIFFERENT INVOICE NBR IS
ACCEPTABLE
+ IN CASE OF FORWARDER CARGO RECEIPT IS PRESENTED WE WILL
CONSIDER CARGO RECEIVED DATE OF DOCUMENT AS SHIPMENT DATE AND
DOCUMENTS PRESENTATION. IN CASE OF SEVERAL FCR PRESENTED, WE
WILL CONSIDER THE FIRST DATE FOR DOCUMENTS PRESENTATION.
FCR MUST SHOW LOADING POINT, DISCHARGE POINT, AND FINAL
DESTINATION.
+ THE LATEST SHIP DATE MUST BE BASED ON CARGO RECEIVED DATE ON
FCR
71B: CHARGES
ISSUING BANK CHARGES TO BE PAID BY:
APPLICANT
FOREIGN BANK CHARGES TO BE PAID BY:
BENEFICIARY
48: PERIOD FOR PRESENTATION
DOCUMENTS MUST BE PRESENTED

3/4   OUR REF. 83009110020439

```
         WITHIN 15 DAYS AFTER ISSUANCE
         OF THE TRANSPORT DOCUMENT BUT
         WITHIN THE VALIDITY OF THIS CREDIT
49:      CONFIRMATION INSTRUCTION
         MAY ADD
78:      INSTR TO PAY/ACCEP/NEG
         UPON RECEIPT IN OUR COUNTERS DOCUMENTS IN GOOD ORDER AND
         COMPLIED WITH ALL TERMS AND CONDITIONS WE WILL REMIT FUNDS AS
         PER
         YOUR DOC REMITTANCE INSTRUCTIONS AT MATURITY DATE.
72:      SENDER TO RECEIVER INF
         PLS ACKNOW RECEIPT QUOTING YR REF.
         NBR. SEND DOCS BY COURIER TO/BANCO
         SANTANDER S.A. VASCO DE QUIROGA NO
         3900 TORRE A, PISO 17,COL.SANTA FE
         C.P.05300 MEXICO D.F./ IN 1 LOT
         ATTN. L/C DEPT./EFE.
```

COMMERCIAL INVOICE

THE SELLER:BEIFA GROUP CO.,LTD.
ADDRESS:NO.298 Jiangnan East Road,Beilun,Ningbo,315801,China
TELEPHONE:86-574-86155924 86155933 86186888(OPERATOR)
FAX NUMBER:86-574-86155295
EMAIL ADD:service@beifa.com
URL:http://www.beifa.com
TO:OFFICE DEPOT DE MEXICO SA DE CV AV JUAN SALVADOR AGRAZ NO.101 COL.CUAJIMALPA C.P.05300 MEXICO DF
FROM:NINGBO,CHINA
LC NO.:M923539

INVOICE NO. :F0337-09080022/46
DATE:2009-10-15

TO:MANZANILLO COL.MEXICO

PO#	SKU#	DESCRIPTION OF GOODS	FOB	QUANTI	TOTAL AMOUNT
		INCOTERM FOB AND RFC ODM950324V2A WRITING INSTRUMENT:ERASER,BALL PEN,MECHANICAL PENCIL,GEL INK PEN,ROLLER PEN,BOARD MARKER,HIGHLIGHTER PEN,MARKER PEN,BALL PEN REFILL,BRUSH,LEAD REFILLS			
BEIFA91030	30048	PAQUETE CON 6 ROOLER BALL COL SURTIDOS	$ 0.690	4,032	$ 2,782.08
BEIFA91030	30049	PAQUETE CON 5 RESALTADORES	$ 0.570	3,312	$ 1,887.84
BEIFA91030	30054	PAQUETE CON 4 MARCADORES PARA PIZARRON BLANCO	$ 0.580	20,736	$ 12,026.88
BEIFA91030	30058	PAQUETE DE 4 MARCADORES PERMANENTES PUNTO FINO	$ 0.370	5,040	$ 1,864.80
BEIFA91030	30060	PAQUETE DE 2 MARCADORES PERMANENTES PUNTO FINO	$ 0.210	6,192	$ 1,300.32
BEIFA91030	30064	JUEGO DE 3 LAPICEROS Y DOS MINAS DE REPUESTO	$ 0.650	3,168	$ 2,059.20
BEIFA91030	32520	PLUMA 4 EN 1 CON REPUESTOS	$ 1.300	3,024	$ 3,931.20
BEIFA91030	32524	PAQUETE DE 12 BOLIGRAFOS NEGROS	$ 0.330	6,480	$ 2,138.40
BEIFA91030	35727	Boligrafo con grip caja con 12 pzas color negro	$ 0.529	1,296	$ 685.58
BEIFA91030	35728	Boligrafo con grip caja con 12 pzas color azul	$ 0.529	864	$ 457.06
BEIFA91030	35729	Marcador Permanente caja con 12 pzas negro PUNTA CINCEL	$ 3.150	2,304	$ 7,257.60
BEIFA91030	35730	Boligrafo 4 en 1 blister con 3	$ 0.350	1,728	$ 604.80
BEIFA91030	35732	Boligrafo Retractil con grip b/5	$ 0.400	2,592	$ 1,036.80
BEIFA91030	35733	Caja de marcadores para pizarron punta cincel con grip 12	$ 3.150	2,232	$ 7,030.80
BEIFA91030	35742	PAQUETE CON 4 MARCADORES PARA PIZARRON BLANCO PUNTA REDONDA	$ 0.930	864	$ 803.52
BEIFA91030	35762	PAQUETE CON 4 MARCADORES PARA PIZARRON BLANCO PUNTA CINCEL	$ 0.980	5,040	$ 4,939.20
BEIFA91030	41285	MARCATEXTOS PUNTA CINCEL COLORES SURTIDOS	$ 0.370	5,664	$ 2,095.68
BEIFA91030	41287	MARCADORES PARA PIZARRON COLORES SURTIDOS	$ 3.087	672	$ 2,074.46
BEIFA91030	41356	BORRADOR PARA PIZARRON BLANCO	$ 0.450	4,032	$ 1,814.40
BEIFA91030	41360	BOLIGRAFO RETRACTIL PUNTO MEDIANO TINTA NEGRA CAJA CON 12	$ 1.220	1,008	$ 1,229.76
BEIFA91030	41378	GOMAS BLANCAS 3PK	$ 0.130	4,860	$ 631.80
BEIFA91030	43793	BOLIGRAFO DE GEL CON PUNTO EXTRAFINO COLORES SURTIDOS	$ 0.760	1,584	$ 1,203.84
BEIFA91030	43795	BOLIGRAFO DE GEL CON PUNTO EXTRAFINO COLOR NEGRO	$ 0.760	1,296	$ 984.96
BEIFA91030	43796	BOLIGRAFO DE GEL PUNTO EXTRAFINO COLOR NEGRO	$ 0.630	2,592	$ 1,632.96
BEIFA91030	43797	BOLIGRAFO DE GEL PUNTO MEDIANO COLOR SURTIDOS FLOURESCENTES	$ 0.630	2,592	$ 1,632.96
BEIFA91030	43800	PLUMA PARA MOSTRADOR	$ 0.570	3,456	$ 1,969.92
BEIFA91030	43808	BOLIGRAFO RETRACTIL GREEN TRIANGULAR TINTA NEGRA COLORES VIVOS	$ 0.630	864	$ 544.32
BEIFA90228	42692	GOMAS BLANCAS MODELO OD30 2PK	$ 0.121	8,160	$ 987.36
TOTAL				105,684	$ 67,608.50

MARKS & NOS
OFFICE DEPOT MEXICO
Vendor Part#:
UPC# :
PO#:
RFC#: ODM-950324-V2A
SKU#:
Carton Dimension: XX CM
Country of Origin: China
Carton#: xx of xx
G.W.: XX KGS
N.T.: XX KGS

贝发集团股份有限公司
BEIFA GROUP CO.,LTD

PACKING LIST

THE SELLER:BEIFA GROC
ADDRESS:NO. 298 Jiangnan East Road, Beilun, Ningbo, 315801, China
TSLEPHONE:86-571-86186680 86135933 86186888 (OPERATOR)
FAX NUMBER:86-571-86155295
EMAIL ADD:service@beifa.com
URL:http://www.beifa.com
TO:OFFICE DEPOT DE MEXICO SA DE CV AV JUAN SALVADOR AGRAZ NO. 101 COL. CUAJIMALPA C. P. 05300 MEXICO DF

INVOICE NO .:F0337-09080022/46
DATE:2009-10-15

PO#	SKU#	DESCRIPTION OF GOODS	QUANTITY	CTNS	N.W.	G.W.
		INCOTERM FOB AND RFC ODM950324V2A WRITING INSTRUMENT:ERASER, BALL PEN, MECHANICAL PENCIL, GEL INK PEN, ROLLER PEN, BOARD MARKER, HIGHLIGHTER PEN, MARKER PEN, BALL PEN REFILL, BRUSH, LEAD REFILLS				
BEIFA91030	30048	PAQUETE CON 6 ROOLER BALL COL SURTIDOS	4,032	28	350	406
BEIFA91030	30049	PAQUETE CON 5 RESALTADORES	3,312	23	241.5	287.5
BEIFA91030	30054	PAQUETE CON 4 MARCADORES PARA PIZARRON BLANCO	20,736	144	1756.8	1900.8
BEIFA91030	30058	PAQUETE DE 4 MARCADORES PERMANENTES PUNTO FINO	5,040	35	262.5	332.5
BEIFA91030	30060	PAQUETE DE 2 MARCADORES PERMANENTES PUNTO FINO	6,192	43	172	258
BEIFA91030	30064	JUEGO DE 3 LAPICEROS Y DOS MINAS DE REPUESTO	3,168	22	158.4	187
BEIFA91030	32520	PLUMA 4 EN 1 CON REPUESTOS	3,024	63	207.9	283.5
BEIFA91030	32524	PAQUETE DE 12 BOLIGRAFOS NEGROS	6,480	45	517.5	567
BEIFA91030	35727	Boligrafo con grip caja con 12 pzas color negro	1,296	9	108	117.9
BEIFA91030	35728	Boligrafo con grip caja con 12 pzas color azul	864	6	72	78.6
BEIFA91030	35729	Marcador Permanente caja con 12 pzas negro PUNTA CINCEL	2,304	32	704	744.32
BEIFA91030	35730	Boligrafo 4 en 1 blister con 3	1,728	12	78	90
BEIFA91030	35732	Boligrafo Retractil con grip b/5	2,592	18	144	162
BEIFA91030	35733	Caja de marcadores para pzarron punta cincel con grip 12	2,232	31	682	721.06
BEIFA91030	35742	PAQUETE CON 4 MARCADORES PARA PIZARRON BLANCO PUNTA REDONDA	864	6	63	69
BEIFA91030	35762	PAQUETE CON 4 MARCADORES PARA PIZARRON BLANCO PUNTA CINCEL	5,040	70	511	581
BEIFA91030	41285	MARCATEXTOS PUNTA CINCEL COLORES SURTIDOS	5,664	59	377.6	483.8
BEIFA91030	41287	MARCADORES PARA PIZARRON COLORES SURTIDOS	672	14	215	273
BEIFA91030	41356	BORRADOR PARA PIZARRON BLANCO	4,032	112	246.4	358.4
BEIFA91030	41360	BOLIGRAFO RETRACTIL PUNTO MEDIANO TINTA NEGRA CAJA CON 12	1,008	14	91	112
BEIFA91030	41378	GOMAS BLANCAS 3PK	4,860	18	216	234
BEIFA91030	43793	BOLIGRAFO DE GEL CON PUNTO EXTRAFINO COLORES SURTIDOS	1,584	11	121	137.5
BEIFA91030	43795	BOLIGRAFO DE GEL CON PUNTO EXTRAFINO COLOR NEGRO	1,296	9	94	110.7
BEIFA91030	43796	BOLIGRAFO DE GEL PUNTO EXTRAFINO COLOR NEGRO	2,592	18	171	198
BEIFA91030	43797	BOLIGRAFO DE GEL PUNTO MEDIANO COLOR SURTIDOS FLORRESCENTES	2,592	18	171	198
BEIFA91030	43800	PLUMA PARA MOSTRADOR	3,456	24	187.2	211.2
BEIFA91030	43808	BOLIGRAFO RETRACTIL GREEN TRIANGULAR TINTA NEGRA COLORES VIVOS	864	12	57.6	69.6
BEIFA90228	42692	GOMAS BLANCAS MODELO OD30 2PK	8,160	34	376	408
TOTAL			105,684	930	8365.4	9352.18

MARKS & NOS
OFFICE DEPOT MEXICO
Vendor Part#:
UPC# :
PO#:
RFC#: ODM-950324-V2A
SKU#:
Carton Dimension: XX CM
Country of Origin: China
Carton#: xx of xx
G.W. : XX KGS
N.T. : XX KGS

SHIPPER
BEIFA GROUP CO.,LTD
NO.298 JIANGNAN EAST ROAD
BEILUN NINGBO 315801 CHINA
TEL 86 574 86186680

KUEHNE NAGEL

FORWARDER'S CERTIFICATE OF RECEIPT

**** PLEASE QUOTE IN YOUR REPLY ****
KN REFERENCE   4359-0358-910.031
NINGBO   28/10/2009

CONSIGNEE
OFFICE DEPOT DE MEXICO,S.A.DE C.V.
ODM950324V2A,JUAN SALVADOR AGRAZ
NO.101 COL.SANTA FE DELEGACION
CUAJIMALPA DE MORELOS C.P.05300,
MEXICO D.F.TEL:52464000 *

NOTIFY PARTY 2

* FAX:52464000 EXT:3000
**.MEXICO

NOTIFY PARTY
OFFICE DEPOT DE MEXICO,S.A.DE C.V.
ODM950324V2A,JUAN SALVADOR AGRAZ
NO.101 COL.SANTA FE DELEGACION
CUAJIMALPA DE MORELOS C.P.05300,
MEXICO D.F.TEL:52464000 *

FINAL AGENT
KUEHNE & NAGEL, S.A. DE C.V.
CALLE 28 NO. 90-A, COL. FEDERAL
MEXICO, D.F. 15700, MEXICO
RFC:K&N030814796

	PRE CARRIAGE BY . :
OCEAN VESSEL . . : CAP GILBERT	VOYAGE . . . . . : 944E
PORT OF LOADING . : NINGBO	ETS . . . . . . : 28/10/2009
PORT OF DISCHARGE : MANZANILLO	ETA . . . . . . : 16/11/2009
PLACE OF DELIVERY :	
TERMS OF DELIVERY : FOB NINGBO	MOVEMENT . . . . : CFS/CY
INSURANCE . . . . : NOT ARR'GED BY KN	LOADED IN CONT. . : CADU4007408

MARKS & NOS	QTY PCS	DESCRIPTION OF GOODS	GRSS WT KGS	CBM
TOTAL	930	AS PER ATTACHED	9582.18	45.730

WE CERTIFY HAVING ASSUMED CONTROL OF THE ABOVE MENTIONED CONSIGNMENT IN
EXTERNAL APPARENT GOOD ORDER AND CONDITION, WITH IRREVOCABLE INSTRUCTIONS
FOR SHIPMENT.
FORWARDING INSTRUCTIONS CAN ONLY BE CANCELLED OR ALTERED AFTER SURRENDER
OF THE ORIGINAL CERTIFICATE TO US, AND PROVIDED WE ARE STILL IN A POSITION
TO COMPLY WITH SUCH CANCELLATION OR ALTERATION. THE GOODS AND INSTRUCTIONS
ARE ACCEPTED AND DEALT WITH SUBJECT TO OUR STANDARD TRADING CONDITIONS.

PLACE AND DATE OF ISSUE AS SHOWN ABOVE.FREIGHT COLLECT
NUMBER OF ORIGINALS ISSUED : 1/1 ON BOARD DATE:28/10/2009

All cargo particulars as declared by shipper.

Kuehne & Nagel Limited   Tel: +86 574 2790 9888   Bank of China, Ningbo Branch
Ningbo Branch Office   Fax: +86 574 2771 7223   No.139 Yaoheng Street
6F(South)   Email: info.ningbo@kuehne-nagel.com   Ningbo 315800,P.R.China
Howard Johnson Office Building Internet: www.kn-portal.com   CNY Bank A/C No:810930513468809101
No.236 Linting Street   USD Bank A/C No:610930513468809104
Ningbo 315010 - P.R.China   Swift code:BKCHCN2J92A

All cheques should be crossed and made payable to Kuehne & Nagel Limited / This company is an individual member of the FIATA International Federation of Freight Forwarders Association.
All transactions accepted without engagement and subject to the printed conditions of carriers involved. This company is not a common carrier. All transactions are subject to the FIATA Rules for
Freight Forwarding Services (copies available on request from the company), which, in certain cases,exclude or limit the company's liabilities. Generally the company's liability is limited to 2 SDR/kg.

KUEHNE & NAGEL LIMITED

by

ATTACHMENT FOR			FORWARDER'S CERTIFICATE OF RECEIPT		
			**** PLEASE QUOTE IN YOUR REPLY ****		
			FCR NO:	4359-0358-910.031	
			NINGBO	28/10/2009	

MARKS & NOS	QTY	PCS	DESCRIPTION OF GOODS	GRSS WT KGS	CBM
OFFICE DEPOT	930	CARTON(S)	MERCHANDISE AS PER	9582.18	45.730
MEXICO			FOLLOWING		
VENDOR PART#:			PURCHASE ORDERS:		
UPC#:			PO#BEIFA91030		
PO#:			ERASER		
RFC#:			BALL PEN		
ODM-950324-V2A			MECHANICAL PENCIL		
SKU#:			GEL INK PEN		
CARTON DIMENSION:			ROLLER PEN		
XX CM			BOARD MARKER		
COUNTRY OF ORIGIN			HIGHLIGHTER PEN		
:CHINA			MARKER PEN		
CARTON#:XX OF XX			BRUSH		
G.W.:XX KGS					
N.T.:XX KGS			CARGO RECEIVED DATE:		
			20.OCT.2009		
			LOADED IN CONTAINER:		
			CADU4007408/2451219/40G		
TOTAL	930			9582.18	45.730

ORIGINAL

1. Exporter BEIFA GROUP CO., LTD NO.298 JIANGNAN EAST ROAD BEILUN NINGBO 315801 CHINA PHONE 8657486186680	Certificate No. **CCPIT 083196787** 09C3302B0039/00000 CERTIFICATE OF ORIGIN OF THE PEOPLE'S REPUBLIC OF CHINA
2. Consignee OFFICE DEPOT DE MEXICO S. A. DE C. V. ODM950324V2A, JUAN SALVADOR AGRAZ NO. 101 COL SANTA FE DELEGACION CUAJIMALPA DE MORELOS C. P. 05300 MEXICO D. F. PHONE 52 46 40 00 FAX 52 46 40 00 EXT 3000	
3. Means of transport and route FROM NINGBO CHINA TO MANZANILLO COL. MEXICO BY SEA	5. For certifying authority use only
4. Country / region of destination MEXICO	

6. Marks and numbers	7. Number and kind of packages; description of goods	8. H.S.Code	9. Quantity	10. Number and date of invoices
	NINE HUNDRED AND THIRTY (930) CTNS OF WRITING INSTRUMENT (ERASER BALL PEN, MECHANICAL PENCIL, GEL IK PEN, ROLLER PEN, BOARD MARKER, HIGHLIGHTER PEN, MARKER PEN, BRUSH) AS PER PO NO. : BEIFA91030 ************************************ OFFICE DEPOT MEXICO Vendor Part#: UPC#: PO#: RFC#: ODM 950324-V2A SKU#: Carton Dimension: XX CM Country of Origin: China Cartons: xx of xx G. W.: XX KGS N. W.: XX KGS	96.08	105684PIEZAS	F033* 04080022, 40 OCT. 15, 2009

| 11. Declaration by the exporter.
The undersigned hereby declares that the above details and statements are correct; that all the goods were produced in China and that they comply with the Rules of Origin of the People's Republic of China.

BEIFA GROUP CO., LTD
NO.298 JIANGNAN EAST ROAD BEILUN NINGBO
86186680/86186680
NINGBO CHINA   NOV. 2, 2009

Place and date, signature and stamp of authorized signatory | 12. Certification
It is hereby certified that the declaration by the exporter is correct.

中国国际贸易促进委员会
单证证明专用章
(甬)
CHINA COUNCIL FOR THE PROMOTION
OF INTERNATIONAL TRADE
(NING BO)

Place and date, signature and stamp of certifying authority |

Office DEPOT
Taking Care of Business

Quality Certificate

Vendor Name: BEIFA GROUP CO.,LTD
Factory Name: BEIFA GROUP CO.,LTD
Date: 2009-10-22

Shipment's Information:

PO#	Sku Mex	Description	Quantity
BEIFA91030	30054	PAQUETE CON 4 MARCADORES PARA PIZARRON BLANCO	20,736
BEIFA91030	32520	PLUMA 4 EN 1 CON REPUESTOS	3,024
BEIFA91030	32524	PAQUETE DE 12 BOLIGRAFOS NEGROS	8,480
BEIFA91030	35727	Boligrafo con grip caja con 12 pzas color negro	1,296
BEIFA91030	35728	Boligrafo con grip caja con 12 pzas color azul	864
BEIFA91030	35729	Marcador Permamente caja con 12 pzas negro PUNTA CINCEL	2,304
BEIFA91030	35730	Boligrafo 4 en 1 blister con 3	1,728
BEIFA91030	35732	Boligrafo Retractil con grip b/5	2,592
BEIFA91030	35733	Caja de marcadores para pzarron punta cincel con grip 12	2,232
BEIFA91030	35742	PAQUETE CON 4 MARCADORES PARA PIZARRON BLANCO PUNTA REDONDA	864
BEIFA91030	35762	PAQUETE CON 4 MARCADORES PARA PIZARRON BLANCO PUNTA CINCEL	5,040
BEIFA91030	41360	BOLIGRAFO RETRACTIL PUNTO MEDIANO TINTA NEGRA CAJA CON 12	1,008
BEIFA91030	41378	GOMAS BLANCAS 3PK	4,860
BEIFA91030	41358	BORRADOR PARA PIZARRON BLANCO	4,032
BEIFA91030	30048	PAQUETE CON 6 ROOLER BALL COL SURTIDOS	4,032
BEIFA91030	30049	PAQUETE CON 5 RESALTADORES	3,312
BEIFA91030	30058	PAQUETE DE 4 MARCADORES PERMANENTES PUNTO FINO	5,040
BEIFA91030	30060	PAQUETE DE 2 MARCADORES PERMANENTES PUNTO FINO	6,192
BEIFA91030	30064	JUEGO DE 3 LAPICEROS Y DOS MINAS DE REPUESTO	3,168
BEIFA91030	41285	MARCATEXTOS PUNTA CINCEL COLORES SURTIDOS	5,684

BEIFA91030	41287	MARCADORES PARA PIZARRON COLORES SURTIDOS	672
BEIFA91030	43793	BOLIGRAFO DE GEL CON PUNTO EXTRAFINO COLORES SURTIDOS	1,584
BEIFA91030	43795	BOLIGRAFO DE GEL CON PUNTO EXTRAFINO COLOR NEGRO	1,296
BEIFA91030	43796	BOLIGRAFO DE GEL PUNTO EXTRAFINO COLOR NEGRO	2,592
BEIFA91030	43797	BOLIGRAFO DE GEL PUNTO MEDIANO COLOR SURTIDOS FLOURESCENTES	2,592
BEIFA91030	43800	PLUMA PARA MOSTRADOR	3,456
BEIFA91030	43806	BOLIGRAFO RETRACTIL GREEN TRIANGULAR TINTA NEGRA COLORES VIVOS	864
BEIFA91030	42692	GOMAS BLANCAS MODELO OD30 2PK	8,160

This is to authorize release of shipment as listed above, under Invoice No. **F0337-09080022/46**, to Office Depot Mexico, based on inspection report # ODM-BeiFa90930-0910, dated: **2009-10-15**, by Factory.

This certificate does NOT relieve vendor / factory's responsibility to supply quality products to Office Depot Mexico.

Authorized Signature
(by Office Depot Global Sourcing QA):

Date: OCT/22/09

INV NO:F0337-09080022/46
DATE:2009-11-06
L/C NO:M923539

BENEFICIARYS LETTER

THIS SHIPMENT NO SOLID WOOD PACKING MATERIAL AND
CERTIFYING THAT COPIES OF ALL THE DOCUMENTS
REQUIRED IN THIS L/C WERE SENT TO OFFICE DEPOT DE
MEXICO,S.A. DE C.V. IN ATTENTION TO JOSE LUIS MARTINEZ
CORONEL BY SPECIAL COURIER SERVICE.

贝发集团股份有限公司
BEIFA GROUP CO.,LTD

模块 2　贸易融资操作

> 任何节约归根到底是时间的节约。

——马克思

● 本模块教学目标

最终目标：能提出合理的贸易融资建议

促成目标：了解各种贸易融资方法

　　　　　能提出合理的贸易融资建议

● 情景案例

机构：

外贸企业：OCEAN PLASTIC & CHEMICAL PRODUCTS CO.，LTD

　　　　　宁波欧胜塑化有限公司

银行：SHANGHAI PUDONG DEVELOPMENT BANK 上海浦东发展银行

人物：

小余：宁波欧胜塑化有限公司单证员

张经理：宁波欧胜塑化有限公司业务经理

黄小姐：上海浦东发展银行宁波分行国际业务部职员

背景资料：

1. 2008 年 11 月 6 日，宁波欧胜塑化有限公司外贸业务部张经理与阿拉伯联合酋长国的 ABC TRADING CO.，LLC 公司签订一份 36 800 PCS 唇膏（LIP BALM）的出口合同，合同号为 081106。

2. 1 月 22 日上午，小余填写了押汇申请书，将全套结汇单据带到中国银行宁波分行国际业务部。小余："黄小姐，要是审单没问题，今天下班前把单据寄出去吧。押汇款明天能到我账上吗？"黄小姐："没问题，最迟后天就可以把押汇办下来。"

出口押汇/贴现业务申请书

申　请　人			
出口单证种类	□信用证　□托收	信 用 证 号 码	
开证行/代收行		发 票 号 码	
发 票 金 额		押汇/贴现金额	

_____银行：

本公司向贵行申请叙做上述信用证/托收项下出口押汇/贴现，押汇/贴现金额大写：__

_____

本公司保证履行已签署的《出口押汇/贴现业务总质权及承诺书》的承诺，请予以审核批准。

本押汇/贴现款项须：□结汇入账　　□原币入账

请划至本公司下列账户：

账　　　号：_____

开户支行：_____

核销单号：_____

申请人（印章）：

法定代表人（或授权委托人）签章：

年　　　月　　　日

● 任务

1. 根据业务信息填写押汇申请书。
2. 思考融资成本如何计算。

● 链接：相关基础知识

一、对于出口商的融资

（一）打包放款

1. 什么是打包放款。

是出口商收到国外开来的信用证，以"致受益人的信用证"正本和"销售合同"作为抵押品，申请此项贷款，用于该信用证项下出口商的进货、备料、生产和装运。

如果客户是采用信用证结算方式的出口商，在需要融资的时候，出口方往来银行可以信用证正本为还款依据向客户提供装船前融资，主要用于支付生产或收购信用证项下产品的开支及其他从属费用。

2. 基本操作流程。

(1)出口商在收到信用证后,向其往来银行提出打包放款申请。

(2)出口商向其往来银行提供近期财务报表及营业执照等材料。

(3)出口商将信用证正本留在其往来银行作为质押品,获得其往来银行贷款。

3. 典型案例。

出口商 A 公司凭美洲银行来的不可撤销即期信用证向其往来银行(B 行)申请金额为 300 万元人民币的打包放款,用于生产该信用证项下的出口产品。B 行对信用证真实性、条款等项内容及 A 公司提交的进出口合同等证明文件进行了审核。审查结果表明,信用证真实有效,条款清晰明确,符合 B 行有关规定。经 B 行信贷部门审查,A 公司财务状况良好,信誉可靠,履约能力亦符合 B 行有关规定。在此情况下,B 行为 A 公司办理了打包放款手续,为其发放了 300 万元人民币的打包放款。

(二)红条款信用证

在信用证上加列红色打字的预支条款授权指定议付行预先垫付信用证金额的一部分,放款给出口商,用于备货装运,待其交单请求议付时,以议付款项偿还垫款本息,倘若出口商不能办理议付时,则垫款本息应由开证行负责偿还,然后由其向申请人追索此款。

红条款信用证特点:通过红条款信用证,可以将国外开证方(进口方)对出口方的融资传递过来。

(三)出口押汇

1. 什么是出口押汇。

是以出口商的汇票及/或单据作为押汇行的抵押品,由押汇行垫款,付给出口商,然后将抵押品的汇票及/或单据寄至开证行向其收取货款归垫。

2. 出口押汇的对象及条件。

企业如具有进出口经营权并具备独立法人资格,且以信用证作为出口结算的方式,即可凭信用证项下的出口单据向银行申请叙作出口押汇。

企业如需向银行申请叙作出口押汇,必须满足以下条件。

(1)企业应在申请行开立人民币或外币往来账户,办理进出口结算业务,并在押汇融资业务项下核算一切收支。

(2)企业资信良好,履约能力强,收汇记录良好,具有一定的外贸经验。

(3)出口的商品应为企业主要出口创汇产品,适应市场需求,国内外进销网络健全畅通,并能取得必要的配额及批文。

(4)企业应具有健全的财务会计制度,能按时向银行报送财务报表,接受银行对您的企业生产经营及财务状况的实时审核。出口押汇款项应用于合理的资金周转需要。

(5)开证行及偿付行所在地政局及经济形势稳定,无外汇短缺,无特别严格外汇管制,无金融危机状况,且开证行自身资信可靠,经营作风稳健,没有故意挑剔单据不符点而无理拒付的不良记录。

(6)信用证条款清晰完整且符合国际惯例,经银行认可无潜在风险因素。转让信用证银行原则上不予办理出口押汇。

(7)叙作出口押汇的单据必须严格符合信用证条款,做到单单一致、单证一致。对远期信用证项下的出口押汇,须在收到开证行承兑后方可叙作。

3. 出口押汇的币种、利率、期限。

出口押汇的币种为单据原币种,押汇利率按照国际金融市场的状况、申请行筹资成本、开证行资信风险等因素确定。

押汇金额比例由银行根据实际情况核定,最高额为单据金额的100%,银行预扣银行费用、押汇利息后,将净额划入企业账户。如实际收汇日超出押汇的期限,银行将向企业补收押汇利息。

即期出口押汇期限按照出口收汇的地区及路线来确定,远期信用证押汇期限为收到开证行承兑日起至付款到期日后的第三个工作日止。如超过押汇期限,经银行向开证行催收交涉后仍未收回议付款项,银行有权向企业行使追索权,追索押汇金额、利息及银行费用。

4. 出口押汇的申请。

(1)企业如需向银行申请叙作出口押汇,须向银行各分支机构的国际结算部门或总行国际业务部贸易科提交以下资料,包括:

①经工商局年检的企业法人营业执照复印件;

②借款人有权签字人授权书及签字样本;

③公司近期财务报表;

④银行需要的其他文件资料。

(2)企业应填制《出口押汇申请书》及《出口押汇质押书》各一式两份,加具公司公章及有权签字人签字,连同出口单据和正本信用证一并交银行进行审核。

(3)银行在收到企业提交的《出口押汇申请书》和出口单据后,如符合条件,经审核无误后叙作出口押汇。

5. 出口押汇的作用。

客户出口交单后,凭与信用证要求相符、收汇有保障的单据向银行申请短期融资,客户能在国外收汇到达之前提前从银行得到垫款,加速资金周转。

6. 出口押汇的特点。

(1)押汇/贴现系短期垫款,押汇期限一般不超过180天,贴现不超过360天。

(2)押汇/贴现系预扣利息后,将剩余款项给予客户,利息按融资金额×融资年利率×押汇天数/360计算。

(3)押汇/贴现系银行保留追索权的垫款,不论何种原因,如无法从国外收汇,客户应及时另筹资金归还垫款。

7. 办理出口押汇业务的要求。

(1)出口押汇的申请人应为跟单信用证的受益人且资信良好,银行为客户提供出口押汇融资时,与客户签订出口押汇总押书,并要求客户逐笔提出申请,银行凭其提交的单证相符的单据办理出口押汇。出口押汇按规定利率计收外币利息。

(2)出口押汇是银行对出口商保留追索权的融资,但银行如作为保兑行、付款行,在承兑行时不能行使追索权。

(3)银行只办理跟单信用证项下银行承兑票据的贴现,申请人办理贴现业务应向银行提交贴现申请书,并承认银行对贴现垫款保留的追索权。

(4)贴现票据的期限不得超过360天,贴现天数以银行贴现日起算至到期日的实际天数,贴现利率将按规定执行并计收外币贴现息,贴现息将从票款中扣除。

8. 办理出口押汇的条件。

(1)所交单据与信用证要求相符。

(2)信用证项下单据收款有保障。

(3)已办妥相关手续。

(4)对有下列情况之一的,银行将拒绝接受押汇申请:来证限制其他银行议付;远期信用证超过180天;运输单据为非物权凭证;未能提交全套物权凭证;带有软条款的信用证;转让行不承担独立付款责任的转让信用证;单证或单单间有实质性不符点;索汇路线迂回曲折,影响安全及时收汇;开证行或付款行所在地是局势紧张动荡或发生战争的国家或地区;收汇地区外汇短缺,管制较严,或发生金融危机,收汇无把握的;其他银行认为不宜提供押汇的情况。

（四）汇票贴现

承兑信用证项下远期汇票,经指定承兑行审单相符,承兑汇票后,要求该行自己贴现提早把汇票净款付给受益人,对其融资,承兑行寄单给开证行,并通知汇票到期日,等到到期日它就获得开证行的偿付,归还垫款。

1. 贴现条件。

(1)银行只办理跟单信用证项下银行承兑票据的贴现。

(2)对于政治局势不稳定、外汇管制严、对外付汇困难的国家和地区的银行以及资信不好的银行所承兑的汇票不办理贴现。

(3)对于无贸易背景、用于投资目的的远期承兑票据不予贴现。

2. 贴现的办理手续。

(1)客户应先同银行签妥《出口融资总质押书》,明确双方基本权利义务关系。

(2)客户应向银行提供注册、经营、财务等有关资料,作为银行融资审核的依据。

(3)每笔具体融资,客户应另向银行提供《出口融资申请书》。

(4)融资申请批准后,银行将按客户指示将款项入账。

(5)出口收汇后,该笔收汇将用于归还银行垫款。

(6)出口收汇不差,客户仍应另筹资金还款。

（五）福费廷（Forfaiting）业务——改善出口商现金流和财务报表的无追索权融资方式

1. 什么是福费廷。

包买商从出口商那里无追索地购买已经承兑的,并通常由进口商所在地银行担保的远期汇票或本票的业务叫做包买票据,音译为福费廷。

其特点是远期票据应产生于销售货物或提供技术服务的正当贸易;叙作包买票据业务后,出口商放弃对所出售债权凭证的一切权益,将收取债款的权利、风险和责任转嫁给包买商,而银行作为包买商也必须放弃对出口商的追索权;出口商在背书转让债权凭证的票据时均加注"无追索权"字样（Without Recourse）,从而将收取债款的权利、风险和责任转嫁给包买商。

福费廷业务主要提供中长期贸易融资,利用这一融资方式的出口商应同意向进口商提供期限为 6 个月至 5 年甚至更长期限的贸易融资;同意进口商以分期付款的方式支付货款,以便汇票、本票或其他债权凭证按固定时间间隔依次出具,以满足福费廷业务需要。除非包买商同意,否则债权凭证必须由包买商接受的银行或其他机构无条件地、不可撤销地进行保付或提供独立的担保。福费廷业务是一项高风险、高收益的业务,对银行来说,可带来可观的收益,但风险也较大;对企业和生产厂家来说,货物一出手,可立即拿到货款,占用资金时间很短,无风险可言。因此,银行做这种业务时,关键是必须选择资信十分好的进口地银行。

2. 福费廷对出口商有哪些好处。

(1)终局性融资便利——福费廷是一种无追索权的贸易融资便利,出口商一旦取得融资款项,就不必再对债务人偿债与否负责,同时不占用银行接信额度。

(2)改善现金流量——将远期收款变为当期现金流入,有利于出口商改善财务状况和清偿能力,从而避免资金占压,进一步提高筹资能力。

(3)节约管理费用——出口商不再承担资产管理和应收账款回收的工作及费用,从而大大降低管理费用。

(4)提前办理退税——办理福费廷业务后客户可立即办理外汇核销及出口退税手续。

(5)规避各类风险——叙作福费廷业务后,出口商不再承担远期收款可能产生的利率、汇率、信用以及国家等方面的风险。

(6)增加贸易机会——出口商能以延期付款的条件促成与进口商的交易,避免了因进口商资金紧缺无法开展贸易的局面。

(7)实现价格转移——可以提前了解包买商的报价并将相应的成本转移到价格中去,从而规避融资成本。

3. 在哪些情况下宜选择福费廷。

(1)为改善财务报表,需将出口应收账款从资产负债表中彻底剔除。

(2)应收账款收回前遇到其他投资机会,且预期收益高于福费廷全部收费。

(3)应收账款收回前遇到资金周转困难,且不愿接受带追索权的融资形式或占用宝贵的银行授信额度。

4. 重要属性。

(1)基本当事人:出口商、进口商、包买商、担保行。大的福费廷业务可由几个包买商形成包买商辛迪加,共同从事大笔业务。

(2)债务工具:汇票、本票。汇票在出售给包买商的过程中,一定要背书注明"免受追索",只有这样,才能达到出口商彻底转移风险的目的;本票(由进口商签发)不存在这个问题,因此实务中常用本票。

(3)担保行:出具保函或在票据上背书保证(常用)。

(4)贴现率:以 LIBOR 利率为基准,加上风险益酬[风险益酬根据开证银行的银行风险和国家风险而定,贴现息视不同国家设有最低值(含 LIBOR)],具体根据市场情况决定。计息期贴现日至承兑付款日止,宽限期视不同国家而定。

因为含有风险溢价,所以福费廷业务的贴现率高于一般业务。风险主要体现在如下方面:

①一般业务中,贴入票据的金融机构对贴出者有追索权,即使主债务人违约,仍能追索贴出者;福费廷业务无追索权,若主债务人、担保行均破产,则由包买商承担全部风险;

②一般贴现中用的都是 6 个月以内的短期票据,福费廷业务中的汇票、本票从半年到若

干年，最长的可达 10 年，因此属于中期融资业务，风险较大。

(5)承担费：承担费的收取按照贴现票据面值及承诺的实际天数乘以承担费率来计算。公式为：承担费＝票据面值×承担费率×承诺天数/360。

(6)承诺期：一般为 6 个月。

(7)宽限期：一般为 7 天。

(8)期限：福费廷属于中期融资，融资期限可长达 10 年。

(9)担保方式：主要有两种，一种是保付签字，即担保银行在已承兑的汇票或本票上加注"Per Aval"字样，并签上担保银行的名字，从而构成担保银行不可撤销的保付责任；另外一种是由担保银行出具单独的保函。

(10)无追索权条款：福费廷业务的特色，是出口商转嫁风险的依据。福费廷业务项下银行对出口商放弃追索权的前提条件是出口商所出售的债权是合法有效的。因此，银行通常在与出口商签订的福费廷业务协议中约定，如因法院止付令、冻结令等司法命令而使该行未能按期收到债务人或承兑/承付/保付银行的付款，或有证据表明出口商出售给该行的不是源于正当交易的有效票据或债权时，银行对出口商保留追索权。

5. 申请条件。

(1)企业须具有法人资格和进出口经营权。

(2)在包买商处开立本币或外币账户，与包买商保持稳定的进出口业务结算往来，信誉良好，收付汇记录正常（商业银行或银行附属机构）。

(3)融资申请具有真实的贸易背景，贸易合同必须符合贸易双方国家的有关法律规定，取得进口国外汇管理部门的同意。

(4)利用这一融资方式的出口商应同意进口商以分期付款的方式支付货款，以便汇票、本票或其他债权凭证按固定时间间隔依次出具，以满足福费廷业务需要。

(5)除非包买商同意，否则债权凭证必须由包买商接受的银行或其他机构无条件地、不可撤销地进行保付或提供独立的担保。

(6)银行要求的其他条件。

6. 申请资料。

出口商向包买商申请办理福费廷业务时，需提供下列资料。

(1)出口商情况介绍，经工商局年检的企业法人营业执照复印件。

(2)进口商情况介绍。

(3)交货情况及进口许可证（若需要）。

(4)信用证及其项下全部修改、贸易合同副本、全套出口单据及签字、文件真实性的证明等文件。

(5)保函或银行本票副本及《转让书》。

(6)银行要求的其他资料。

7. 申办程序

(1)签订进出口合同与福费廷合同，同时进口商申请银行担保。

(2)出口商发货，并将单据和汇票寄给进口商。

(3)进口商将自己承兑的汇票或开立的本票交给银行要求担保。银行同意担保后，担保函和承兑后的汇票或本票由担保行寄给出口商。

(4)出口商将全套出口单据(物权凭证)交给包买商,并提供进出口合同、营业执照、近期财务报表等材料。

(5)收到开证行有效承兑后,包买商扣除利息及相关费用后贴现票据,无追索权地将款项支付给出口商。

(6)包买商将包买票据经过担保行同意向进口商提示付款。

(7)进口商付款给担保行,担保行扣除费用后把剩余货款交给包买商。

8. 收费标准。

福费廷业务的收费包含贴现利息、承诺费和宽限期贴息三个部分,具体各项收费通过合同约定。贴现息由票面金额按一定贴现率计算而成。贴现率一般分成复利贴现率和直接贴现率两种。前者以年利率计算,通常每半年滚利计息一次。后者系根据面值和到期日得出的贴现率。贴现率一般以 LIBOR 利率为基准,在考虑进口国国家风险、开证行信用风险、贴现期限长短和金额的基础上加一定点数。从票据到期日到实际收款日的期限称为"付款宽限期",包买商通常将宽限期计算在贴现期内,收取贴息。从出口商和包买商达成福费廷协议到票据实际买入之日的时间为承诺期,在此期间,包买商要筹集资金,形成实际资金成本和机会成本,因此要向出口商收取承诺费。一般每月收取一次,如果承诺期少于一个月,也可同贴现息一并收取。

(六)出口保理(Export factoring)业务

1. 什么是出口保理。

出口保理是指保理商(通常是银行或银行附属机构)对采用赊销等信用方式出口商品或提供服务的出口商在受让其应收账款的基础上,提供信用担保、货款催收、销售分类账管理以及贸易融资等金融服务。

出口保理按照保理商是否承担买方的信用风险,划分为无追索权保理和有追索权保理;按照是否需要融资,划分为融资性保理和非融资性保理;按买断与否,划分为买断型保理和非买断型保理。

2. 出口保理特点。

(1)融通资金、手续简便:获得灵活的贸易融资便利,解决因赊销引起的现金流不足,加速资金周转,及时补充营运资金。

(2)规避风险、提前退税:保理商提供的买方信用担保,即便出口到高风险地区,也可以高枕无忧,不再担心出口收汇风险。而且,还可以马上办理结汇和提前核销退税,避免汇率波动风险。

(3)美化报表、降低成本:将未到期的应收账款直接转换为现金收入,降低资产负债率,报表得以美化。保理商负责应收账款催收和销售分户账管理,不仅省却财务管理的人力和物力,及时了解国外买方的资信状况变化,控制销售风险,更能有助于消除与不同国家买方之间交易的语言、文化和法律障碍。

3. 出口保理适用对象。

出口保理适用于以赊销(O/A)、承兑交单(D/A)等非信用证结算方式的出口贸易。以下情况出口商适宜采用出口保理业务。

(1)进口商不能或不愿开出信用证,致使出口交易不能达成,限制了出口量的提高。

(2)进口商因出口商不愿提供信用付款方式而转往其他供应商。

（3）准备采用信用付款方式，但对海外进口商的资信和财务能力存有疑虑。

（4）为了更有效地拓展市场，决定在有关的海外市场聘任销售代理，因此而必须提供信用付款方式。

（5）出口商迫切需要营运资金，又不能向银行提供有效的担保或抵质押物。

（6）希望解除账务管理和应收账款追收的烦恼，避免坏账损失。

4. 出口保理申请条件。

（1）申请人经工商行政管理机关核准登记，取得经年检的企业法人营业执照和生产经营许可证，具有进出口经营权。

（2）申请人具有良好的商业信用、出口产品质量有保证。

（3）进口商信誉良好，具有履约实力，近年进口付汇记录良好。

（4）申请人财会制度健全，财务状况合理，现金流量正常。

（5）进口商所在地的贸易/非贸易壁垒、外汇管制等因素，对保理项下的出口应收账款不构成拒付可能。

（6）赊销贸易背景合法、真实、有效，购销双方没有争议。

（7）应收账款未设任何形式的担保。

（8）债权凭证真实、完整。

（9）进口商不处于发生内乱、战争、金融危机或受别国制裁等高风险地区。

（10）出口保理商要求的其他条件。

5. 出口保理申请资料。

（1）出口商营业执照、进出口贸易合同、近期财务报表。

（2）《出口保理业务申请书》《进口商基本情况表》。

（3）债权转让单据。

（4）出口保理商要求的其他资料。

6. 出口保理申办程序。

（1）出口商向出口保理商申请办理出口保理业务，提供出口保理商要求的资料。

（2）出口保理商审核同意后，与出口商签订出口保理协议。

（3）出口商将进口商的有关情况及交易资料提交给出口保理商。

（4）出口保理商将资料整理后转送进口商所在国内的经选定的进口保理商。

（5）进口保理商对进口商的资信进行调查和评估，确定进口商的信用额度，并将调查结果及可提供信用额度的建议通知出口保理商。

（6）出口保理商转通知出口商，如果该进口商资信可靠，则出口保理商对进出口双方间的交易加以确认。

（7）进出口双方签订以保理方式结算的贸易合同。

（8）出口商按合同规定备货装运后，将发票及有关货运单据交给出口保理商。

（9）出口保理商按出口商要求，预付其一般不超过80％的货款或采用买断票据的形式，即按票面金额扣除利息等各项费用后，将货款余额无追索权地付给出口商。

（10）出口保理商随即将发票及单据转寄进口保理商，后者入账，进行财务管理及负责催收货款。

（11）发票、汇票到期后，进口商按票面金额付款给进口保理商（如果进口商在发票到期日 90 天后仍未付款,由进口保理商担保付款)。

(12)进口保理商扣除服务费后将余下货款划付给出口保理商。

(13)出口保理商在扣除预付货款、佣金、银行转账及其他费用后,将余款交给出口商,如果是买断的,则结账即可。

(七)出口信贷业务

1. 什么是出口信贷。

出口信贷是一种国际信贷方式,它是一国政府为支持和扩大本国大型设备等产品的出口,增强国际竞争力,对出口产品给予利息补贴、提供出口信用保险及信贷担保,鼓励本国的银行或非银行金融机构对本国的出口商或外国的进口商(或其银行)提供利率较低的贷款,以解决本国出口商资金周转的困难,或满足国外进口商对本国出口商支付货款需要的一种国际信贷方式。出口信贷名称的由来就是因为这种贷款由出口方提供,并且以推动出口为目的。

出口信贷可根据贷款对象的不同分为出口卖方信贷和出口买方信贷。

2. 出口卖方信贷。

出口卖方信贷是出口方银行向本国出口商提供的商业贷款。出口商(卖方)以此贷款为垫付资金,允许进口商(买方)赊购自己的产品和设备。出口商(卖方)一般将利息等资金成本费用计入出口货价中,将贷款成本转移给进口商(买方)。

出口卖方信贷的特点和优势:

(1)相对于打包放款、出口押汇、票据贴现等贸易融资方式,出口卖方信贷主要用于解决本国出口商延期付款销售大型设备或承包国外工程项目所面临的资金周转困难,是一种中长期贷款,通常贷款金额大,贷款期限长。如中国进出口银行发放的出口卖方信贷,根据项目不同,贷款期限可长达 10 年。

(2)出口卖方信贷的利率一般比较优惠。一国利用政府资金进行利息补贴,可以改善本国出口信贷条件,扩大本国产品的出口,增强本国出口商的国际市场竞争力,进而带动本国经济增长。所以,出口信贷的利率水平一般低于相同条件下资金贷放市场利率,利差由出口国政府补贴。

(3)出口卖方信贷的发放与出口信贷保险相结合。由于出口信贷贷款期限长、金额大,发放银行面临着较大的风险,所以一国政府为了鼓励本国银行或其他金融机构发放出口信贷贷款,一般都设有国家信贷保险机构,对银行发放的出口信贷给予担保,或对出口商履行合同所面临的商业风险和国家风险予以承保。在我国主要由中国出口信用保险公司承保此类风险。

3. 出口买方信贷。

出口买方信贷是出口国政府支持出口方银行直接向进口商或进口商银行提供信贷支持,以供进口商购买技术和设备,并支付有关费用。出口买方信贷一般由出口国出口信用保险机构提供出口买方信贷保险。出口买方信贷主要有两种形式:一是出口商银行将贷款发放给进口商银行,再由进口商银行转贷给进口商;二是由出口商银行直接贷款给进口商,由进口商银行出具担保。贷款币种为美元或经银行同意的其他货币。贷款金额不超过贸易合同金额的 80%～85%。贷款期限根据实际情况而定,一般不超过 10 年。贷款利率参照"经济合作与发展组织"(OECD)确定的利率水平而定。

4. 出口信贷保险。

指在国际贸易中，按中、长期信贷方式成交后，如果买方不能按期付款，由出口国有关的承保机构负责赔偿。这是垄断资本利用国家机器转嫁风险，并加强争夺国外市场的一项重要措施。通常商业性风险由私营金融机构承保，而非商业性风险，例如由于战争、政治动乱、政府法令变更等原因而不能付款的风险，则由官方机构承保。但也有些国家将上述两类风险均归政府承保。

主要资本主义国家都有类似的机构从事这项业务，为垄断资本的利益服务。例如，英国政府设有出口信贷担保局，日本官方有输出入银行。美国政府的进出口银行除向国外购买者提供出口信贷外，也对美国出口商提供国外购买者的信贷给予担保。

二、对于进口商的融资

（一）信用证

它既是一种结算方式，也是一种融资方式，需要占用企业在开证行的信用额度。这个业务中，开证行提供了信用而不是资金，因此属于表外业务。

（二）进口押汇

1. 什么是进口押汇。

进出口双方签订买卖合同之后，进口方请求进口地某个银行（一般为自己的往来银行）向出口方开立保证付款文件，大多数为信用证。然后，开证行将此文件寄送给出口商，出口商见证后，将货物发送给进口商。商业银行为进口商开立信用保证文件的这一过程，称为进口押汇。

因为进口商通过信用保证文件的开立，可以延长付款期限，不必在出口商发货之前支付货款，即使在出口商发货后，也要等到单据到达自己手中才履行付款义务。这样，进口商减少了资金占用的时间。同时，出口商愿意接受这种延长付款期限，是以开证行保证到期付款为条件的。因此，进口押汇是开证行向进口商提供的一种资金融通。

2. 进口押汇种类。

（1）信用证单据的押汇。

出口商根据信用证的要求，将信用证上面所列的各种单据和信用证交给银行进行短期借款，实际上就是用信用证的单据抵押给银行。

（2）远期信用证承兑的押汇。

出口商的远期信用证业务，得到开证银行承兑通知，出口商利用远期信用证的承兑通知，向银行申请短期借款。

（3）远期银行承兑汇票的贴现。

用远期银行承兑汇票作为抵押品的短期借款。出口商拿到了一张远期银行汇票，这张汇票已经被银行承兑了，但还没有到期，出口商可以拿着这张汇票抵押给银行进行借款。

3. 进口押汇的对象及条件。

企业（开证申请人）如使用银行授信额度开立信用证，由于单证相符必须承担对外付款责任时，因资金临时周转困难等原因，确实无法在规定付款日前筹措到付款资金的，可在收到银行到期付款通知书后向银行申请叙作进口押汇。

条件：

(1)企业应当具备独立法人资格，且经营作风良好，无违规、违法和违约等不良记录；

(2)企业必须在银行开有外汇或人民币基本账户或往来账户，保持经常结算往来，信誉良好；

(3)企业应有齐全的财务管理制度和生产销售网络，进口商品有正常合理的销售渠道和可靠的资金回笼来源，能够按期偿还银行的垫款资金；

(4)企业财务状况良好，具备短期偿债能力，如需要，企业应向银行提供经认可的贷款担保或抵押。

4. 进口押汇的币种、利率、期限。

进口押汇币种为付款币种，押汇利率参照银行同期流动资金贷款利率，采取利随本清的计息方式进口押汇的期限自每笔对外付款日起至押汇归还日止，原则上不超过 3 个月。

5. 进口押汇的好处。

(1)减少资金占压——您在办理进口开证、进口代收后继续叙作进口押汇，等于完全利用银行的信用和资金进行商品进口和国内销售，不占压任何资金即可完成贸易、赚取利润。

(2)把握市场先机——当您无法立即付款赎单时，进口押汇可以使其在不支付货款的条件下取得物权单据、提货、转卖，从而抢占市场先机。

(3)优化资金管理——如您在到期付款时遇到更好的投资机会，且该投资的预期收益率高于贸易融资的利息成本，使用进口押汇，既可保证商品的正常购买、转售，又可同时赚取投资收益，实现资金使用效率的最大化。

6. 宜选择进口押汇的时机。

(1)流动资金不足，无法按时付款赎单，且进口商品处于上升行情。

(2)有其他投资机会，且该投资的预期收益率高于押汇利率。

7. 什么是信托收据。

信托收据是开证申请人向银行出具的，用以证明银行对有关单据及单据项下货物享有所有权的确认书。信托收据也是银行和开证申请人间的信托合同，客户为银行的受托人代替银行处理信用证项下货物。

(三)假远期信用证

假远期信用证(Usance Letter of Credit Payable at sight)的特点，汇票为远期，按即期付款；付款银行同意即期付款，贴现费用由进口商承担。换言之，是进口商开立远期汇票，但信用证明文规定按即期收汇，这种做法的实质是由开证银行或付款银行对进口商提供融通资金的便利，所需支付的利息由进口商承担。

采用假远期信用证作为支付方式，对进口商来讲，可由银行提供周转资金的便利，但需支付利息；对出口商来讲，可即期获得汇票的票款，但亦承担汇票到期前被追索的风险。

凡在信用证载明如下条款者，皆为假远期信用证。

1. 远期汇票按即期议付，由本银行(开证银行)贴现，贴现及承兑费由进口商承担。Usance Drafts to be negotiated at sight basis and discounted by us (Issuing Bank), discount charges and acceptance commission are for Importer's account.

2. 远期汇票按即期议付，利息由买方承担。Usance draft to be negotiated at sight basis, interest is for Buyer's account.

3. 授权议付银行议付远期汇票,依票额即期付款。The Negotiating Bank is authorized to negotiate the usance drafts at sight for the face amount.

4. 本信用证项下开立的远期汇票可按即期议付。Usance drafts drawn under this credit are to be negotiated at sight basis.

5. UCP 600 信用证中条款 42C DRAFTS AT：AT ×× DAYS AFTER SIGHT 即为假远期信用证。

（四）提货担保

1. 产品定义。

提货担保是指当信用证项下正本货运单据尚未收到,而货物已到港时,进口商可向银行申请开立提货担保函,交给承运单位先予提货,待取得正本单据后,再以正本单据换回原提货担保函。一旦发生风险,由担保行承担,同时进口商也要向银行提供到期付款赎单的保证（反担保）。担保提货属于银行信用。

2. 重要属性。

（1）费率：提货担保的费率一般为 1‰～2‰。

（2）期限：担保责任期限在以正本提单换回提货担保函时终止。

3. 产品特点。

（1）提货担保是一种担保行为。

（2）做出担保的银行为开证行。

（3）担保的对象是信用证下的提货。

（4）担保责任在以正本提单换回提货担保函时解除。

（5）提货担保项下银行的担保责任具有无限责任的特点。

（6）一旦办理了担保提货手续,无论收到的单据有无不符点,客户均不能提出拒付/拒绝承兑。

提货担保能带来的好处是：

（1）把握市场先机。在货物早于提单到达的情况下,只有银行出具的加签提货担保才能使您提前办理提货,把握市场先机。

（2）减少资金占压。您在未支付进口货款的情况下就可利用银行担保先行提货、报关、销售和取得销售收入,在整个贸易过程中都不必占用自有资金,有利于缓解您的资金周转困难。

（3）改善现金流量。在提货担保业务中,进口贸易的现金流向是"先流入、再流出",并且能够增加您的净现金流入量,提高其偿债能力。

4. 适用对象。

这种贸易融资适用于已在银行开立信用证,进口货物已到港口,但单据未到,急于办理提货的企业。

5. 申请条件。

（1）企业具有自营或代理进出口经营权。

（2）申请提货担保业务,必须是办理行已开出的信用证项下的业务,并需逐笔审批。

（3）货物已到港口,但单据未到。

（4）运输方式为海运,且信用证规定提交全套海运提单。

（5）银行要求的其他条件。

6. 申请资料。

(1)《提货担保申请书》、《提货担保书》。

(2)提单、商业发票、装箱单等单据的复印件或传真件。

(3)船运公司的《货物到港通知书》（如有）。

(4)保证金进账单，反担保相应资料。

(5)企业近期财务报表。

(6)银行要求的其他资料。

7. 申办程序。

(1)进口商向银行申请开立信用证，并提交贸易合同等资料。

(2)进口商银行向出口商签发信用证，出口商按信用证要求发运货物，取得货运单据。

(3)货物先于货运单据（物权单据）到达目的地，进口商向开证银行提交船运公司签发的货物到港通知、提单发票副本、企业近期财务报表等资料，申请办理提货担保，并填写《提货担保申请书》。

(4)必要时应提供担保措施或落实信用证备付款项。

(5)银行审核通过后，向签发提单的承运人或其代理人出具提货担保函或在船运公司的提货担保书上签字、盖章后交进口商，船运公司凭提货担保函放货，进口商提货报关。

(6)收到信用证项下的正本单据后，进口商应以正本提单向船运公司换回银行提货担保函，退还银行销账。

（五）专项贷款融资

1. 什么是银行贷款。

银行贷款是指银行根据国家政策以一定的利率将资金贷放给资金需要者，并约定期限归还的一种经济行为。

根据不同的划分标准，银行贷款具有各种不同的类型。如：

按偿还期不同，可分为短期贷款、中期贷款和长期贷款；

按偿还方式不同，可分为活期贷款、定期贷款和透支；

按贷款用途或对象不同，可分为工商业贷款、农业贷款、消费者贷款、有价证券经纪人贷款等；

按贷款担保条件不同，可分为票据贴现贷款、票据抵押贷款、商品抵押贷款、信用贷款等；

按贷款金额大小不同，可分为批发贷款和零售贷款；

按利率约定方式不同，可分为固定利率贷款和浮动利率贷款等。

而且，在不同的国家和一个国家的不同发展时期，按各种标准划分出的贷款类型也是有差异的。如美国的工商贷款主要有普通贷款限额、营运资本贷款、备用贷款承诺、项目贷款等几种类型，而英国的工商业贷款多采用票据贴现、信贷账户和透支账户等形式。

2. 英美国家的银行贷款种类。

(1)普通贷款限额和备用贷款承诺。普通贷款限额是一种以非正式协议约束的贷款形式。企业基于资金需求具有季节性和规律性的特点，与银行订立非正式协议，约定一个由银行在指定期限内向企业提供贷款的最高限额，在此期限和贷款额度内，企业可随时获得银行贷款。企业申请贷款额度时必须向银行说明近期财务状况，银行则根据企业信用状况和自身营运要求决定是否授信和执行协议。备用贷款承诺是以比较正式和具有法律效力的协议约定的贷款形式。企业与银行签订正式的贷款协议,银行承诺在指定期限和限额内向企业提供贷款并要求企业向银行支付承诺费。

(2)营运资本贷款和项目贷款。营运资本贷款是基于企业产品生产周期长、原材料储备多、资金回流慢等特点,以产品销售进度确定贷款期限和额度的贷款形式。项目贷款是以风险大、成本高的大型建设项目为对象的贷款,其特点是金额大、风险高、利率高,以项目的合理性和可行性作为决定贷款与否的依据,贷款债务的追索针对项目,而不是针对公司和企业。对于特大型的项目,通常由多家银行组合,以银行辛迪加或银团形式提供贷款,以分散风险。

(3)票据贴现。票据贴现与一般贷款比较,其特点表现在四个方面。

①授信对象。票据贴现是以票据为对象而不是以借款人为对象。

②贷款额度。贴现贷款的额度只与票据面额、贴现率和票据剩余期限有关,而不受借款用途、借款人财务状况等因素影响。

③资金回流方式和期限。票据贴现可通过对票据办理转贴现和再贴现提前收回资金。

④风险和收益。票据贴现具有比较可靠的清偿保证机制和风险分散机制,但收益低于一般贷款。

(4)信贷账户和透支账户。信贷账户是银行主要用于安排分期还款贷款的一种方便形式。透支账户则是为在银行开有往来账户的客户提供贷款的方便形式。

3.我国的银行贷款种类。

1996年6月由中国人民银行颁布的《贷款通则》中,将贷款分为三类。

(1)自营贷款、委托贷款和特定贷款。自营贷款,是指贷款人以合法方式筹集的资金自主发放的贷款,其风险由贷款人承担,并由贷款人收回本金和利息。委托贷款,是指由政府部门、企事业单位及个人等委托人提供资金,由贷款人(即受托人)根据委托人确定的贷款对象、用途、金额、期限、利率等代为发放、监督使用并协助收回的贷款。贷款人(受托人)只收取手续费,不承担贷款风险。特定贷款,是指经国务院批准并对贷款可能造成的损失采取相应补救措施后责成国有独资商业银行发放的贷款。

(2)短期贷款、中期贷款和长期贷款。短期贷款,是指贷款期限在一年以内(含一年)的贷款。中期贷款,是指贷款期限在一年以上(不含一年)五年以下(含五年)的贷款。长期贷款,是指贷款期限在五年(不含五年)以上的贷款。

(3)信用贷款、担保贷款和票据贴现。信用贷款,是指以借款人的信誉发放的贷款。担保贷款,是指保证贷款、抵押借款、质押贷款。保证贷款,是指按《中华人民共和国担保法》规定的保证方式以第三人承诺在借款人不能偿还贷款时,按约定承担一般保证责任或者连带责任而发放的贷款。抵押贷款,是指按《中华人民共和国担保法》规定的抵押方式以借款人或第三人的财产作为抵押物发放的贷款。质押贷款,是指按《中华人民共和国担保法》规定的质押方式以借款人或第三人的动产或权利作为质物发放的贷款。票据贴现,是指贷款人以购买借款人未到期商业票据的方式发放的贷款。

● 思考与练习

任务:请根据项目一/模块1的"思考与练习"任务所要求制作的外贸合同以及项目一/模块3的"思考与练习"任务一所要求模拟的信用证,提出你的融资建议,并计算融资成本。

模块 3　核销、退税、归档操作

美元是我们的货币,但是你们的问题。

——1971 年美元暴跌时,时任美国财政部长约翰·康纳利的一句名言

● 本模块教学目标

最终目标:能进行核销、退税、归档操作

促成目标:了解核销单的作用和内容

了解核销程序

了解退税程序

● 情景案例

机构:

外贸企业:OCEAN PLASTIC & CHEMICAL PRODUCTS CO.，LTD

宁波欧胜塑化有限公司

货运代理:AFS-VISA INTERNATIONAL (HK) LTD

人物:

小余:宁波欧胜塑化有限公司单证员

张经理:宁波欧胜塑化有限公司业务经理

货代员陈小姐:AFS-VISA INTERNATIONAL (HK) LTD

背景资料:

1. 2008 年 11 月 6 日,宁波欧胜塑化有限公司外贸业务部张经理与阿拉伯联合酋长国的 ABC TRADING CO.，LLC 公司签订了一份 36 800 PCS 唇膏(LIP BALM)的出口合同,合同号为 081106。

2. 单证员在出货后一个月,用电话向货代索要核销单据。

3. 单证员统计月出货单,将统计单、核销单据交财务单证员整理一票货物的全套单据,归档。

核销单

出口收汇核销单
存根

编号：114364603

出口单位：	
单位代码：	75035808-4
出口币种总价：	
收汇方式：	
预计收款日期：	
报关日期：	
备注：	

此单报关有效期截止到

出口收汇核销单

编号：114364603

出口单位：

类　别	币种金额	日期	盖　章

单位代码：75035808-4

海关签注栏：

外汇局签注栏：

年　月　日(盖章)

出口收汇核销单

编号：712109993

出口单位：宁波海棠进出口有限公司

单位代码：79954293-4

类　别	币种金额	日期	盖章

海关签注栏：

外汇局签注栏：

年　月　日(盖章)

出口收汇核销单
出口退税专用

编号：712109993

出口单位：宁波海文进出口有限公司

单位代码：79954293-4

货物名称	数　量	币种总价

报关单编号：

外汇局签注栏：

年　月　日(盖章)

● 任务

1. 了解核销程序。
2. 了解退税程序。

● 链接：相关基础知识

一、核销程序和核销单操作注意事项

（一）核销程序

货物出口，并且结汇以后，开始进入核销退税阶段。出口收汇核销的特点是：以核销单为核心，以事后核为基础，以全方位为范畴，以增收汇为宗旨。出口收汇核销的原则是：属地管理，专单专用，领用衔接，单单对应。

报关的报关单和核销单一般在货出口后的 2 个星期以后才能收到。

等收到后，开始准备核销的资料。在这期间，应该是打印出口货物专用发票。核销的资料一般包括：核销单，报关单的白联（一般贸易的话，还有可能是蓝联），出口专用发票的核销联、水单。以上资料一并交给外管局进行核销。

核销完以后，把核销单的退税联交给财务去退税。

总之，出口收汇核销程序一般可分为四个阶段。

1. 领单。出口商凭单位介绍信、出口核销员证或开户单位印鉴卡向外汇管理局领取核销单。

2. 使用。出口货物报关时向海关提交核销单。

3. 交单。出口商出口报关，海关对出口货物查验、放行，并在出口收汇核销单上加盖验讫章后，出口商收回核销单存根及其附件，并在报关之日起 60 天内，凭核销单、报关单、外贸商业发票到外汇管理局送交核销单存根。

4. 核销。出口商在收到外汇之日起 30 天内到外汇管理部门办理出口收汇核销。

（二）出口收汇核销单据

出口收汇核销单：由国家外汇管理局统一管理和制发，各分支局核发，出口单位凭此向海关办理出口报关，向银行办理出口收汇，向外汇管理部门办理出口收汇核销，向税务机关办理出口退税申报的有顺序编号的重要凭证。

中国电子口岸—出口收汇系统：中国电子口岸执法系统中的子系统。它利用现代信息技术，借助国家电信公网在公共数据中心建立出口收汇核销单的电子底账，使海关和税务部门实现对核销单的联网数据核查，并使企业凭操作员工 IC 卡通过本系统在网上向外汇局申请核销单，向出口地海关进行报关前备案，出口报关后进行网上交单，并对核销单各项信息进行综合查询的功能。

出口商到当地外汇管理部门办理出口收汇核销应提交如下单据。

1. 出口报关单。该出口报关单应贴有防伪标签并盖有海关"验讫章"。

2. 出口收汇核销单。该出口收汇核销单存根上应填写出口单位名称、出口单位代码、出口币种总价、收汇方式、预计收款日期、报关日期、报关单编号、出口货物名称和数量等内容。

3. 银行水单。即"出口收汇核销专用联"。

4. 出口发票。即"商业发票"。

（三）注意事项

1. 关于申领核销单。

（1）出口单位领单人员与 IC 卡操作员应为同一人。

（2）外汇局根据出口单位在系统网中提交的申请数量和外汇局核销系统确认的可领单数二者较小数向出口单位发放核销单。

（3）出口单位核销员领取核销单时，须在"核销单发放基本情况"表的企业申领人签字"栏处签名，并在核销单上加盖或填写单位名称（章）和组织机构代码（章）。

（4）出口单位不得借用、冒用、转让和买卖核销单。

2. 关于暂停/恢复对企业发放核销单。

（1）因商务主管部门暂停其出口经营权或其他特殊情况需要停发单的。

（2）外汇局在审查同意出口单位提出要求恢复领单的书面申请后，恢复对其发单。

（3）业务主管在"出口收汇监管系统"上进行"暂停/恢复企业发单"操作。

3. 关于核销单注销。

（1）核销单发生全额退关、填错等情况的，出口单位应在 3 个月内到外汇局办理核销单注销手续。

（2）出口单位因终止经营或被取消对外贸易经营资格不再经营出口业务或发生合并、分立的，应在 1 个月内将未使用的核销单退回外汇局注销。

（3）办理注销核销单的条件：在"中国电子口岸—出口收汇系统"中的海关使用状态必须为"未用"，或"退关"。

（4）外汇局在"中国电子口岸系统"对核销单进行注销操作。

在该笔注销数据下载并转入本地"出口收汇监管系统"后，与出口单位报送的纸质核销单证进行核对，并对已注销的核销单妥善保管。

（5）因其他情况，在"中国电子口岸—出口收汇系统"中为"退关"或"注销"，但在外汇局"出口收汇监管系统"却为"未用"的，可实行"注销"或"退关"处理。

4. 关于核销单禁用。

（1）外汇局应对已发放未使用且未退回的核销单在"中国电子口岸—出口收汇系统"实施"禁用"。

（2）因其他原因，在"中国电子口岸—出口收汇系统"中为"禁用"或"注销"的，但在外汇局"出口收汇监管系统"却为"未用"，可实行"禁用"处理。

（3）出口单位因关、停、并、转不再经营出口业务的，须在 1 个月内将未用的核销单退回外汇局注销。

5. 关于领取代质核销单。

出口单位到外汇局领取纸质核销单前，须在"中国电子口岸—出口收汇系统"中提交申请，申请成功后，方可到外汇局领取纸质核销单。

6. 关于出口单位操作员变更。

出口单位操作员（核销员）变更，应到海关制卡中心做出口单位操作员 IC 卡的更名手续。

7. 关于空白核销单。

空白核销单长期有效。

（四）法规依据

1.《国家外汇管理局、海关总署关于按照进出口货物监管方式分类使用出口收汇核销单的通知》（汇发〔2001〕120号）

2.《国家外汇管理局关于印发〈出口收汇核销管理办法〉的通知》（汇发〔2003〕91号）

3.《出口收汇核销管理办法实施细则》（汇发〔2003〕107号）

4.《国家外汇管理局综合司关于进一步加强出口收汇核销单管理有关问题的通知》（汇综发〔2006〕83号）

二、退税程序

（一）出口企业的退税认定

1. 能够办理出口退税登记的企业需要具备的条件。

(1)必须具有进出口经营权,经营出口产品业务,这是企业申办出口退税登记最基本的条件。

(2)必须持有工商行政管理部门核发的营业执照。

(3)必须是实行独立经济核算的企业单位,具有法人地位,有完整的会计工作体系,独立编制财务收支计划和资金平衡表,并在银行开设独立账户,可以对外办理购销业务和货款结算。

2. 申请办理出口退税登记前需要办理的手续。

若没有进出口经营权,企业就没有退税资格,不能办理退税。只有申请了进出口经营权,办理了出口退税登记,并取得《出口货物退(免)税认定表》的企业,才可以申报出口退税。北京企业申请进出口经营权需要到商务局、工商、税务、海关、电子口岸、外管局、出入境检验检疫局等多个部门办理注册备案登记手续。

3. 办理出口退税登记的程序。

已办理对外贸易经营者备案登记的企业在办理备案登记后30日内,向所在地主管退税机关办理出口货物退(免)税认定手续。办理出口退税登记手续的程序:填写出口退税登记表,提交相关资料,主管退税机关审核,取得出口退税认定表。

4. 办理出口退税登记须附送的材料。

(1)《对外贸易经营者备案登记表》或《中华人民共和国外商投资企业批准证书》。

(2)《企业法人营业执照》(副本)。

(3)国税《税务登记证》(副本)。

(4)《增值税一般纳税人资格认定书》或《增值税一般纳税人资格申请认定书》。

(5)《自理报关单位注册登记证明书》。

(6)出口企业开设退税账户的账号及开户银行证明。

（二）出口产品的退税申报

出口商应在规定期限内,收齐出口货物退(免)税所需的有关单证,使用国家税务总局认可的出口货物退(免)税电子申报系统生成电子申报数据,如实填写出口货物退(免)税申报表,向税务机关申报办理出口货物退(免)税手续。

出口退税附送的材料:

(1)出口报关单(出口退税专用)。

(2)出口销售发票。

（3）增值税专用发票（抵扣联）。

（4）结汇水单或收汇通知书。

（5）属于生产企业直接出口或委托出口自制产品，凡以 CIF 结算的，应附送出口货物运单和出口保险单。

（6）有进料加工复出口产品业务的企业，还应向税务机关报送进口料、件的合同编号，日期，进口料件名称，数量，复出口产品名称，进料成本金额和实纳各种税金等。

（7）"税收（出口货物专用）缴款书"或"出口货物完税分割单"。申请退消费税的企业，还应提供消费税专用缴款书。

（8）经外汇管理部门核销并签章的出口收汇核销单（出口退税专用）。

（9）与出口退税有关的其他材料。

（三）出口产品的退税受理

出口商申报出口货物退（免）税时，税务机关应及时予以接受并进行初审。经初步审核，出口商报送的申报资料、电子申报数据及纸质凭证齐全的，税务机关受理该笔出口货物退（免）税申报。出口商报送的申报资料或纸质凭证不齐全的，除另有规定者外，税务机关不予受理该笔出口货物的退（免）税申报，并要当即向出口商提出改正、补充资料、凭证的要求。

税务机关受理出口商的出口货物退（免）税申报后，应为出口商出具回执，并对出口货物退（免）税申报情况进行登记。

（四）税务机关的退税审核

1. 人工审核。

（1）税务机关重点审核的内容。

（2）税务机关重点审核的凭证。

2. 计算机审核。

审核、核对重点是：

（1）出口报关单电子信息。

（2）代理出口证明电子信息。

（3）出口收汇核销单电子信息。

（4）出口退税率文库。

（5）增值税专用发票电子信息。

（6）消费税税收（出口货物专用）缴款书电子信息。

（五）税务机关的退税审批

出口货物退（免）税应当由设区的市、自治州以上（含本级）税务机关根据审核结果按照有关规定进行审批。

税务机关在审批后应当按照有关规定办理退库或调库手续。

● 思考与练习

任务：请根据项目一/模块 1 的"思考与练习"任务所要求制作的外贸合同以及项目一/模块 3 的"思考与练习"任务一所要求模拟的信用证，填写相应的出口核销单。